Ullstein

DAS BUCH

»Das China meiner Kindheit war ein Land des Elends und der Tränen« – mit diesen Worten beginnt die junge Chinesin Chow Ching Lie ihren Lebensbericht »Die Sänfte der Tränen«, der zugleich die Geschichte dreier Generationen ist: Der Großvater zog zur Zeit der Kaiserin Tz'u Hsi noch als Lastenträger durchs Land, der Vater studierte bereits an einer amerikanisch-chinesischen Universität, und Chow Ching Lie selbst erlebt, wie sich ihre Heimat unter der Führung Mao Tse-Tungs anschickt, mit einem riesigen Satz über Entwicklungsstufen mehrerer Jahrhunderte hinweg direkt in die Moderne zu springen. Sie erlebt und erleidet alle Erschütterungen Chinas, die auch Auswirkungen auf ihr Privatleben haben. Mit vierzehn wird sie Mutter, mit sechsundzwanzig Witwe, sie verliert ihre Familie und findet schließlich mit ihren beiden Kindern in Paris eine neue Heimat – ohne auch nur ein Wort Französisch zu sprechen. Die Perlen des Buddha, jene kostbaren wundertätigen Perlen, die ihre Mutter aus China schickt, geben ihr die Kraft zum Aufbau einer immer wieder aufs neue gefährdeten Existenz.
In diesem bewegenden autobiographischen Roman nimmt die Autorin den Faden der Erinnerungen wieder auf und zeichnet zugleich ein facettenreiches Bild des chinesischen Reiches auf seinem Weg aus der Traditionsgebundenheit.

DIE AUTORIN

Chow Ching Lie, 1936 in Shanghai geboren, fand, nachdem ihre Familie durch die Wirren der revolutionären Umwälzungen verstreut wurde, in Paris eine neue Heimat. Dort lebt sie heute als Pianistin und Geschäftsfrau.

Die Schreibweise der Namen der Autorin und ihrer Angehörigen richtet sich nach der französischen Originalausgabe. Im übrigen folgt die Transkription aus dem Chinesischen weitestgehend dem System von Wade-Giles.

Chow Ching Lie

Die Perlen des Buddha

Roman

Aus dem Französischen
von Renate Orth-Guttmann

Ullstein

Ullstein Buchverlage GmbH & Co. KG,
Berlin
Taschenbuchnummer: 24364
Titel der Originalausgabe:
Concerto du Fleuve Jaune

Ungekürzte Ausgabe
August 1998

Umschlaggestaltung:
Theodor Bayer-Eynck
Photo:
The Image Bank

Printed in Germany 1998
Druck und Verarbeitung:
Ebner Ulm
ISBN 3 548 24364 9

Gedruckt auf alterungs-
beständigem Papier mit
chlorfrei gebleichtem Zellstoff

Die Deutsche Bibliothek – CIP-Einheitsaufnahme

Chow, Ching Lie:
Die Perlen des Buddha / Chow Ching Lie.
Aus dem Franz. von Renate Orth-Guttmann. –
Ungekürzte Ausg. – Berlin : Ullstein, 1998
(Ullstein-Buch ; 24364)
Einheitssacht.: Concerto du fleuve Jaune <dt.>
ISBN 3-548-24364-9

PROLOG

Das China meiner Kindheit war – noch einmal sei es hier gesagt – ein Land des Elends und der Tränen. Ich kam 1936 zur Welt, im Jahr des Chinesisch-Japanischen Krieges, der nur eine von zahlreichen Heimsuchungen war. Die »Kriegsherren«, Überschwemmungen und Hungersnöte hatten mein Land in ein Chaos gestürzt, in dem nur die ausländischen Unternehmen erfolgreich waren. In meiner Heimatstadt Shanghai gab man in der Internationalen Konzession Konzerte mit klassischer Musik, und den Nachtlokalen fehlte es nie an Gästen. In derselben Stadt sammelte die Müllabfuhr jährlich mehrere tausend Babys auf, die von ihren Eltern auf Kehrichthaufen und in Mülltonnen ausgesetzt worden waren, weil die Familie die Kinder nicht ernähren konnte. Der Krieg gegen Japan vermischte sich – zuweilen untrennbar – mit dem damals bereits zehn Jahre währenden Bürgerkrieg, jenem gnadenlosen Kampf zwischen den Kräften Chiang Kai-sheks und den Anhängern Mao Tse-tungs, dem sich täglich in immer größerer Zahl auch die Bauern anschlossen.

Dreizehn Jahre trennten uns von der Befreiung Chinas, und mein Land lebte noch immer im finstersten Mittelalter. In Chao-Chou, dem Ort, aus dem meine Großeltern stammten, konnte man in den vierziger Jahren noch kleine Mädchen kaufen, die dazu bestimmt waren, Sklavinnen, Konkubinen oder Prostituierte zu werden. Überall – das war eine alte Tradition – wurden Kinder schon in ganz jungen Jahren von den Eltern miteinander verheiratet und lernten sich erst am Hochzeitstag kennen. Als größtes Unglück galt es zu jener Zeit noch, als Mädchen geboren zu werden; Mädchen waren nur eine Belastung, man mußte sie durchschleppen, bis sie schließlich in den Besitz des Ehemannes und insbesondere der allmächtigen Schwiegermutter übergingen.

Meine Geschichte steht stellvertretend für die Lebensgeschichte von Millionen Chinesinnen. Ich war dreizehn Jahre alt, als ich gegen meinen Willen verheiratet wurde. Mein Vater war ein einfacher Lehrer, meine Mutter eine Bauerstochter. Weil ich schön war, verkaufte man mich, um mir die grausamere Knechtschaft der Armut zu ersparen, für teures Geld an eine der reichsten Familien Chinas. Dabei hatte ich die besten Eltern, die ich mir nur wünschen konnte, mein Vater bedeutete mir alles; jene, die mir dieses Opfer abverlangten, hatten mir eine behütete Kindheit geschenkt. Damals war dieses Vorgehen eben durchaus nichts Ungewöhnliches. Ungewöhnlich war meine Hochzeit nur durch den Aufwand, der getrieben wurde. Die Feier fand mit allem nach alter chinesischer Sitte üblichen Prunk im größten Hotel Shanghais statt. Zweitausend Gäste waren geladen. Die Familie meiner Schwiegereltern hatte haufenweise Geschenke herangeschleppt. In der Nanking Road besahen sich Soldaten der Roten Armee, die vielleicht am Langen Marsch teilgenommen hatten, gleichmütig die zur Hochzeitsfeier vorgefahrenen amerikanischen Straßenkreuzer. China war befreit worden, aber in meiner Umgebung begriff man noch nicht so recht, was das bedeutete.

Ein halbes Jahr später wurden durch ein Gesetz Mao Tsetungs erzwungene Heiraten wie die meine verboten. Gleichwohl war ich insgeheim stolz auf mein Opfer, das meinen Eltern ein Leben im Wohlstand ermöglichte. Ich hatte von einem Märchenprinzen geträumt, hatte bei der Eheschließung keine Liebe empfunden und mich für die Glückwünsche der Gäste nur mechanisch bedankt. Es war ein großes Glück für mich, daß mein Mann, Liu Yu Wang, mir von ganzem Herzen zugetan war. Seine Liebe verlieh ihm Geduld, Güte und Weisheit, so daß es ihm nach und nach gelang, meine Zuneigung zu gewinnen. Es fiel mir nicht schwer, einen solchen Mann zu achten und ihm eine gute

Frau zu werden. Leider war Liu Yu Wang sehr krank und wußte es auch. Er starb jung, mit neununddreißig Jahren, und ließ mich mit meinen beiden Kindern, Paul und Juliette, meinem Trost und meinem Glück, allein zurück.

Durch den Tod meines Mannes war ich mit einem Schlag menschlicher Wärme, männlichen Schutzes beraubt. Wegen der gewaltigen Veränderungen, die damals China zu erschüttern begannen, hatten meine Schwiegereltern, wie viele andere Kapitalisten, ihr prächtiges Haus in Shanghai aufgeben müssen und sich in Hongkong niedergelassen. Ich wußte wohl, daß mein persönlicher Kummer nur wie ein Tropfen im Ozean war und daß der Ruin einiger Familien nicht zählte, wenn dafür Millionen von Armen endlich darauf hoffen konnten, sich einmal satt essen zu können. Von daher begrüßte ich die Befreiung Chinas durchaus. Doch was sollte in diesen stürmischen Zeiten aus einer sechsundzwanzigjährigen Witwe mit zwei kleinen Kindern werden? Paul war dreizehn, Juliette acht Jahre alt. Als ich aufgrund tragischer familiärer Umstände 1964 China verlassen und mich von Paul und Juliette trennen mußte, war mir, als sei mein Leben selbst dort zurückgeblieben.

Die Erlebnisse all dieser Jahre fügten sich zu einem Buch zusammen (»Die Sänfte der Tränen«). Und so schmerzlich es auch oft war, beim Niederschreiben dieser Erinnerungen noch einmal die schweren Zeiten meiner Jugend zu durchleben, so habe ich dieses Unternehmen doch nie bereut. Ich habe so viele Briefe von Unbekannten erhalten, die mir Mut zum Leben machten, so viele Beweise der Sympathie und Freundschaft, daß ich daraus Kraft schöpfen konnte. Allen, die mir geschrieben haben, danke ich sehr herzlich. Mein Dank gilt auch denen, die sich nicht persönlich an mich wandten, aber in Freundschaft und Zuneigung meiner gedachten. Ich, die ich lange geglaubt hatte, zur Einsamkeit verurteilt zu sein, habe jetzt Freunde in aller Welt gefunden. Immer wieder stellten sie mir die gleiche Frage: Was ist inzwischen aus mir und meinen Kindern geworden?

Um diese Frage zu beantworten, nehme ich heute den Faden meiner Erinnerungen wieder auf. Ich tue das nicht ohne eine gewisse Bangigkeit. Wieder gilt es, in dem Erzählten noch einmal viele trübe Stunden, viel Unglück und Leid heraufzubeschwören. Doch nicht mein persönliches Schicksal ist mein Hauptanliegen. Vielmehr möchte ich am Beispiel meiner Erlebnisse die erstaunliche Wandlung deutlich machen, die sich in meiner Heimat vollzogen hat und noch vollzieht. Diese Wandlung konnte und kann ich gleichsam aus nächster Nähe miterleben, da ich zwar in Frankreich wohne, aber häufig China besuche, jenes Land, in dem ich geboren bin und dem ich mich in Freud und Leid immer verbunden fühlen werde.

1. Kapitel

Meine Abreise während des Mondfestes / Eine Chinesin in Paris / Herr Chee in Orly / Die Yuans von der Avenue du Maine / Ich lerne einen gewissen Herrn Tsing kennen / Erste erstaunliche Eindrücke / Die Baccara-Rosen / Ein Klavier auf einer Reiskiste / Tausche Kochtopf gegen Blumen.

Ist die Dreizehn, wie häufig behauptet wird, eine magische Zahl? In meinem Leben hat sie von jeher große Veränderungen, jähe Brüche bezeichnet. Als Dreizehnjährige wurde ich einem dreizehn Jahre älteren Mann vermählt. Dreizehn Jahre später erlag mein Mann einer langen Krankheit. Er litt an einem angeborenen Herzfehler und hatte mir gleich nach unserer Hochzeit gesagt, er könne jeden Augenblick sterben. Im Laufe unserer Ehe hatte ich mich allerdings so daran gewöhnt, daß er sich von gelegentlichen gesundheitlichen Krisen immer wieder erholte, daß ich wie betäubt war, als man mir mitteilte, daß er für immer eingeschlafen war. Er hatte keine Schmerzen gehabt, war erloschen wie eine Kerze. Von Hongkong aus trat sein Sarg die lange Reise nach Ning-Po bei Shanghai an. Dort, auf dem Hügel, den seine Eltern nach den Horoskopen als die geeignetste letzte Ruhestätte für ihn ausgewählt hatten, liegt er begraben.

Meine Trauer war sehr groß. Ich hatte ihn nie leidenschaftlich geliebt, aber dank seiner Güte, seines Zartgefühls und seines edlen Herzens war unsere Ehe wie eine friedliche Reise ohne Stürme und Erschütterungen gewesen. Seine Wahl war in Shanghai auf mich gefallen, als ich noch Schülerin war und mit dem Fahrrad zum Unterricht fuhr. Seine Zärtlichkeit hatte den Schock gemildert, als halbes Kind in das wohlhabende Haus seiner Eltern verpflanzt zu werden, in dem der mächtige Liu Pin San mit seinen roten Handflächen und der leuchtenden Stirn und seine Frau mit den strahlenden Augen und der königlichen Haltung, die zumindest anfangs eine besonders furchteinflößende Schwiegermutter war, herrschten. Unser eheliches Glück, das auf gegenseitiger Achtung beruhte, hatte sich durch die Geburt unserer beiden schönen Kinder noch gesteigert. Die fröhliche Art und die frühe Intelligenz von Paul und Juliette erfüllten uns mit Hoffnung und Stolz. Im Jahr 1964, in dem diese Geschichte beginnt, hatte ich nur noch meine Kinder. Meine Kinder und mein Klavier.

Ich war noch ein kleines Mädchen, als mein Vater das erste Klavier für mich mietete. In Anbetracht seiner finanziellen Verhältnisse war das ein sehr aufwendiges Unterfangen. In den Augen meiner geizigen Großmutter war es heller Wahnsinn. Später, nachdem ich in die reiche Familie Liu eingeheiratet hatte, besaß ich einen Steinway- und einen Bechstein-Flügel. Die jahrelange Ausbildung am Konservatorium von Shanghai hatte sich gelohnt. Ich war mit zwanzig Jahren »Ingenieurin der Seelen« geworden, wie es in der neuen Sprache hieß, Künstlerin des Volkes. Jetzt kam es darauf an, finanziell unabhängig zu werden, um die Ausbildung meiner beiden Kinder sicherzustellen. Ich gab Privatstunden, arbeitete wie besessen, um ein wenig Geld beiseite legen zu können. Aber das allein genügte mir nicht, ich wollte weiterkommen. Ich wußte sehr wohl, daß ein himmelweiter Unterschied zwischen einem Amateurtalent und einer Klaviervirtuosin besteht, die mit ihrer Kunst sich selbst und ihre Kinder ernähren möchte. Damals genossen chinesische Künstler ein weit höheres Ansehen, wenn sie sich im Ausland bewährt hatten. Es gab sogar Musiker, die sich dieses Ansehen unter falschen Vorzeichen, nämlich ganz einfach durch eine Vergnügungsreise nach Europa, erschlichen. Warum sollte nicht auch ich die Möglichkeit der Weiterbildung im Ausland nutzen?

Meine Schwiegermutter, die gestrenge Frau Liu, hatte ihre Einstellung mir gegenüber mit den Jahren grundlegend geändert. Durch den Tod ihres Sohnes kamen wir uns noch näher. Ich konnte meine Pläne meinen Schwiegereltern anvertrauen. Nach langem Zögern erklärten sie sich damit einverstanden, daß ich die nötigen Vorbereitungen für meine Übersiedlung nach Paris traf. Es war kein Zufall, daß ich mich für Paris entschieden hatte. Auf den Rat meiner lieben Freundin Barbara Fei hin hatte ich mich um Aufnahme in die Klavierklasse der berühmten Marguerite Long beworben und war tatsächlich angenommen worden. Ich hoffte sehr, eine gute Pianistin, vielleicht sogar Konzertpianistin werden und nach ein, zwei Jahren mit einer abgeschlossenen Ausbildung nach China zurückkehren zu können. Das musikalische Talent war eine Gabe, die mir das Schicksal geschenkt hatte, und ich war entschlossen, alles daranzusetzen, um dieses Talent zu pflegen und weiterzuentwickeln. Das war ich insbesondere meinen beiden Kindern schuldig, denen ich so gut wie möglich den viel zu früh verstorbenen Vater ersetzen mußte.

Doch das war nur ein geringer Trost, wenn ich an die Trennung von meinem dreizehnjährigen Sohn und meinem achtjährigen Töchterchen dachte. Wie sollte ich es ertragen, ohne Paul und Juliette zu leben, ohne die Zärtlichkeit, die uns verband? Aber gerade ihretwegen, um ihrer Zukunft willen, war die Trennung unumgänglich. Als ich genug Geld für die Reise zusammengespart hatte, beschloß ich, mir eine Flugkarte zu kaufen. Wenn ich sehr sparsam war, würde ich mit meiner kleinen Barschaft einige Monate in Paris leben können.

Der schwerwiegendste Grund für die Bedenken meiner Schwiegereltern war wohl der schlechte Ruf, in dem Paris bei uns stand. Es half nichts, daß ich ihnen versicherte, Paris gelte als Hauptstadt der Musik und der bildenden Künste, für die Chinesen war Paris vor allem die Stadt, die wir »Huat'o« nennen. »Hua« bedeutet soviel wie »romantische Blume«. Mit dem Begriff Paris verband sich die Vorstellung von guten Weinen, exquisiten Parfüms und leichtlebigen Vergnügungen. Damit war diese Stadt für eine junge Chinesin ein Ort der Verderbnis, an dem ich, da ich dort keine Menschenseele kannte, allen erdenklichen Gefahren ausgesetzt sein würde. Ich beruhigte meine Schwiegereltern, so gut ich konnte. Schließlich ging ich ja nach Paris, um mein Klavierspiel zu vervollkommnen, ich würde niemanden besuchen und selbst auch keine Besuche empfangen.

Ich erstand also meine Flugkarte. Der Abschied war herzzerreißend. Während des Fluges plagten mich düstere Gedanken. Meine Seele war in China, bei meiner Familie. Ich sah wieder meinen geliebten Paul, meine kleine Juliette, denen der Trennungsschmerz die Tränen in die Augen getrieben hatte. Ich rief mir ins Gedächtnis zurück, was mir mein Schwiegervater noch schnell an Ratschlägen und weisen Worten mit auf den Weg gegeben hatte, ehe ich die Boeing bestieg, um die Reise in jenes Land anzutreten, das schließlich meine zweite Heimat werden sollte.

In meiner Eile und ganz in meine sorgenvollen Überlegungen vertieft, war mir gar nicht aufgefallen, daß ich meinen Flug ausgerechnet für den Tag gebucht hatte, an dem in China das Mondfest gefeiert wird, nach dem europäischen Kalender der 15. August. Wie hatte ich das nur vergessen können?

Der chinesische Kalender basiert auf den Mondphasen. Der erste Tag jedes Monats entspricht dem zunehmenden Mond, der schmalen Sichel, die sich langsam auffüllt. Der 15. Tag jedes Monats entspricht dem Vollmond. Dann nimmt der Mond allmählich wieder ab, bis man am ersten Tag des folgenden Monats angelangt ist. Alle vier Jahre wird ein Monat doppelt gezählt. Am 15. August ist der Mond besonders rund und besonders nah, und dieser Tag wird in China als großes Familienfest begangen. Die Arbeit ruht, so daß auch weiter entfernt wohnende Angehörige die Möglichkeit haben, zu ihren Eltern zu reisen. Alle noch lebenden Generationen einer Familie finden sich zu einem Festessen zusammen, das Freude und Glück für alle Teilnehmer bedeutet. Meist wird zu diesem Zweck im Freien eine Tafel gedeckt, an der groß und klein sich ausgesuchte Köstlichkeiten schmecken lassen, besonders die »Mondkuchen«, die – süß oder salzig – nur für diesen Tag gebacken werden.

Symbol für das Glück ist der Vollmond – rund und griffig wie das Glück.

Und ausgerechnet an diesem Tag mußte ich, allein und wehen Herzens, eine so weite Reise antreten. Während alle anderen freudiges Wiedersehen feierten, mußte ich ins Unbekannte hinaus, um ein neues Leben zu beginnen. Würde ich die Meinen je wiedersehen? Ich war achtundzwanzig Jahre alt, und meine Zukunft lag im Dunkeln.

Am nächsten Morgen landete ich früh um acht in Orly, in einer Welt, in der mir alles – Gesichter, Schrift, Sprache – fremd war. Meine treue Freundin Barbara hatte mir versichert, ein Chinese, Herr Chee, werde mich abholen. Sie hatte ihm mein Photo geschickt und ihn mir genau beschrieben. Die Gefahr einer Verwechslung war gering, denn Monsieur Chee war, wie sie sagte, sehr korpulent.

Ich war schwer beladen. Ein Teil meines Gepäcks war mit dem Schiff unterwegs. Als Handgepäck aber hatte ich, da ich aller Voraussicht nach mein Land für lange Zeit verließ, drei Gegenstände bei mir, die reisenden Chinesen unentbehrlich sind.

Da war zunächst meine große Steppdecke aus rosa Seide. Die Chinesen sind davon überzeugt, daß es überall in Europa sehr kalt ist. In Wirklichkeit verhält es sich so, daß dort die Kälte – wie auch die Hitze – anders ist als in Shanghai. Unsere Kälte ist feucht und tückisch, wir schützen uns dagegen mit dicker wattierter Kleidung. In Frankreich kann es durchaus strengen Frost geben, aber es ist eine trockene Kälte, die – wie trockene Hitze – leichter zu ertragen ist. An warmen Tagen ist es in China schwül und drückend, und das Atmen fällt schwer.

In die Steppdecke hatte ich zwei Gegenstände gerollt, die jedem Chinesen in der Fremde lieb und teuer sind. Der erste war eine hübsche emaillierte Thermosflasche mit Blumenmuster. Heißes Wasser braucht man immer, natürlich zur Teebereitung, aber auch, um sich Hände oder Gesicht zu waschen. In China verwendet man stets abgekochtes Wasser. Heißes Wasser ist nicht allenthalben so leicht zugänglich wie in Europa, man verreist deshalb niemals, ohne auf alle Fälle einen kleinen Vorrat davon mitzunehmen. Der dritte Gegenstand, den ich in meine Rolle geschoben hatte, war das Gefäß, das wir zum Mundspülen benutzen. Kein Chinese würde ohne den eigens für diesen Zweck vorgesehenen Becher verreisen. Diese drei Schätze – meine Steppdeckenrolle und darin die Thermosflasche und der Mundspülbecher – hielt ich während des ganzen Fluges auf dem Schoß.

Sobald ich wieder festen Boden unter den Füßen hatte, hielt ich Ausschau nach Herrn Chee. Er mußte einfach auf dem Flugplatz sein, denn er war das einzige, wenn auch ungewisse Bindeglied zwischen meiner Vergangenheit und der neuen Welt, die mich erwartete.

So ließ ich mich denn in Orly mit der Menge durch endlose Gänge treiben, die Rolle, die größer war als ich und mir die Sicht versperrte, fest an mich gedrückt. Ich sah aus wie ein Postpaket auf zwei Beinen. Von Herrn Chee war weit und breit nichts zu sehen. Ich wurde unruhig, bereute es, die Reise überhaupt angetreten zu haben. In der Ankunftshalle blieb ich stehen, wartete, begann wieder, auf und ab zu gehen. Meine Unruhe wurde zur Angst. Wenn nun Herr Chee nicht kam?

Plötzlich entdeckte ich einen Chinesen, dessen imposante Figur durchaus Barbaras Beschreibung entsprach. Ich seufzte erleichtert auf, lächelte in all meiner Verzweiflung und ging ihm entgegen. Zu meiner Verblüffung blieb er, wo er war, und hatte für mich keinen Blick, keine Geste übrig. Mit letzter Kraft ging ich noch ein paar Schritte näher heran und setzte meine Last ab. In diesem Augenblick fing der Mann an zu lachen. Er habe sich darauf eingestellt, eine Chinesin abzuholen, erklärte er, zu Gesicht bekommen habe er mich aber erst jetzt, denn bisher habe er nur meine Beine gesehen. Ich errötete. Das Thema Bein ist für Chinesinnen tabu. Um so peinlicher war mir eine solche Bemerkung ausgerechnet aus dem Mund eines wildfremden Mannes.

Mein Beschützer führte mich zu dem Wagen, den sein Chef ihm – mit einem Firmenfahrer – zur Verfügung gestellt hatte. Nachdem das Gepäck im Kofferraum verstaut war, blieb wieder einmal kein Platz für meine Decke – ich mußte sie auf den Schoß nehmen. Da Herr Chee selbst sehr umfangreich war und auf der Rückbank neben mir ziemlich viel Platz einnahm, sah ich zu meinem Bedauern nichts von dem, was auf der Fahrt an uns vorüberzog.

Wir stiegen aus, und ich konnte mich auf den ersten Blick für das Haus, in dem sich Herrn Chees Büro befand, durchaus nicht begeistern. Das düster-graue Gebäude mitten in der Stadt ließ die vielgelobte Schönheit von Paris nicht einmal ahnen. Herr Chee erklärte mir, daß er hier nicht nur arbeite, sondern auch wohne. Die Firma hatte ihm ein kleines Zimmer zum Privatgebrauch überlassen. Dort herrschte ein unbeschreibliches Durcheinander, Kleidungsstücke lagen kreuz und quer über dem Bett. Herr Chee entschuldigte sich sofort, er habe überstürzt aufbrechen müssen, um mich abzuholen. Er bat mich, Platz zu nehmen, bis er eine dringende Arbeit erledigt hatte. Danach würden wir essen gehen, dann würde er ein Hotel für mich suchen.

Bei dem Wort »Hotel« überlief es mich eiskalt. Keinesfalls, erwiderte ich, würde ich mich in ein solches Etablissement begeben. Wo ich denn schlafen wolle, fragte mich Herr Chee. Darauf mußte ich ihm die Antwort schuldig bleiben und konnte ihn nur daran erinnern, daß es in China für eine alleinstehende Frau – noch dazu eine Witwe – undenkbar war, in einem Hotel abzusteigen. Auf Reisen wohnt die chinesische Frau meist bei Verwandten oder Bekannten. Hotels sind das Gegebene für Reisen mit der ganzen Familie, für Geschäftsleute oder – und das war es, was mich so entsetzte – für die Prostitution. Ich weigerte mich strikt, meinen Fuß in ein Hotel zu setzen.

Herr Chee hatte offenbar Verständnis für meine Weigerung und gab mir zu verstehen, daß es ihm sehr peinlich sei, mich schockiert zu haben. Wie sollte es jetzt weitergehen?

Er bot mir an, mich für diese Nacht in seinem eigenen Zimmer unterzubringen, er würde sich eine andere Schlafstelle suchen. Ich zweifelte nicht daran, daß er es ehrlich meinte, aber auch mit dieser Lösung konnte ich mich nicht einverstanden erklären. Wie kann eine junge Witwe im Bett eines fremden Mannes schlafen, selbst wenn dieser ihr sein ganzes Zimmer überläßt? Das sagte ich Herrn Chee, der daraufhin sehr ärgerlich wurde. Er erklärte mir ohne Umschweife, ich hätte diese Unterbringungsprobleme voraussehen müssen.

So ganz unrecht hatte er damit natürlich nicht. Nun hatte zwar vor meiner Abreise das Reisebüro ein in Frankreich lebendes chinesisches Ehepaar, einen gewissen Herrn Yuan – er war Arzt – und seine Frau, angeschrieben mit der Bitte, bei meiner Unterbringung behilflich zu sein, wir hatten aber nicht bedacht, daß ich in der Zeit, bis ich eine eigene Unterkunft gefunden hatte, auch irgendwo würde bleiben müssen.

Während Herr Chee noch einmal in sein Büro ging, blieb ich brav auf meinem Stuhl sitzen, so wie ich sechsundzwanzig Stunden lang auf meinem Platz im Flugzeug sitzen geblieben war. Meine Umgebung verstärkte noch meine Niedergeschlagenheit. Alles war grau und kalt. Durchs Fenster sah ich ein Stückchen Himmel, das so trist und trübe war wie die Einsamkeit, in der ich langsam zu versinken drohte.

Die lähmende Stille wurde nur vom Ticken eines Weckers durchbrochen, das in meine Gedanken hämmerte, und mit diesen Gedanken weilte ich in China. Mir war, als hörte ich das Weinen meiner kleinen Juliette, deren jammervolles Stimmchen mich rief. Die Vorstellung, meine kleine Tochter könne mich in der Nacht brauchen und sich von niemandem beruhigen lassen, marterte mich.

Es war nach zwölf, als Herr Chee mich abholte. Es war Mittagszeit, und damit war ich erlöst. Er hatte das Essen in einem chinesischen Restaurant auf dem Boulevard Montparnasse bestellt, und wir nahmen ein Taxi dorthin. Endlich von der Last meiner Steppdecke befreit, besah ich mir Paris mit großer Aufmerksamkeit. Besonders beeindruckten mich die weiten Ausblicke, die breiten Fahrbahnen, die Höhe der Häuser, die gewaltigen Ausmaße von Straßen, Alleen, Boulevards.

Die Geschäftsführerin des Restaurants, Fräulein Lin, war eine bildschöne junge Frau, eine Bekannte von Herrn Chee, die uns sehr liebenswürdig empfing. Eigens für uns waren appetitliche Fischgerichte und Meeresfrüchte zubereitet worden, die ich sehr gern esse. Leider konnte ich sie mir an diesem Tag nicht schmecken lassen; als Buddhistin war ich gehalten, zu jener Zeit rein vegetarisch zu leben. Deshalb mußte ich all die guten Sachen ablehnen, was sich Herr Chee wieder recht zu Herzen nahm. Man merkte ihm eine gewisse Verstimmung an. Ich hatte ihn nicht verletzen wollen und beeilte mich, ihm die Gründe für meine Ablehnung zu erklären. Den buddhistischen Gläubigen wird ans Herz gelegt, der stummen Kreatur kein Leid zuzufügen. Auf Fleischgenuß verzichtete ich im Augenblick nicht nur meinetwegen, sondern auch um meines Mannes willen, weil ich ihm zu einem möglichst angenehmen künftigen Leben verhelfen wollte. Wenn der Mensch unbedingt Tiere töten muß, um sich zu ernähren, ist es weniger verwerflich, ein Rind zu opfern, das viele Mahlzeiten liefert, als Krabben und Garnelen, mit denen eine Vielzahl von Leben um der Schlemmerei willen zerstört wird. Fräulein Lin war sehr erstaunt über meine Ausführungen. Sie könne sich nicht vorstellen, daß solche Glaubenssätze für eine junge Frau wie mich heutzutage noch wichtig seien, sagte sie. Nachdem er die erste Enttäuschung überwunden hatte, meinte Herr Chee, er habe durchaus Verständnis für mich, und bat mich um Entschuldigung.

Er selbst war mit einem gesunden Appetit gesegnet und tat den für zwei Personen gedachten Gerichten alle Ehre an. Nach dem Essen erzählte er Fräulein Lin von unseren

Unterbringungsproblemen. Sie würde darüber nachdenken, versprach sie, wir sollten am späten Nachmittag noch einmal vorbeikommen.

Da schönes Wetter war, schlug Herr Chee einen kleinen Spaziergang vor. Ich werde nie vergessen, welches Hochgefühl mich plötzlich erfüllte, als ich zum ersten Mal durch die Straßen von Paris ging. Das Stadtbild war so ganz anders als in China, wo die Straßen meist sehr eng sind. Ich fühlte mich wohl in dieser offenen Weite, wo niemand auf mich achtete und ich keine Komplexe zu haben brauchte. Da ich für eine Chinesin ziemlich groß bin, hatte ich es in Shanghai kaum gewagt, aufrecht durch die Straßen zu gehen, und hatte auf Schuhe mit hohen Absätzen verzichtet.

Auf der breiten Avenue, die wir entlanggingen, lief ich, wie sich das für eine Chinesin gehört, respektvoll hinter Herrn Chee her, so daß er sich häufig umdrehen und auf mich warten mußte. Und dann standen wir plötzlich vor einem majestätischen Gebäude. Er winkte mir, ihm zu folgen. Wir durchschritten eine lange Galerie unter einer Wölbung und standen dann unter einer düsteren Kuppel. Wie erstarrt blieb ich stehen. Unter der Kuppel waren kreisförmig um einen Sarkophag zwölf Särge angeordnet. Bei diesem Anblick erwachte in mir wieder der brennende Schmerz, den ich beim Tod meines Mannes empfunden hatte. Herrn Chees Gefühllosigkeit traf mich tief. Warum hatte er mich hierhergeführt? Wo befanden wir uns? Was war das für eine Totenstadt?

Wir standen, wie mir Herr Chee später erklärte, im Invalidendom. Und natürlich hatte Herr Chee mich weder erschrecken noch mir mit den Gräbern von Napoleon und seinen Marschällen imponieren wollen.

In China sind Feuer, Wasser, Exkremente und Särge Symbole für Glück und Reichtum. Herr Chee hatte mich also in der besten Absicht in den Invalidendom geführt. Mit dieser Geste wünschte er mir Wohlstand, der mich, so sagte er sich wohl, über den Verlust meines Mannes ein wenig hinwegtrösten könnte. Ich hatte meinem Begleiter schon genug Enttäuschungen bereitet, und, so überlegte ich, es wurde Zeit, daß ich seine Einfälle so aufnahm, wie sie gemeint waren, selbst wenn sie mich zunächst befremdeten. In einem Land, dessen Sitten und Gebräuche ich nicht kannte, würde ich wohl noch häufiger Gelegenheit haben, mich zu wundern.

Wir gingen wieder zurück zu dem Restaurant, wo uns das charmante Fräulein Lin erwartete. Sie hatte inzwischen über unser Problem nachgedacht und eine ebenso einfache wie großzügige Lösung gefunden, an die ich nicht einmal zu denken gewagt hätte. Sie wollte mich bei sich aufnehmen, bis ich mit Hilfe von Herrn und Frau Yuan eine eigene Unterkunft gefunden hatte, was – so hatte man mir in Hongkong versichert – in wenigen Tagen möglich sein würde. Mir fiel ein Stein vom Herzen, und ich dankte Fräulein Lin herzlich. Herr Chee mußte mich für eine sehr anspruchsvolle und schwierige Person halten. Er war so froh, daß ich mit dieser Lösung einverstanden war, daß er mich beglückwünschte, sich ebenfalls bei Fräulein Lin bedankte und dann eiligst das Weite suchte. Vielleicht hatte er Angst, ich könnte es mir anders überlegen.

Fräulein Lin hatte eine hübsche Wohnung in der Avenue de Versailles, ziemlich weit von ihrem Arbeitsplatz entfernt. Sie wollte mich mitnehmen, wenn die Gäste fort waren, und bat mich, solange im Restaurant zu warten.

Der kleine Speisesaal füllte sich rasch. Um die Bedienung nicht zu behindern, versuchte ich, mich ganz klein zu machen. Wenn neue Gäste eintrafen, wich ich weiter und weiter zurück, bis ich an den Kleiderständern landete, die hier die Garderobe ersetzten. Ich saß noch dort in meiner Ecke, als sich ein Ehepaar näherte, das gerade gezahlt hatte, jetzt gehen wollte und versuchte, an seine Mäntel heranzukommen, was bei den überfüllten Kleiderständern gar nicht so einfach war. Man brauchte nicht die Landessprache zu beherrschen, um die Situation zu begreifen. Ich stand mit fragender Miene auf, die Dame deutete lächelnd auf einen Mantel, ich ergriff ihn, drängte mich zu ihr durch und half ihr wie selbstverständlich hinein. Die Dame, die mich offenbar für die Garderobiere hielt, reichte mir ein Geldstück. Überrascht wehrte ich ab. Sie ließ nicht locker. Ich merkte, daß ich dunkelrot geworden war. In China sind für eine Künstlerin, die als eine »Ingenieurin der Seelen« gilt, Trinkgelder ein Unding. Im Dienste des Staates hatte ich nie Geld für meine Leistungen bekommen. Zutiefst verwirrt und verlegen stand ich da.

Wer weiß, wie die Sache ausgegangen wäre, hätte sich nicht Fräulein Lin eingeschaltet. Sie bedeutete mir, das Geld anzunehmen, und ich gehorchte widerwillig. Aber Fräulein Lin hatte natürlich recht. Daß meine Ablehnung auch für die Gäste peinlich war, hatte ich nicht bedacht. Ich mußte lernen, unkomplizierter zu werden, meinen Stolz zurückzudrängen. Zu jener Zeit wußte ich noch nicht, daß das Leben mich so weit bringen sollte, daß ich eines Tages Trinkgelder dankend annehmen würde. An diesem Abend sagte ich mir nur, daß mein erster Tag in Europa mit einem Mißverständnis – mit meinem Auftritt in Orly als wandelnde Deckenrolle – begonnen hatte und mit einem Mißverständnis endete, über das ich gleichzeitig hätte lachen und weinen mögen.

Ich schlief nur eine Nacht bei Fräulein Lin, aber ich schlief tief und fest. Nach den vielen Aufregungen und neuen Eindrücken und nach der langen Flugreise war ich sehr ruhebedürftig. Fräulein Lin ersparte mir die Mühe, selbst zur Familie Yuan zu gehen, und ich ließ mich gern von ihr ein bißchen verwöhnen. Frau Yuan kam mit ihrer dreijährigen Tochter zu uns ins Restaurant. Sie war eine bezaubernde Frau von jener zarten, feingliedrigen Schönheit, die man allen Frauen ihrer Heimatstadt Su-Chou nachsagt. Die Tochter war ihr wie aus dem Gesicht geschnitten. Schon nach den ersten Worten, die wir wechselten, war mir klar, daß Frau Yuan nicht nur bildschön, sondern auch klug und gütig war. Ich war ihr in einem freundschaftlichen Empfehlungsbrief ans Herz gelegt worden, und sie bot mir an, bei ihr zu wohnen, bis sie ein passendes Zimmer für mich gefunden hätte. So konnte ich noch am selben Tag Fräulein Lin für ihre Gastfreundschaft danken und mein umfangreiches Gepäck bei Herrn Chee abholen, dem ich auch viel zu danken hatte. Dann fuhren wir zu den Yuans in die Avenue du Maine. Herr Yuan empfing mich fast, als sei ich eine nahe Verwandte.

Das Schicksal dieser Familie ist typisch für das vieler chinesischer Familien in Paris. Dr. Yuan war ein in seiner Heimat sehr bekannter Arzt gewesen, der seine Kranken erfolgreich mit Akupunktur behandelte. Leider wurden Dr. Yuans hervorragende Diplome in Frankreich nicht anerkannt, und seine so wertvollen praktischen Erfahrungen zählten nicht. Wie so vielen gebildeten Chinesen blieb ihm nur eine Möglichkeit: die Eröffnung eines chinesischen Restaurants. So wie er fanden sich zahlreiche Männer und Frauen mit glänzenden wissenschaftlichen und künstlerischen Gaben in der Küche oder als Bedienung wieder. Gewiß, sie konnten sich damit wenigstens das zum Leben Nötigste verdienen, aber wieviel Talent, wieviel Wissen blieben ungenutzt. Mich, die ich die Gaben des Geistes so hoch schätze, berührt dies immer wieder sehr schmerzlich. Meine Gastgeber ließen keine Bitterkeit erkennen, sie hatten sich mit Gleichmut in die veränderten Verhältnisse gefügt. Die Atmosphäre in der Familie war heiter und herzlich, sie ließ ein großes Maß an Liebe und gegenseitiger Achtung erkennen, so daß mir ganz warm ums Herz wurde. Sehr gern erklärte ich mich bereit, ein Zimmer mit der reizenden kleinen Tochter zu teilen, denn die Wohnung hatte kein Gästezimmer.

Nach einer Woche eifrigen Suchens kehrte Frau Yuan mit der Nachricht heim, daß sie genau das gefunden habe, was sie sich für mich vorstellte, ein Zimmer bei einer alleinstehenden Dame, einer gewissen Mademoiselle Sylvie, die eine schlichte, aber behagliche Erdgeschoßwohnung hatte. Mademoiselle Sylvie, von Beruf Bibliothekarin, war die erste Französin, die ich kennenlernte, aber ich hatte sofort das Gefühl, daß wir uns gut verstehen würden. Ich nahm Besitz von meinem neuen Reich. Das Zimmer war klein und sehr einfach eingerichtet: ein Bett, ein Schreibtisch, ein Tischchen, auf dem ich liebevoll meine Buddhas aufstellte, von denen ich mich nie trenne. Ich sah gleich, wo ich das Klavier, das ich so schnell wie möglich kaufen wollte, hinstellen würde. Die Miete war mäßig, was meiner prekären Finanzlage entgegenkam. Mit den Notlagern war es also vorbei, und ich war froh, daß ich jetzt niemandem mehr zur Last zu fallen brauchte. Zwar war ich überall herzlich aufgenommen worden, aber es war mir doch angenehm, daß ich nicht mehr die Gewohnheiten anderer Menschen durcheinanderbrachte.

Ich würde mich nun bald allein durchschlagen müssen, und – dazu mußte ich erst einmal Französisch lernen. Bisher hatte ich mich entweder auf chinesisch oder auf englisch verständlich machen können, aber für den Pariser Alltag war das nicht genug. Ich meldete mich deshalb, wie ich es mir schon in Hongkong vorgenommen hatte, für die Französisch-Kurse in der Alliance Française an. Der Boulevard Raspail, wo der Unterricht stattfand, lag in der Nähe meiner neuen Unterkunft auf dem Boulevard Montparnasse, so daß ich nicht viel Zeit mit langen Wegen zu verlieren brauchte.

An meinem letzten Abend bei den Yuans, dem 1. Oktober, gab Frau Yuan noch ein Essen für mich. Den ganzen Nachmittag waren wir mit den Vorbereitungen beschäftigt. Ich ahnte nicht, daß dieser Abend eine besondere Bedeutung für mein künftiges Leben haben sollte.

Bei diesem Essen, das im übrigen sehr gelungen verlief, lernte ich die Herren Ma und Tsing kennen; zumindest sind dies die Namen, unter denen wir diese beiden sehr achtbaren Herren hier einführen wollen. Herr Ma, mein Tischherr, der etwa so alt sein mochte wie mein Vater, war Vertreter der bedeutenden Tung-Gruppe in Frankreich, einer Reederei aus Hongkong, deren Machtposition etwa der des Aristoteles Onassis vergleichbar ist. Er war sehr höflich und gebildet und hätte nicht aufmerksamer sein können, wenn er meinen Vater persönlich vor sich gehabt hätte. Der etwa fünfundvierzigjährige Herr Tsing, in seiner Heimat China ein erfolgreicher Ingenieur, war mit der Absicht nach Frankreich gekommen, seine Kenntnisse zu vervollkommnen, und war nun schon seit etwa zwanzig Jahren hier. Er hatte sich völlig den Sitten seiner zweiten Heimat angepaßt. Es war ein seltsamer Zufall, daß seine Familie in meinem alten Viertel von Shanghai wohnte. Er überschüttete mich mit Fragen nach den Veränderungen, die sich in unserer Stadt vollzogen hatten, und nach gemeinsamen Bekannten. Ich antwortete, so gut ich konnte. Das Herz tat mir weh, als ich von jener anderen Welt erzählte, die ich so widerstrebend verlassen hatte. Er schien von meinem Kummer nichts zu merken, verlangte immer noch mehr Einzelheiten, immer noch genauere Schilderungen, brannte darauf, alles zu erfahren, alles zu begreifen. Dieser Mann der Wissenschaft war blind für das, was mich bewegte: Von meinem Schmerz, meiner Wehmut ahnte er nichts.

Frau Yuan erlaubte mir, ihr zur Hand zu gehen, nachdem die Gäste gegangen waren. Ich war ihr dankbar, daß ich mich an diesem meinem letzten Abend ein bißchen nützlich machen und für ein, zwei Stunden in die Rolle der Hausfrau schlüpfen konnte, die ich so lange gespielt hatte und auf die ich wohl noch lange würde verzichten müssen.

Am nächsten Tag fand der Umzug statt, bei dem Frau Yuan mir tatkräftig unter die Arme griff. Mademoiselle Sylvie, die perfekt Englisch sprach, veranstaltete für mich eine regelrechte Führung durch die Wohnung und zeigte mir die Handhabung sämtlicher Haushaltsgeräte, damit ich mich zurechtfand, wenn sie tagsüber an ihrem Arbeitsplatz war.

So wohl mir auch ihre Herzlichkeit tat – der Gedanke an

meine Kinder ließ mich keinen Augenblick los. Abwechselnd holten mich Fräulein Lin und Frau Yuan ab, um mir Paris zu zeigen. Ich begleitete sie bei ihren Einkäufen und fand mich langsam in der ungewohnten Umgebung zurecht. Bei einem dieser Streifzüge durch die Pariser Geschäfte entdeckte ich zu einem günstigen Preis ein sehr gutes Klavier, das mein treuester Gefährte werden sollte. Alles war bereit zur Ausführung meiner Pläne, meinem Unterricht in der Akademie von Marguerite Long stand nichts mehr im Wege.

Im Pariser Konservatorium wurden nur Schüler unter achtzehn Jahren aufgenommen. Damit war ich fürs Konservatorium um zehn Jahre zu alt. Bei der berühmten und von mir sehr bewunderten Marguerite Long dagegen war keine Altersgrenze festgesetzt, und die Aufnahme in die Akademie war mir bereits fest zugesagt.

Um den besten und schnellsten Weg in die Akademie und zu meinen Sprachkursen zu erkunden, begann ich fleißig die Pariser Verkehrsmittel – Bus und Metro – zu benutzen und ging auch zu Fuß durch die Pariser Straßen. In der ersten Zeit erlebte ich bei diesen Erkundungsgängen eine Überraschung nach der anderen. In den Straßencafés küßten sich eng umschlungene Paare ungeniert vor aller Augen. Für mich war das ein ganz ungewohntes Bild, denn in China ist der Austausch von Zärtlichkeiten in der Öffentlichkeit undenkbar. Lange Zeit waren mir diese Intimitäten so peinlich, daß ich kaum wußte, wohin ich blicken sollte. Ich mußte daran denken, wie fassungslos ich gewesen war, als ich im Shanghai der vierziger Jahre im Teenageralter die ersten amerikanischen Filme sah, in denen sich die Stars in Großaufnahme auf den Mund küßten. Die Pariser Liebespaare aber tauschten nicht nur Kinoküsse ... Ich flüchtete so schnell wie möglich mit dem Gefühl, ungewollt eine Indiskretion begangen zu haben. Auch das Benehmen der Polizisten erstaunte mich sehr, sie schienen immer zu Scherzen aufgelegt, machten gern hübschen Frauen Komplimente und amüsierten sich offen über Passanten, die etwas Lächerliches oder Wunderliches an sich hatten.

Auch das war in Hongkong und im alten China vor Mao Tse-tung ganz anders gewesen. Damals trugen die Polizisten furchteinflößende Uniformen, die Rüstungen glichen und bei deren Anblick einem die Lust zum Scherzen gründlich verging. Nie sah man die Ordnungshüter ohne einen Gummiknüppel in der Hand, und in der Regel waren sie keinesfalls die Beschützer der Armen und Schwachen. Nach der Revolution wurden die Uniformen menschlicher und die Polizisten selbst zuvorkommender und freundlicher, aber sie waren nach wie vor ihrer ganzen Haltung nach sehr ernsthaft und würdevoll und hatten nicht die geringste Ähnlichkeit mit den vergnügten, spottlustigen Pariser Flics.

Noch etwas überraschte mich: der Zustand der Gehsteige in dieser schönen Stadt. Noch nie hatte ich so viel Hundekot gesehen. »Huat'o« – Stadt der Blumen – hieß Paris bei uns in China. Mir schien die Bezeichnung »Stadt der Hundehäufchen« weit passender. Sicher, die Straßen der Städte im alten China waren auch nicht sauberer, allerdings waren es dort nicht die Hunde, die sie beschmutzten, sondern die ständig spuckenden Passanten. Heute gibt es in China überall Spucknäpfe, und wer dabei ertappt wird, daß er auf den Boden spuckt, muß Strafe zahlen. Aber weshalb spukken die Chinesen überhaupt soviel? Es ist eine Erscheinung, die europäische Besucher meiner Heimat stets überrascht (und häufig anekelt). In den elegantesten Salons sind Spucknäpfe so selbstverständlich aufgestellt wie anderswo Aschenbecher. Ihr Boden ist immer mit Wasser bedeckt, damit der Speichel oben schwimmt und sich nicht an den Wänden des Gefäßes absetzt. Ich gebe gern zu, daß dies kein besonders appetitlicher Anblick ist, aber da ich daran gewöhnt war, hatte ich mich nie daran gestoßen. Ich nahm die vielen Spucknäpfe ebenso ungerührt zur Kenntnis wie die Pariser ihre Hundehäufchen. Es ist doch sonderbar bestellt um unsere Gewohnheiten.

Eines Nachmittags, als ich wie üblich an meinem geliebten Klavier saß, rief mich Frau Yuan an, um mich zum Essen einzuladen. Ich freute mich sehr über diese Aufmerksamkeit und beschloß, ihr nach chinesischem Brauch einen Korb mit Obst, einen schönen Schweinsfuß oder einen Kapaun mitzubringen. Hähne werden in China – wie in Frankreich Schweine und Rinder – ganz jung kastriert, damit ihr Fleisch zarter bleibt. In China haben die Kapaune das beste Fleisch und gelten als kostspielige Delikatesse. Ein Kapaun gilt als besonders ehrenvolles Gastgeschenk.

Da ich noch kein Französisch sprach, konnte ich beim Geflügelhändler keinen Kapaun verlangen. Ich mußte mich mit einem Hähnchen begnügen, das ich mir selbst aussuchte. Zum Glück war es schon geschlachtet, denn meine Religion verbietet das Töten von Tieren. Außerdem ist es für eine junge Frau, die mit der Metro fahren muß, auch nicht gerade angenehm, ein gackerndes, zappelndes Federvieh spazierenzutragen. Ich fand keinen Korb für das schöne Obst, das ich erstanden hatte, und mußte mich daher mit einer gewöhnlichen Plastiktüte begnügen.

Nie werde ich Frau Yuans halb verblüfften, halb belustigten Gesichtsausdruck vergessen, als sie mich mit dem Huhn und dem Obst vor der Tür stehen sah. Lachend erklärte sie mir, daß man in Europa Blumen, Kuchen und Konfekt, aber auf keinen Fall Fleisch als Gastgeschenk mitbringt. Ich war ihr sehr dankbar für ihre Offenheit, denn damit ersparte sie mir eine Wiederholung dieses Fauxpas bei womöglich weniger verständnisvollen Gastgebern. Ich wußte, daß ich viel zu lernen hatte, und war eine gelehrige Schülerin. Frau Yuan ließ meine törichten Geschenke diskret in der Küche verschwinden und führte mich in den Salon, um mich ihren Gästen vorzustellen. Die Gesellschaft bestand hauptsächlich aus Malern, ich traf aber auch Herrn Tsing wieder, der mir neulich so sehr mit seinen Fragen zugesetzt hatte. Seine Neugier schien noch lange nicht gestillt, denn wieder plagte er mich mit seinem Interesse für unser altes Viertel in

Shanghai, seine Bewohner und die Veränderungen, die dort vor sich gegangen waren. Als ich mich – ziemlich früh, denn ich hatte es recht weit bis zu meiner Wohnung – verabschieden wollte, bat Frau Yuan Herrn Tsing, mich mit dem Wagen heimzubringen. Sie hatte wohl Angst, ich könnte mich allein in dem mir noch fremden nächtlichen Paris verirren. Ich nahm das freundliche Angebot gern an. Vor meiner Haustür verabschiedete ich mich rasch von Herrn Tsing, denn ich war nach dem stundenlangen konzentrierten Üben am Klavier müde.

Am nächsten Morgen wurden Mademoiselle Sylvie und ich in aller Herrgottsfrühe durch heftiges Klingeln aus dem Schlaf geschreckt. Mademoiselle Sylvie öffnete und stand gleich darauf mit einem Riesenstrauß Baccara-Rosen in meinem Zimmer. Ich war sprachlos. Wer schickte mir diese Blumen? Mir, die ich hier in Paris keine Menschenseele kannte? In dem Strauß steckte eine Visitenkarte. Es war die Karte von Herrn Tsing, der mich erst vor wenigen Stunden hier abgeliefert hatte. Ich war sehr verlegen. Eigentlich war ich es, die Herrn Tsing für seine Begleitung Dank schuldete, aber er schickte mir einen Blumenstrauß, mit dem er meine moralische Schuldenlast noch vergrößerte. Mademoiselle Sylvie redete mir gut zu. Ich solle mich nicht quälen, sagte sie, und mich an den Blumen freuen. Ich überwand meine Verstimmung und beschloß, nur noch an meine Arbeit zu denken.

Die Stunden bei Madame Ligier, Marguerite Longs Assistentin, waren sehr beglückend für mich. Da sie nur Französisch sprach, verständigten wir uns mit Hilfe der Notensprache, die ja international ist, und durch Gesten und Mimik. Mit der Zeit verstanden wir einander ohne große Schwierigkeiten. Sie stellte ein Programm von fünf oder sechs Stücken für mich zusammen, die ich für den ersten Wettbewerb des Jahres vorbereiten sollte. Morgens, sobald Mademoiselle Sylvie zur Arbeit gegangen war, setzte ich mich ans Klavier und fing mit Feuereifer an zu üben. Ich arbeitete ohne Pause bis zum Abend, ging dann zu meinem Sprachkurs in die Alliance Française, und es wurde spät, bis ich ins Bett kam. So verging ein Tag nach dem anderen, und ich war glücklich dabei.

Leider wurde dieses Glück eines Samstags getrübt, als ich, nichts Böses ahnend, am Klavier saß. Es klingelte an der Tür, sehr heftig, wie mir schien, vielleicht hatte ich auch zuerst das Klingeln nicht gehört. Als ich öffnete, stand vor mir ein Mann, der schnell und erregt auf mich einredete und so nervös schien, daß ich es mit der Angst zu tun bekam. Ich verstand kein Wort, und weil meine Antwort nur aus hilflosen Gesten bestand, zog er schließlich, zornig vor sich hin brummelnd, wieder ab. Abends, nach Mademoiselle Sylvies Rückkehr, erschien er wieder. Meiner Vermieterin konnte er sich wenigstens verständlich machen, und sie dolmetschte für ihn.

Der wütende Mann entpuppte sich als Architekt, der sein Arbeitszimmer über dem meinen hatte. Mein Klavierspiel, erklärte er, habe ihn schon fast um den Verstand gebracht. Solange ich spielte, hundertmal dieselbe Passage übte, schwierige Stellen wiederholte, dasselbe Stück (das er inzwischen bis zum Überdruß kannte) immer noch einmal von vorn begann, um so zu absoluter Perfektion zu kommen, war es ihm einfach unmöglich, sich auf seine Arbeit zu konzentrieren. Mademoiselle Sylvie gelang es schließlich, ihn zu besänftigen. Sie versprach, daß wir alles daransetzen würden, seine Ruhe nicht mehr zu stören.

Am Montag schloß ich, wie verabredet, vor Spielbeginn alle Fensterläden und Fenster, um den Klang des Instruments so gut wie möglich zu dämpfen. Ich mußte bei künstlicher Beleuchtung arbeiten.

Kaum hatte ich angefangen zu spielen, als es wieder heftig klingelte. Vor der Tür stand unser Architekt. Er war außer sich vor Wut, die Augen quollen ihm aus den Höhlen. Da ich wieder nicht verstand, was er sagte, zog er ebenso verärgert ab wie bei seinem ersten Besuch. Abends suchte er dann erneut Mademoiselle Sylvie auf und drohte, uns zu verklagen. Seine Wut war insofern unbegreiflich, als seine Frau ebenfalls Pianistin war. Aber wahrscheinlich hatte er ihr kurzerhand das Klavierspiel ganz und gar verboten.

Um keinen Ärger zu haben, versprach Mademoiselle Sylvie, schalldämmende Platten an den Wänden und der Decke meines Zimmers anzubringen.

In China bringt man Künstlern größte Hochachtung, ja, Verehrung entgegen. Niemand würde es wagen, sie bei der Arbeit zu stören. In Frankreich, hatte ich mir gedacht, müsse es ebenso sein. Daß ein Franzose sich so verhalten würde, hätte ich nie erwartet.

Es erwies sich als schwierig, unser Versprechen zu halten. Die fachmännisch ausgeführte Schalldämmung eines Zimmers ist eine sehr kostspielige Angelegenheit, und weder Mademoiselle Sylvie noch ich konnten uns derartige Ausgaben leisten. Wir beschlossen deshalb, das notwendige Material zu kaufen und selbst anzubringen. Zwei endlose Tage lang balancierten wir auf der Leiter herum, beklebten Decke und Wände mit Platten, die den störenden Schall schlucken sollten, dann war es geschafft. Wir waren beide völlig erschöpft, gleichzeitig aber sehr stolz auf unsere Leistung. Ich würde mich jetzt in aller Ruhe meiner Arbeit widmen können in der tröstlichen Gewißheit, daß mir niemand unfreiwillig beim Spielen zuhörte. Wer beschreibt meinen Grimm, als am Abend nach Abschluß unseres mühseligen Werkes unser Obermieter wieder bei uns erschien – ebenso wütend und irritiert wie zuvor. Vergebens suchte ich nach einem kurzen, knappen Satz auf französisch, den ich ihm an den Kopf hätte werfen können. Viel später begriff ich, daß an diesem Abend ein Äquivalent des Götz von Berlichingen angebracht gewesen wäre – aber so weit war ich damals mit meinen Sprachstudien noch nicht gediehen. Man ist eben wirklich nur ein halber Mensch, wenn man die Sprache des Landes, in dem man lebt, nicht in all ihren Schattierungen zu nutzen weiß.

Mademoiselle Sylvie, die weitaus geduldigere von uns beiden, verhandelte mit unserem erbosten Besucher. Um die Schwingungen zu dämpfen, die ihn so aus dem Häuschen brachten, erklärte er ihr, müßten wir uns vom Tischler einen Kasten anfertigen lassen, auf den mein Klavier gestellt werden sollte, damit es nicht unmittelbare Bodenberührung hatte. Diesen Kasten, der etwa einen halben Meter hoch sein müsse, sollten wir mit Reiskörnern füllen. Damit wäre dann unser gemeinsames Problem gelöst. Wir fügten uns dieser bizarren Forderung, nur um gleich darauf vor einer neuen Frage zu stehen: Worauf sollte ich sitzen, um in dieser Höhe spielen zu können? Von einem normalen Klavierschemel aus waren die Tasten für mich unerreichbar geworden. Nach längerem Suchen in Gebrauchtmöbelgeschäften und auf Trödelmärkten trieb ich schließlich einen Klavierstuhl auf, den man besonders hoch ausfahren konnte. Trotzdem mußte ich noch dicke Kissen und Stöße von Partituren unterlegen, um einigermaßen bequem vor der Tastatur zu sitzen. Nicht ohne Belustigung denke ich an die fast akrobatischen Verrenkungen, die ich täglich anstellen mußte, um meinen Hochsitz zu erklimmen. Aus dem von meinem Spiel in Schwingungen versetzten Kasten stiegen dicke Staubwolken auf, die mich zum Husten reizten. Acht Monate lang – bis zum Abschlußexamen – arbeitete ich zehn Stunden täglich, ohne einen Sonnenstrahl zu sehen. Unser Mitbewohner beschwerte sich nicht mehr. Sein Rat war demnach zwar mit Unbequemlichkeiten verbunden, aber wenigstens wirkungsvoll gewesen. Ich genoß die langen Stunden auf meinem »Thron« sehr. Meine geliebte Musik, konzentrierte Arbeit, absolute Ruhe – war es nicht das, was ich von meinem Aufenthalt in Frankreich erhofft hatte? Ging nicht alles in Erfüllung, was ich mir für diesen Besuch gewünscht hatte?

So hätte ich ganz zufrieden sein können, wenn nur die quälende Sehnsucht nach meinen Lieben in der Ferne nicht gewesen wäre. Jeden Tag wartete ich ungeduldig auf Nachricht von meinen Eltern, von meinen Kindern. Fast immer kamen mir beim Lesen der Briefe die Tränen, ob es sich nun um gute oder weniger gute Nachrichten handelte. Es freute mich zu hören, daß meine Kinder sich nach mir sehnten. Es hätte mir weh getan zu erfahren, daß sie die Trennung von mir mit Gleichmut hinnahmen oder gar, daß sie mich langsam, aber sicher vergaßen. Doch es tat mir auch weh, wenn ich von ihrem Kummer las, der mir verriet, wie lieb sie mich hatten. Es war ein bittersüßer Schmerz zu wissen, daß ich ihnen fehlte, daß sie sich nicht an meine Abwesenheit gewöhnen konnten. Die Post kam mittags. Wenn ich sie beim Essen las, bekam ich vor lauter Tränen oft keinen Bissen herunter.

Mein Vater konnte in seinen Briefen nie ganz verhehlen, wie sehr es ihn beunruhigte, daß ich mich allein in Paris aufhielt. Die Angst, ich würde früher oder später den schönen Redensarten der Verführer nicht widerstehen können, ließ ihn nicht los. Ich verstand seine Sorge. In China ist die Pflicht zu ehelicher Treue mit dem Tod des Ehepartners nicht zu Ende, eine Witwe muß rein bleiben. Es heißt bei uns, daß eine ungetreue Witwe den Boden unfruchtbar macht, über den sie geht. Einsam, wie ich war, ganz in meine Arbeit vertieft, ohne Ablenkung, in fast klösterlicher Zucht, hätte ich meines Vaters Ermahnungen mit einem Lächeln abtun können. Aber was hätte er wohl gesagt, hätte er gewußt, daß Herr Tsing mir weiterhin dutzendweise Rosen schickte? Einerseits waren mir diese aufwendigen Geschenke peinlich, andererseits – ich gestehe es – liebe ich Rosen, und ich hatte lange keine mehr gegessen.

Meine westlichen Leser dürfte es überraschen, welchen Verwendungszweck ich den Sträußen meines Verehrers zugedacht hatte. Jawohl, ich aß Herrn Tsings Rosen, und ich bedauerte es, wenn ich gelegentlich die eine oder andere zu schnell verwelkte Blüte wegwerfen mußte. Nun ist es – auch wenn wir für unseren Tee getrocknete Blütenblätter, wie zum Beispiel Jasmin, verwenden – in China durchaus nicht

Brauch, Rosen zu essen; das ist eine kleine persönliche Eigenheit, die ich mir bereits als Kind angewöhnt hatte. Ich liebte Rosen so sehr, daß ich mich nicht damit begnügen mochte, sie zu riechen oder zu fühlen, ich wollte sie auch schmecken. Als wir noch in Shanghai wohnten, aß ich die Blütenblätter von Rosen in solchen Mengen, daß mein Körper den Duft aufnahm, und wenn ich im Winter die zahlreichen Schichten wattierter Kleidungsstücke ablegte, die mich vor der Kälte schützten, stieg von meiner nackten Haut kein scharfer Körpergeruch auf, sondern der Duft der Rosen, die ich zu mir genommen hatte. In Hongkong, wo Blumen sehr viel teurer sind als in China, hatte ich mir diesen Genuß versagen müssen.

Durch die Briefe meines Vaters wurde mir klar, daß es zumindest leichtsinnig war, wenn ich mir von Herrn Tsing ständig Blumen schenken ließ. Aber wie sollte ich ihm das abgewöhnen? Schließlich bat ich Frau Yuan um seine Telefonnummer – mir war eine gute Idee gekommen. Er hatte mir einmal erzählt, daß er keinen automatischen Reiskochtopf besaß. Ich dagegen hatte so ein nützliches Gerät aus China mitgebracht. Ich würde ihm den Topf schenken, damit meine Schuld abtragen und die Flut der Rosensträuße zum Versiegen bringen, ohne ihn beleidigen zu müssen. Ich rief ihn an, sagte ihm, daß ein Reiskochtopf auf ihn warte, er möge ihn am Sonntagnachmittag bei Mademoiselle Sylvie und mir abholen. Er kam, freute sich sehr über mein Geschenk und lud mich in seiner Begeisterung zum Abendessen ein, was ich ihm ohne Erklärung abschlug. Ich hatte ihm gewissermaßen seine Rosen zurückgegeben. Er mußte begreifen, daß damit unsere Beziehung zu Ende war.

Aber es kam alles ganz anders, als ich gedacht hatte.

2. Kapitel

Die großzügige Geste des General de Gaulle / Wollüstige Kaiser / Nackte Mädchen und Fisch mit Mostrich / Das Vorzeichen der doppelten Eidotter / Sohn eines Mandarin / Nachteile chinesischer Bescheidenheit / Über einer Chopinsonate gehen mir die Haare aus / Fürsorge des Herrn Tsing.

In diesem meinem ersten Pariser Herbst führte ich ein Leben wie eine besonders pflichtbewußte Schülerin. Den ganzen Tag saß ich am Klavier, abends ging ich trotz meiner Müdigkeit zu den Kursen der Alliance Française, denn daß ich nicht Französisch konnte, machte mir an allen Ecken und Enden das Leben schwer. Als Kind hatte ich in der Schule Englisch gelernt, so daß ich zumindest die westlichen Buchstaben kannte und verhältnismäßig rasche Fortschritte machte. Während des Essens, abends vor dem Einschlafen und in der Metro saß ich über meinem Vokabelheft, das sich jeden Tag ein bißchen mehr füllte. Außerdem übte ich mich im Zeitunglesen. Am 16. Oktober stieß ich auf eine Meldung, die ich immer wieder las, das Wörterbuch in der Hand, um sicherzugehen, daß ich sie auch richtig verstanden hatte: China hatte seine erste Atombombe gezündet.

Nun sind Kernwaffen im allgemeinen ein eher düsteres, beängstigendes Thema. Diese Meldung aber war für mich in erster Linie ein Zeichen für den erstaunlichen Fortschritt meines Landes. Nach Jahrhunderten des Elends und der Erniedrigung war dank Mao Tse-tung jene spektakuläre Erhebung möglich geworden, die China zu einer modernen Großmacht werden ließ. Mir schien, daß mit dem Jahr 1964 eine neue Ära in unserer Geschichte begonnen hatte, denn 1964 hatte General de Gaulle im Namen Frankreichs den ersten Schritt zur Anerkennung der Volksrepublik China getan. Diese mutige Entscheidung, der sich bald alle großen europäischen Staaten anschlossen, gab den Anstoß zur Mitwirkung unseres Landes im Konzert der Nationen, wenn auch die UNO die Aufnahme der Volksrepublik China gerade zum fünfzehnten Mal abgelehnt hatte.

Dieses für die Zukunft meines Landes so entscheidende Eingreifen des General de Gaulle war für mich ein Beweis dafür, daß er in einem früheren Leben China eng verbunden gewesen sein mußte. Ich gedachte dieses großen alten Mannes mit tiefer Dankbarkeit. Als er starb, betete ich einen ganzen Tag lang mit heißem Herzen für ihn, damit er Gott unter Göttern werde. Auch Madame de Gaulle verehrte ich sehr, ihre Bescheidenheit, ihre Würde beeindruckten mich tief. Als 1975 mein erstes Buch in Frankreich erschien, faßte ich mir ein Herz und schickte ihr ein Exemplar mit persönlicher Widmung. Die Karte, mit der sie sich dafür bei mir bedankte, gehört zu meinen bestgehüteten Schätzen.

Ich hatte den Eindruck, daß mein Land nach Jahrhunderten des Elends und der Dekadenz nun endlich zu sich selber fand. Zu einem wesentlichen Teil ging diese Dekadenz auf die lockeren Sitten der chinesischen Kaiser und ihre Beeinflussung durch die Frauen zurück, mit denen sie sich einließen. Dies gilt insbesondere für die Mandschu-Dynastie der Ch'ing. Der erste Kaiser dieser Dynastie war bei weitem nicht der beste und fähigste Herrscher, den man sich wünschen konnte. Da die Monarchie erblich war, übernahm nach dem Tod des Vaters automatisch der Sohn des Kaisers die Macht, selbst wenn seine staatsmännischen Fähigkeiten recht begrenzt waren.

Im Jahr 1840 spitzte sich die kritische Situation unter Kaiser Tao-Kuang noch mehr zu. Dieser leichtlebige Kaiser führte einen ausschweifenden Lebenswandel, ohne sich auch nur im geringsten um die Geschicke des Landes zu kümmern. Sein Sohn Hsien-Feng, der ihm 1851 auf den Thron folgte, erwies sich als noch unfähiger. Die Tatsache, daß seine Gattin Tai-An ihm keinen Thronfolger schenken konnte, war ihm ein willkommener Vorwand, sich Mätressen zu nehmen.

Im Gegensatz zur Gattin des Kaisers, die zur kaiserlichen Familie gehören muß, spielt bei den Mätressen die soziale Herkunft keine Rolle.

Der Tag, an dem der Kaiser beschloß, sich Mätressen zu nehmen, war ein schlimmer Tag für seine Untertanen, denn die Gesandten des Kaisers gingen von Dorf zu Dorf, um die schönsten Mädchen in den Palast zu bringen. Der Kaiser erwählte sich drei oder vier als Mätressen, die anderen wurden gezwungen, als Dienerinnen im Palast zu bleiben, und verließen ihn nie wieder.

Für die Familien, die von den Soldaten des Kaisers heimgesucht wurden, war das ein furchtbares Unglück. Manche versuchten zu mogeln. Sie schminkten die jungen Mädchen auf abschreckende Weise, um sie häßlich erscheinen zu lassen, oder ließen sie Krankheiten simulieren. Aber das war ein gefährliches Wagnis. Im Falle der Entdeckung drohten allen Familienmitgliedern strenge Strafen, manchmal sogar der Tod.

So stürzte die Sinnenlust des Kaisers zahlreiche junge Mädchen in Unglück und lebenslanges Leid.

Kaiser Hsien-Feng nahm sich ein sehr schönes und kluges Mädchen als Mätresse. Er gab ihr den Namen Orchidee, und sie schenkte ihm einen Sohn. Orchidee entstammte einer sehr einfachen Familie ohne Adelstitel. Die Geburt ihres Sohnes hatte ihr das Recht gegeben, sich Kaiserin zu nennen, denn sie war die Mutter des künftigen Kaisers geworden.

Doch auch Tai-An, die erste Kaiserin, behielt ihren Titel. Sie zog sich in einen kleinen Palast im Osten zurück und wurde Kaiserin des Ostens. Chi-Shih die Mätresse, wohnte im kaiserlichen Palast in Peking und wurde Kaiserin des Westens genannt.

Der Kaiser, der weiterhin nur seinen Vergnügungen lebte, verfiel von Tag zu Tag mehr. Bei Ausbruch des Opiumkrieges mit England war er bereits so geschwächt, daß er den Schock, den diese Nachricht auslöste, nicht ertrug und starb.

Sein Sohn T'ung Chi wurde 1862 Kaiser. Auch er versah sein Amt nicht viel anders als sein Vater und führte ein ausschweifendes Leben. Abends begab er sich, als einfacher Mann verkleidet, in die Dirnenviertel. Er hatte Beziehungen zu Mädchen aus allen sozialen Schichten und machte da keinerlei Unterschied. Im Alter von neunzehn Jahren hatte er sich eine schwere Geschlechtskrankheit zugezogen – in seiner Umgebung sprach man jedoch von Pocken.

Wenn der Kaiser sich Mädchen in den übelsten Stadtvierteln suchte, so tat er das, um dem starren Zeremoniell des Palastes zu entfliehen. Zur Zeit der Ch'ing war das Liebesleben des Monarchen bis in alle Einzelheiten geregelt. Heiraten mußte er ein Mädchen kaiserlichen Geblüts, die künftige Kaiserin. Abends, nach dem Essen, zog er sich in seine Privatgemächer zurück, wo ihm von einem Eunuchen ein Teller gereicht wurde. Auf diesem Teller lagen grüne Lacktäfelchen – denn Grün ist die Farbe der Weiblichkeit, während Rot die Farbe der Männlichkeit ist –, auf denen die Namen der Frauen standen, die sich im Palast befanden. Der Kaiser wählte dann das Täfelchen mit dem Namen derjenigen Frau, die in dieser Nacht zu ihm gebracht werden sollte.

Danach begab sich der Diener mit dem Lacktäfelchen zur Kaiserin. War sie mit der Wahl ihres Gatten einverstanden, brachte sie an dem Täfelchen ein bestimmtes Zeichen an. Wenn die Einwilligung der Kaiserin vorlag, wurde das Mädchen, auf das die Wahl gefallen war, von zwei Dienern abgeholt, gebadet und parfümiert. Sie überzeugten sich davon, daß es keine verborgene Waffe am Körper trug, rollten es – wie eine Frühlingsrolle – in eine seidene Steppdecke, schwangen sich die Rolle auf die Schultern und trugen sie zum Kaiser, der sich bereits zu Bett begeben hatte.

Die Decke wurde auseinandergerollt, und das Mädchen mußte auf allen vieren zum Bett des Kaisers kriechen und sich zu seinen Füßen legen.

Danach zogen die beiden Diener sich zurück, aber nur bis vor die Tür des kaiserlichen Schlafgemachs. Dort warteten sie eine knappe Viertelstunde, dann klopften sie, rollten das Mädchen wieder in die Decke und trugen es weg.

Vorher fragten sie noch den Kaiser, ob er ein Kind von dieser Frau wünsche. Verneinte der Kaiser diese Frage, brachte man die Frau zum Arzt, der mit Hilfe der Akupunktur eine Schwangerschaft verhinderte. Bejahte er sie, mußte die Kaiserin von seiner Entscheidung in Kenntnis gesetzt werden.

Deshalb also verkleidete sich T'ung Chi als einfacher Mann und entzog sich dem Hofprotokoll.

Einige Vertraute des jungen Kaisers setzten sogar das Gerücht in Umlauf, er besuche trotz seiner Krankheit ein Haus, das in dem verrufensten und schmutzigsten Viertel der Stadt lag. In diesem Haus wohnte eine Prostituierte, von der man sich Wunderdinge erzählte, ohne daß ein Mensch sie je zu Gesicht bekommen hätte. Ihre Künste, so sagte man, seien unvergleichlich, allerdings pflege sie ihre Liebhaber stets im Dunkeln zu empfangen. Der Kaiser war so zufrieden mit ihr, daß er ihr Gesicht zu sehen wünschte. Doch als sie Licht machte, erblickte er statt des erwarteten Traumwesens eine hochbetagte, sehr häßliche Frau mit geisterhaften, leichenblassen Zügen.

Nach diesem Erlebnis verschlechterte sich der Gesundheitszustand des Kaisers, er litt an schweren Zwangsvorstellungen, hervorgerufen durch die Erinnerung an jene Frau.

Schlimmer noch als die Herrschaft all dieser verderbten Kaiser war das Regime der Kaiserinwitwe Tz'u Hsi, die, obgleich sie über keine der zur Beherrschung dieses Riesenreiches erforderlichen Fähigkeiten verfügte, eine der autoritärsten Monarchinnen des Landes wurde. Dennoch fiel in diese Zeit der Verlust Vietnams, das die Kaiserin an Frankreich abtreten mußte.

Die Farben des Himmels beim Anbruch der Nacht erinnerten mich an den Himmel von Shanghai, die Straßen ähnelten denen der Französischen Konzession, durch die ich in jener glücklichen Zeit, als mein Vater noch mit mir im Jessfield Park und an den Ufern des Wu-Sung Spaziergänge gemacht hatte, täglich gegangen war. Und seltsam – sogar der Geruch der Seine erinnerte mich an meinen Fluß. Es wurde sehr kalt. Ich wickelte mich in den großen Schal, den meine Schwiegermutter mir noch in Hongkong geschenkt hatte, und zog meinen Mantel enger um mich. Ich hatte es jetzt eilig, vom Unterricht nach Hause zu kommen. Mein Heimweh war manchmal so schlimm, daß ich fürchtete, es nie überwinden zu können. Bekannte, denen ich mich anvertraute, trösteten mich: Auch sie hätten daran gelitten, und eines Tages würde ich, wie sie, Paris so liebgewonnen haben, daß ich in dieser Stadt glücklich sein würde. Voller Ungeduld sah ich diesem Tag entgegen.

Anfang November kam ich abends von der Alliance Française und eilte zur Metro, als ich zu meiner Überraschung hörte, wie jemand meinen Namen rief. Ich wandte mich um. Es war Herr Tsing. Er hatte in einem Café gesessen und mich vorübergehen sehen, jetzt stand er an der Glastür und bat mich herein. Er war in Gesellschaft eines Freundes, der mich ebenfalls drängte, ich möge mich zu ihnen setzen, er wolle mich gern kennenlernen. Ich lehnte ab und erklärte, ich hätte einen anstrengenden Tag hinter mir und sei müde. Herr Tsing gab keine Ruhe. Ich hatte den Eindruck, daß Gäste und Passanten uns neugierig musterten. Die vielen Blicke waren mir peinlich. Ich hatte wirklich Pech: Herr Tsing hatte zwar versprochen, mir keine Blumen mehr zu schicken, aber was half das, wenn ich ihm jetzt zufällig doch wieder über den Weg lief? Als er endlich begriffen hatte, daß nichts mich dazu bewegen würde, das Café zu betreten, lud er mich für den kommenden Samstag zum Abendessen ein. Um der unerfreulichen Szene ein Ende zu machen, bat ich ihn, mich am Freitagabend anzurufen, dann würde ich ihm meine Antwort geben.

Er rief nicht an, und ich hatte den Vorfall schon ganz vergessen, als er am Samstag vergnügt und unbekümmert bei uns auftauchte. Er hatte einen Tisch im *Lido* bestellt und war gekommen, mich abzuholen.

Ich war in Trauer, und nach chinesischem Brauch waren einer Witwe während der Trauerzeit Zerstreuungen aller Art streng verboten. Diese mir fast gewaltsam aufgenötigte Einladung setzte mich deshalb in große Verlegenheit. Mademoiselle Sylvie allerdings meinte, es sei doch wirklich nichts dabei, gelegentlich einmal auszugehen, jeder Mensch brauche schließlich Entspannung. Ich gab meinen Widerstand auf und ging mit.

Zum ersten Mal fuhr ich abends im Auto durch die Lichterstadt Paris. Die Boulevards, die Place de la Concorde, der Glanz der zum Arc de Triomphe hin sanft ansteigenden Avenue des Champs-Elysées – all dies für mich so Neue, nie Gesehene beeindruckte mich doch sehr.

Vom *Lido de Paris* hatte ich zwar schon gehört, wußte aber nicht genau, was mich dort erwartete. In China war der Begriff *Lido* sehr verbreitet, insbesondere in den Konzessionen Shanghais, wo zahlreiche Vergnügungsstätten, Restaurants, Kinos, Nachtklubs, ja, sogar Photoateliers diesen Namen trugen. Nun also sollte ich das »echte«, das Pariser *Lido* erleben. Wir betraten einen großen, hell erleuchteten Saal, in dem ich mir unter so vielen an Schick und Eleganz wetteifernden Damen in meinem einfachen schwarzen Kleid recht deplaciert vorkam. Auf unserem Tisch, der direkt an der Bühne stand, entdeckte ich zahlreiche Gläser verschiedenster Größe, Bestecke und andere geheimnisvolle Gerätschaften, die samt und sonders ein Problem für mich zu werden drohten. Zum ersten Mal würde ich in einem richtigen französischen Restaurant essen, denn die französischen Restaurants in China sind auf chinesische Verhältnisse zugeschnitten. Ebenso sind die chinesischen Restaurants in Europa schon so weit europäisiert, daß Chinesen dort weder die heimatliche Küche noch die gewohnten Essensbräuche vorfinden.

So habe ich in Shanghai nie jene Krabben im Teigmantel

gegessen, die man in Europa in chinesischen Restaurants bekommt und die sich bei den Gästen großer Beliebtheit erfreuen. Bei uns kennt man Krabben hauptsächlich gebraten und mit Gemüsen umlegt, ohne die Teighülle, die ihren Geschmack verändert. Apfelbeignets habe ich zum ersten Mal in Paris gegessen.

Meine Erfahrungen mit der französischen Küche wiederum hatte ich ausschließlich in China gesammelt, und diese dem chinesischen Geschmack angepaßte Küche war eben durchaus nicht typisch französisch. Deshalb erwarteten mich an diesem Abend einige neue Erfahrungen.

In China werden, zumindest bei gewöhnlichen Mahlzeiten, alle Speisen gleichzeitig aufgetragen. Jeder Gast hat eine eigene Schale und eigene Stäbchen, er nimmt sich von allem, was auf dem Tisch steht. Bei einem Essen im Familienkreis sind es meist vier Gerichte und eine Suppe.

Bei einer festlichen Mahlzeit kommen von jeder Sorte jeweils vier Speisen auf den Tisch. Zuerst gibt es kalte Vorspeisen, dann warme Gerichte, deren Zutaten gewürfelt oder in dünne Scheiben geschnitten und gebraten oder fritiert sind, dann Fleisch oder Geflügel im ganzen, etwa eine Ente, ein schöner Fisch oder ein Schweinsfuß, zum Schluß süße oder salzige Nachspeisen und Obst. Die Zubereitungszeit variiert nicht nach dem persönlichen Geschmack, sondern nach der Art der Gerichte. Ich war sehr erstaunt, als Herr Tsing mich fragte, ob ich mein Fleisch *bleu, saignant* oder *à point* wünsche. Um diese Dinge kümmert sich in China der Koch.

Während ich überlegte, welches Besteck ich nehmen sollte, hatte ich das Gefühl, daß sich Herr Tsing über meine Hilflosigkeit amüsierte, und ich fühlte mich gedemütigt. Der Fisch war für meinen Geschmack entsetzlich fade. Ich sah mich um. Auf dem Tisch stand neben Salz und Pfeffer ein Senftöpfchen. Vielleicht, dachte ich in meiner Unwissenheit, ist das ein Gewürz, mit dem du dem faden Fisch ein bißchen Pfiff geben kannst. Mir war nicht recht klar, weshalb Herr Tsing mich, eine Zigarette zwischen den Lippen, mit leisem Spott von der Seite ansah. Unter seinem Blick kam ich mir vor wie ein Mädchen vom Lande.

Mehr schlecht als recht hatte ich mich bis zum Nachtisch durchgekämpft, als sich vor der Bühne langsam der Vorhang hob. Herr Tsing hatte mir eine Tanzvorführung angekündigt, und ich hatte mich auf ein klassisches Ballett in der Art von »Schwanensee« oder »Giselle« eingestellt. Wer beschreibt mein Erstaunen, meine Beklemmung, meine Enttäuschung, als ich statt dessen Mädchen mit fast nackten Brüsten und mit entblößter Hinterfront erblickte, die sich lächelnd und ohne alle Hemmungen den Blicken der Zuschauer darboten, sich auf hohen Absätzen im Rhythmus einer fast schmerzhaft grellen Musik wiegten. Um mich her herrschte eitel Freude und Zufriedenheit. Nur ich, die ich in Trauer an einem der exponiertesten Tische saß, wünschte mich weit weg. Ich hatte Angst, mich lächerlich zu machen, wenn ich die Augen niederschlug, aber beim Anblick dieser schamlosen Frauen wurde mir regelrecht übel.

Wie konnte es Herr Tsing so sehr an Achtung fehlen lassen, daß er mir eine derart unanständige Darbietung zumutete? Was dachte er denn von mir? Und was sollte ich von ihm denken? Trotz der Schönheit dieser jungen Mädchen, trotz des gekonnten Zusammenspiels ihrer Bewegungen war ich viel zu schockiert von dem Anblick, um ihre Kunst gebührend würdigen zu können. Die chinesische Frau ist in der Öffentlichkeit sehr zurückhaltend und trägt nur hochgeschlossene Kleider. Nie würde sie ihr Dekolleté, ihre Schultern entblößen. Gewiß, unsere Kleider sind an der Seite geschlitzt und geben den Blick auf den Schenkel frei, aber das ist für uns weniger wichtig. Unser Schamgefühl gebietet es uns, vornehmlich unseren Oberkörper und unsere Beine zu verhüllen. Am schrecklichsten war mir in der Hochzeitsnacht – wobei man bedenken muß, daß ich noch ein Kind war – der Augenblick, als ich im ehelichen Schlafzimmer meine Beine entblößen mußte.

Als ich nach Hause kam, vertraute ich meine Bedenken Mademoiselle Sylvie an. Was für Absichten mochte Herr Tsing haben? Sie versuchte, mir meine Zweifel auszureden. Das *Lido* habe einen sehr guten Ruf, sagte sie, die Darbietungen galten als künstlerisch wertvoll und waren von Pornographie weit entfernt. Im übrigen, mahnte sie, solle ich mich bemühen, wenn ich wirklich entschlossen sei, für eine gewisse Zeit hier im Westen zu leben, mich westlichen Sitten und Gebräuchen anzupassen. Sie meinte es sicher gut. Trotzdem konnte mich ihre Beredsamkeit nicht überzeugen. War denn nicht das Schamgefühl – eine ganz natürliche Empfindung, wie mir schien – überall gleich? Es kam mir sonderbar vor, daß es da von Land zu Land, von Kultur zu Kultur Unterschiede geben sollte. Ich hatte noch viel zu lernen. Dem Organisator dieses Abends grollte ich noch immer ein wenig. Ich fand, daß Herr Tsing als Chinese mein Mißfallen hätte voraussehen müssen. Mit einigem Unbehagen überlegte ich, daß er sich womöglich noch daran geweidet hatte.

Indessen verging kein Tag ohne seinen Anruf. Aus Höflichkeit lud ich ihn für Sonntag zum Mittagessen ein. Ich wollte chinesisch kochen und hatte unter anderem sechs Eier gekauft. Das erste Ei, das ich aufschlug, hatte – eine große Seltenheit – zwei Dotter, ebenso das zweite, das dritte... Alles in allem hatten vier Eier doppelte Dotter, und das überraschte, ja, beängstigte mich. Für mich deutete dieses Zeichen auf ein Ereignis hin, das meinem Leben einen völlig anderen Verlauf geben würde.

Bestimmte Tatsachen, die Europäern unbedeutend erscheinen mögen, haben in unseren Augen großes Gewicht. Zerbricht beispielsweise am Verlobungs- oder Hochzeitstag ein Spiegel, so deutet dies darauf hin, daß das junge Paar nur kurze Zeit vereint sein wird. Bei der Eheschließung werden zwei Kerzen angezündet, von denen die linke den Mann, die rechte die Frau darstellt. Man beobachtet, ob sie gleichmäßig abbrennen und zur gleichen Zeit ausgehen oder ob die eine zuerst verlöscht. Danach läßt sich dann voraussagen, ob die Gatten zusammen alt werden oder ob der Mann oder die Frau vorzeitig stirbt. Bei der Geburt eines Kindes gilt es als schlechtes Zeichen, wenn das Neugeborene zuerst uriniert. Kotet es zuerst, hat es im Leben viel Glück zu erwarten. Das gleiche gilt bei Sterbenden, bei denen man nach diesen Zeichen voraussagen kann, ob ihrer Seele ein unglückliches oder ein friedliches Los bestimmt ist.

Es war das erste Mal, daß ich in Frankreich ein Ei – nein, gleich vier Eier – mit zwei Dottern sah. Daß dies ausgerechnet an dem Tag geschah, an dem ich den Besuch von Herrn Tsing erwartete, gab mir zu denken. Würde sich durch ihn eine Änderung in meinem Leben ergeben?

Herr Tsing war wie gewöhnlich sehr gesprächig. Wieder war das beherrschende Thema der Unterhaltung unsere Heimat, aber diesmal sprachen wir erstmalig auch ausführlicher über unsere Familien. Ich erfuhr, daß Herrn Tsings Vater ein bekannter Mann gewesen war, einer der letzten chinesischen Mandarine.

Die Silbe »Man« bedeutet Mandschurei, »da« heißt groß und »ren« heißt Mann. Der Mandarin ist daher »der große Mann aus der Mandschurei«. Der Titel Mandarin konnte durch die Teilnahme an Prüfungen erworben werden, die allen Männern ohne Klassenunterschiede und ohne Altersbegrenzung offenstanden. Der Bewerber mußte nur eine Bedingung erfüllen: Er durfte nicht den kleinsten Flecken auf seiner Ehre haben.

Der Mandarin-Titel war nicht erblich, der mit diesem Titel verbundene Einfluß daher nicht das Monopol bestimmter privilegierter Familien. Das Mandarin-System bestand tausendsiebenhundert Jahre lang, von der T'ang-Dynastie bis zur Ch'ing-Dynastie im Jahr 1908.

Die erfolgreichen Bewerber wurden durch drei Prüfungen ermittelt. Die erste, leichteste Prüfung fand in einer der Bezirksstädte statt. War diese Hürde genommen, durften sich die siegreichen Kandidaten den Namen Chün-hsiu zulegen. Die zweite Prüfung wurde in der Provinzhauptstadt abgehalten. Wer sie bestand, wurde Chu-jen genannt. Die beiden Wettbewerbe fanden jährlich statt.

Die Prüfungen der dritten Stufe fanden alle drei Jahre in Peking statt. Alle Unkosten, die dem Bewerber aus der Reise in die Hauptstadt erwuchsen, wurden vom Staat getragen.

An dieser Prüfung nahmen noch 83 Chin-shi genannte Bewerber teil. Sie wurden vom Kaiser persönlich empfangen, der ihnen den letzten Prüfungsbogen mit Fragen zur Geschichte, Philosophie, Literatur und der konfuzianischen Lehre übergab. Drei Tage lang war jeder Bewerber in einem Zimmer, das er unter keinem Vorwand verlassen durfte, völlig isoliert. Diese strenge Überwachung war bei einem so hohen Einsatz absolut notwendig. Ertappte man einen Kandidaten bei einem Betrugsversuch, wurde ihm auf der Stelle der Kopf abgeschlagen.

Nach Abschluß der Prüfung wurden die Aufgaben von Dritten sorgfältig abgeschrieben, um jede Bevorzugung zu vermeiden. Den Korrektoren waren die Namen der Kandidaten, deren Arbeiten sie lasen, nicht bekannt. Dank dieser Sicherheitsvorkehrungen war keine Täuschung möglich.

In der dritten Prüfung ging es darum, den besten unter allen Bewerbern zu ermitteln, der Hsiu-chuan genannt wurde; dieser wurde, sofern er noch nicht verheiratet war, Schwiegersohn des Kaisers. Während der Ch'ing-Dynastie – die Ch'ing waren Mandschus – galt diese Bestimmung nicht uneingeschränkt, denn eine Tochter des Kaisers durfte nur einen Mandschu ehelichen.

Die Mandarine waren unberührbar, sie standen über dem Gesetz und waren nur dem Kaiser selbst verantwortlich. Durch ihren Titel standen sie auch höher als ein Marquis, Graf, Vicomte, Baron oder Ritter. Sie waren diesen Adligen in allen Punkten überlegen, denn sie verdankten ihre Macht ausschließlich ihren Kenntnissen und Fähigkeiten und nicht den Privilegien der Geburt.

Die Europäer, die seinerzeit in den ausländischen Konzessionen lebten, konnten die Mandarine leicht an ihrer eleganteren Kleidung und insbesondere an dem runden Knopf auf ihrem Amtshut erkennen. Ein Mandarin ersten Ranges hatte einen Rubinknopf auf dem Hut, außerdem gab es Knöpfe aus Koralle, Saphir, Lapislazuli, Kristall, Perlmutt, Gold und Silber. Aus den Reihen der Mandarine ersten Grades kamen die Gouverneure und die Minister, ihnen folgten in der Bedeutung Richter und Ingenieure.

Herrn Tsings Vater gehörte zu jener letzten Generation der Mandarine, die im ersten Viertel des 20. Jahrhunderts das Ende des Kaiserreichs erlebten.

Als junger Mandarin war er vom Staat nach Japan geschickt worden, um dort seine Ausbildung zu vervollkommnen. Nach seiner Rückkehr in die Heimat übernahm er die ihm übertragenen Aufgaben, die er stets pflichtbewußt erfüllte. Als Chiang Kai-shek die Macht übernahm, trat die neue Regierung an ihn heran, aber er lehnte es ab, für den General zu arbeiten, da dessen Politik seinen Grundsätzen und Überzeugungen widersprach.

1949 wurde er zum Dank für seine aufrechte, rechtschaffene Haltung von Mao Tse-tung zum Akademiemitglied ernannt.

Als ich später an meinen Vater schrieb, bestätigte er mir, daß alles stimmte, was Herr Tsing mir erzählt hatte. Sein Vater, der Mandarin, war wegen seines großen Wissens und seiner beispielhaften Lebensführung hoch angesehen.

Bei diesem Abendessen, an dem wir einander sehr viel besser kennenlernten, erzählte Herr Tsing auch von seiner Kindheit in Shanghai, die ganz anders als meine eigene Kindheit verlaufen war. In seiner wohlhabenden Familie waren es nicht so sehr die Eltern als vielmehr Gouvernanten und Hauslehrer gewesen, die sich um seine Erziehung gekümmert hatten. Seine Mutter war dem Spiel verfallen, saß täglich beim Mah-Jongg und kümmerte sich offenbar um nichts anderes. Herr Tsing und seine Brüder wuchsen ohne

Zuwendung und Wärme auf, und diese Kindheitserfahrung prägte sie für immer. Die Jungen waren sehr lerneifrig, ihre Tage waren mit Arbeit angefüllt. Herr Tsing, der wohl Bekannte, aber kaum Freunde hatte, vermißte nichts bei diesem Leben. Er war alles andere als sentimental, und ich hatte den Eindruck, daß er Geist höher einschätzte als Herz. Der brillante Ingenieur wirkte äußerlich nicht gerade verführerisch. Er war recht klein, hatte eine ziemlich dunkle Haut, trug eine Brille und machte stets ein ernstes Gesicht, aber man spürte, daß er Charakterstärke besaß, und das machte Eindruck auf mich. Er hatte sich hundertprozentig dem europäischen Leben angepaßt. Seit er mich ins *Lido* geführt hatte, konnte ich ihn allerdings nicht mehr so recht ernst nehmen. Ich sollte aber merken, daß das ein schwerer Fehler war.

Nach einigen Monaten fing ich an, Französisch zu sprechen, dachte und handelte aber weiterhin chinesisch. Für uns Chinesen ist eine der größten Tugenden die Bescheidenheit. In Westeuropa – das machte mir ein Erlebnis aus dieser ersten Pariser Zeit deutlich – kann übergroße Bescheidenheit zu peinlichen Mißverständnissen führen.

Anläßlich des Geburtstages von Marguerite Long war eine Sendung mit Darbietungen einiger ihrer Schüler über Radio Monte Carlo geplant. Mir fiel die große Ehre zu, als Vertreterin der ausländischen Schüler an dieser Sendung mitzuwirken. Meine Lehrerin hatte für mich eine Chopin-Etüde ausgewählt.

An dem vorgesehenen Tag ging ich zusammen mit zwei Kommilitoninnen zum Sender. Dem Aufnahmeleiter, bei dem wir uns meldeten, eröffnete ich, mit meinem Spiel sei nicht viel Staat zu machen, und erhoffte mir von dieser Demutserklärung zumindest ein paar ermutigende Worte, wie das in China üblich gewesen wäre. Doch der Mann vom Funk reagierte ganz anders als erwartet. Weshalb ich denn überhaupt gekommen sei, herrschte er mich an, wenn ich mir nicht zutraute, fehlerfrei zu spielen. Die Wahl sei eben auf mich gefallen, gab ich zurück, und ich hätte keinen Einfluß auf die Entscheidung gehabt.

Der Aufnahmeleiter hatte meine Erklärung absolut wörtlich genommen und zerbrach sich nun offensichtlich den Kopf, wie er es anstellen sollte, das Konzert ohne mich aufzunehmen. Da schaltete sich zum Glück eine meiner Kommilitoninnen ein und versicherte dem Unglücklichen, es würde schon alles gutgehen.

Tatsächlich verlief meine Ätherpremiere ohne Zwischenfall, und alle beglückwünschten mich zu meiner Darbietung. Ich hatte durch meine übertriebene Bescheidenheit unnötige Unruhe gestiftet und begriff, daß man sich im Westen nicht selbst herabsetzen darf. Wer sich hier vor seinen Mitmenschen kleiner macht, als er ist, darf nicht etwa auf höflichen Widerspruch hoffen, sondern wird prompt beim Wort genommen.

Noch heute denke ich nicht immer daran. Einmal sagte ich zu Freunden, die ich zum Essen eingeladen hatte, sie müßten schon mit dem wenigen vorliebnehmen, was da sei, ich hätte ihnen nicht viel zu bieten. Sofort wollten sie mich zum Essen ausführen, was mir höchst peinlich war. Meine Gäste waren sehr erstaunt, als sie sahen, daß sich mein Eßzimmertisch unter der Last der guten Dinge, die ich ihnen zu Ehren vorbereitet hatte, förmlich bog.

Über meiner Arbeit hatte ich kaum bemerkt, daß es inzwischen Frühling geworden war, und da ich den Sprachkurs mittlerweile aufgegeben hatte, sah ich auch nicht, wie sich an den schönen alten Bäumen des Boulevard Raspail das erste junge Laub zeigte. Mein Leben gehörte jetzt ganz der Musik.

Der Termin des Abschlußwettbewerbs rückte in beängstigender Geschwindigkeit näher. Ich arbeitete täglich mehr als zehn Stunden und nahm mir kaum Zeit zum Essen. Kein Opfer war mir zu groß. Zu viel stand für mich auf dem Spiel. Wenn ich den ersten Preis bekam, konnte ich sofort nach Hongkong zurückfahren und meine geliebten Kinder in die

Arme schließen, die mich brauchten und nach denen ich mich sehnte.

Mein Programm bestand aus zwei Präludien und Fugen von Bach, zwei Chopin-Etüden, zwei Etüden von Liszt, einer Sonate von Chopin und einem Klavierkonzert von Beethoven. Ich spielte die Stücke immer wieder, leidenschaftlich bemüht, das Äußerste an Perfektion zu erreichen. Meine Nervosität wurde mit jeder Stunde schlimmer.

Unmittelbar vor dem Wettbewerb verlor ich jeden Appetit. Das, was ich an Nahrung herunterbrachte, war für die enorme körperliche und geistige Beanspruchung dieser Tage viel zuwenig. Mit meiner Gesundheit stand es nicht zum besten. Arme und Beine schwollen an, die Haare gingen mir büschelweise aus.

Die Briefe aus China ließen mir die Heimkehr als dringend geboten erscheinen. Ich machte mir große Sorgen um Paul, der oft krank war, und auch um Juliette. Einmal hatte sie auf eigene Faust das Haus verlassen, man hatte sie später auf einer belebten Straße aufgelesen. Schon bei dem Gedanken daran, was dabei hätte passieren können, wurde mir eiskalt. Zudem ging es meiner Schwiegermutter gesundheitlich täglich schlechter, und mein Schwiegervater war zu alt, um allein für die beiden Kinder sorgen zu können.

Endlich kam der Juni und mit ihm der große Tag des Vorspielens. In dem Saal, wo wir unsere Künste zeigen sollten, hatte sich die Jury versammelt, der Lehrkräfte des Konservatoriums, Musikkritiker und unsere Lehrerin angehörten.

Die Spannung der Teilnehmer, die auf ihren Aufruf warteten, hatte ihren Höhepunkt erreicht. Ich hatte große Mühe, in dieser vor Erwartung knisternden Atmosphäre nicht die Beherrschung zu verlieren. Bisher hatte ich noch in allen Lebenslagen Ruhe bewahren können, aber diesmal stand so viel auf dem Spiel, daß mich eine schier unerträgliche Unrast marterte. Für mich ging es bei diesem Wettbewerb buchstäblich um Leben oder Tod.

Einige meiner Kommilitoninnen hatten Beruhigungspillen geschluckt, aber damit hatte ich nichts im Sinn, schon deshalb nicht, weil ich Angst hatte, die Mittel könnten mir meinen Schwung und meine Kraft nehmen.

Um mich zu sammeln und meinen inneren Frieden wiederzufinden, betete ich voller Hingabe zu Buddha und gab mich ganz in seine Hände. In kritischen Augenblicken meines Lebens hatte er stets meine Gebete erhört. Ich spürte, er würde mich auch diesmal nicht verlassen.

Ich war als letzte an der Reihe. Ich begann mit Bach – und ich spielte wie noch nie in meinem Leben. Den Abschluß meines Programms bildete die Chopin-Sonate, die ich gut beherrschte und sehr liebte. An ihr wollte ich mein ganzes Können zeigen – das Kraftvolle, Leidenschaftliche dieser Musik kam meiner Geisteshaltung entgegen. Ich wollte mit diesem herrlichen Stück meine eigenen Gefühle zum Ausdruck bringen.

Leider hatte ich mich schon bei den vorhergehenden Stücken so sehr verausgabt, daß meine Kräfte mich im Stich ließen. Ich hatte das Gefühl, als stürbe diese herrliche Sonate unter meinen Händen geradezu dahin.

Zutiefst deprimiert verließ ich den Saal. Die Hoffnung auf den ersten Preis war dahin, das lange Jahr der Arbeit, der Entbehrungen war umsonst gewesen.

Draußen bestürmten meine Kommilitoninnen unsere Lehrerin, wollten wissen, wie sie abgeschnitten hatten. Mir brauchte niemand zu erzählen, daß ich versagt hatte. Ich wandte mich zum Gehen.

Aber da vertrat meine Lehrerin mir den Weg, nahm mich in die Arme, gab mir einen Kuß. Hatte sie gespürt, wie verzweifelt ich war? Ich drehte mich um, aber sie hielt mich zurück, gab mir noch einen Kuß, einen dritten.

Ratlos blieb ich vor ihr stehen. Sie schien bester Laune, nahm mich am Arm und begleitete mich, eifrig auf mich einredend, bis zur Tür. Ich hätte sehr gut gespielt, versicherte sie mir immer wieder.

Es war das erste Mal, daß ich in Frankreich geküßt worden war, und dieser Augenblick hat mich derart beeindruckt, daß ich noch heute nach zwei Küssen auch den dritten erwarte und meinem Gegenüber die Wange hinhalte.

Nach der unerwarteten Reaktion meiner verehrten Lehrerin keimte wieder leise Hoffnung in meinem Herzen auf. Vielleicht, überlegte ich, während ich nach Hause ging, ist doch noch nicht alles verloren.

Es folgten drei lange Wochen des Wartens, in denen ich ständig zwischen Mutlosigkeit und Hoffnung hin- und hergerissen war. Und dann kam die große Nachricht: Ich hatte den ersten Preis gewonnen. Man bat mich, in die Akademie zu kommen, um mein Diplom persönlich entgegenzunehmen.

Bis zum Konzert hatte ich mich trotz meines ständig schlechter werdenden Gesundheitszustands durch reine Willenskraft aufrechterhalten. Jetzt, da der Leistungsdruck endlich von mir genommen war, brach ich regelrecht zusammen. Meine Haare fielen völlig aus, Körper und Gesicht schwollen auf beängstigende Weise an, ich war zu Tode erschöpft, entstellt, alles tat mir weh. Ich fühlte mich sterbenskrank.

Herr Tsing hatte in den Wochen der intensiven Arbeit vor dem Wettbewerb nicht versucht, sich mit mir zu verabreden, er hatte mich nicht einmal angerufen, da er wußte, daß ich völlige Ruhe brauchte und jede Ablenkung vermeiden mußte. Als er mich nach dem großen Tag zum ersten Mal besuchte, hatte er mich etwa einen Monat nicht gesehen und konnte sein Erschrecken nicht verbergen. Er befand, ich müsse mich sofort von einem guten Arzt untersuchen lassen, meldete mich an und brachte mich am nächsten Tag hin. Sein Arzt, der wie Herr Tsing in Rueil-Malmaison wohnte, untersuchte mich sorgfältig und gab über meinen Zustand Erklärungen ab, die Herr Tsing mir, da ich sie nicht verstand, übersetzte. Die Überanstrengung hatte bei mir zu einer schweren Stoffwechselstörung geführt, und das war im wesentlichen auch der Grund für meinen Haarausfall.

Der Arzt schlug eine Behandlung vor, die meine Stoffwechselstörung beheben und mir die verlorenen Kräfte zurückgeben sollte. Ich würde wieder ganz gesund werden, versicherte er mir, allerdings nur dann, wenn ich mir genug Ruhe gönnte und seinen Anweisungen gewissenhaft folgte.

Nach der Untersuchung fuhr mich Herr Tsing in seine Wohnung, wo ich warten sollte, während er mir die vom Arzt verschriebenen Medikamente aus der Apotheke holte. Als er fort war, sah ich mich ein bißchen in seiner Behausung um. Sie bestand aus drei kleinen Zimmern im Erdgeschoß eines modernen Wohnhauses und war recht gemütlich. Vom Wohnzimmerfenster ging der Blick auf eine herrliche Rasenfläche. In Herrn Tsings Junggesellenwohnung herrschte mustergültige Ordnung, kein Staubflöckchen lag auf den Möbeln, und die Küche war das reinste Ausstellungsstück. Der Fußboden allerdings war wohl schon lange nicht mehr gewischt worden, denn es war keine Farbe mehr zu erkennen.

Als Herr Tsing zurückkam, schrieb er mir netterweise auf all die Fläschchen und Röhrchen, die er aus der Apotheke mitgebracht hatte, die jeweilige Dosierung und andere wichtige Hinweise in chinesischer Sprache. Ich bedankte mich herzlich bei ihm.

Es war inzwischen spät geworden, und deshalb machte mir Herr Tsing den Vorschlag, ich sollte doch hier bei ihm zu Abend essen. Es war ein ganz einfaches Mahl, zu dem wir uns in freundschaftlich-ungezwungener Stimmung zusammensetzten. Ich hatte mich schon lange nicht mehr so wohl gefühlt. Da war ein Mensch, der sich um mich kümmerte, sich um meine Gesundheit sorgte, für mich die Entscheidungen traf. Sanfte Musik aus dem Plattenspieler schuf eine Atmosphäre der Wärme und Geborgenheit. Gegen zehn brachte Herr Tsing mich nach Hause, denn ich sollte viel schlafen.

Die Behandlung schlug an. Schon nach wenigen Tagen gingen die Schwellungen zurück. Bis meine Haare wieder zu wachsen begannen, mußte ich mich etwas länger gedulden. Für die lästige Übergangszeit erstand ich eine Perücke, die ich allerdings in Hongkong wegen der Hitze nicht würde tragen können. Aber ich legte sowieso keinen Wert darauf, mich in diesem jämmerlichen Zustand meinen Kindern zu zeigen. Dazu kam noch, daß ich nicht wußte, ob ich dort einen Arzt finden würde, der so tüchtig war wie der Hausarzt von Herrn Tsing. Ich beschloß deshalb, bis zu meiner endgültigen Wiederherstellung in Paris zu bleiben, und schrieb an meinen Schwiegervater, daß ich in etwa einem Monat die Heimreise antreten würde.

Diese Nachricht wurde mit großem Jubel aufgenommen, und die Familie bereitete sich auf meinen Empfang vor. Mein Schwiegervater suchte eine neue, größere Wohnung, um mir ein Zimmer zur Verfügung stellen zu können, in dem ich meinen Flügel unterbringen und meine Schüler unterrichten sollte. Meine Kinder und meine Schwiegermutter begannen die Tage bis zum Wiedersehen zu zählen. Ich machte es in Paris nicht anders. Meine Vorfreude wuchs mit jedem Tag. Und ich schwor mir, mich nie mehr von meinen Kindern zu trennen. Zu sehr hatten wir alle drei unter der Trennung gelitten.

3. Kapitel

Fongs Besuch und seine katastrophalen Folgen / Der Hirte und die Weberin / Eine gelungene Kriegslist oder das Diner zu dritt / Eine Wahnsinnstat: Der Unfall im Bois de Boulogne / Wie soll man ohne Papa Besen gesund werden? / Der Kuß im Aufzug / Mein Herz in Verwirrung.

Allmählich erholte ich mich von den anstrengenden Vorbereitungen auf den für mich so wichtigen Wettbewerb. Ich nahm gewissenhaft die mir verschriebenen Medikamente, stellte voller Freude fest, daß meine Haare wieder zu wachsen begannen, und hatte mich bereits ganz auf die Heimreise eingestellt, als ein Brief meines Schwiegervaters mich jäh um das mühsam errungene innere Gleichgewicht brachte. Er teilte mir mit, daß mein Schwager Fong auf der Durchreise nach Deutschland durch Frankreich kommen werde und sich mit mir treffen wolle. Mein Schwiegervater hatte nicht den Mut gehabt, ihm meine Adresse vorzuenthalten, hatte ihm aber gesagt, er werde mich dort nicht antreffen, da ich in Spanien auf Urlaub sei.

Ich war außer mir.

Kurz nach dem Tod meines Mannes, noch in Hongkong, hatte sich mein Schwager leidenschaftlich in mich verliebt und mich damit noch unglücklicher gemacht, als ich zu jener Zeit schon war. Fong, dem jede Beherrschung fehlte, wenn es darum ging, sich einen Wunsch zu erfüllen, hatte sich nicht damit begnügt, mir seine aussichtslose Liebe zu gestehen, er hatte es sogar gewagt, zudringlich zu werden, mich in die Arme zu nehmen, und ich hatte mich erst nach einem heftigen Kampf befreien können, an den ich bis heute mit Schaudern zurückdenke.

Ich hatte mir geschworen, in Zukunft jedes Zusammensein unter vier Augen mit diesem unverschämten Menschen zu meiden. Insgeheim machte ich meinem Schwiegervater heftige Vorwürfe. Er kannte die ganze leidige Geschichte und hätte Fong, der grausam und jähzornig und offenbar keiner nüchternen Überlegung fähig war, nie meine Adresse geben dürfen. Ich würde mich nicht mit ihm treffen, soviel stand für mich fest. Wenn er sich schon damals, als er wußte, daß meine Familie hinter mir stand, so unmöglich benommen hatte, konnte man sich recht deutlich ausmalen, was mich hier in Paris erwartete, wo niemand mich verteidigen konnte.

In meiner Ratlosigkeit rief ich Fräulein Lin an und bat sie um ihre Meinung. Sie versuchte, mich zu beruhigen. Da mein Schwiegervater Fong gesagt hatte, ich sei in Spanien, war kaum zu erwarten, daß er eines Tages bei mir vor der Tür stehen würde. Im übrigen brauchte ich ja nicht aufzumachen, wenn jemand klingelte, meinte sie, sondern könnte erst einmal durch das Guckloch schauen. Wenn er es war, sollte ich mich einfach mucksmäuschenstill verhalten und nicht aufmachen.

Das hörte sich sehr einfach an. Trotzdem lebte ich von jetzt an in ständiger Angst. Wenn sich nun Fong vor meiner Haustür postiert hatte und ich ihm plötzlich gegenüberstand, wenn ich die Wohnung verließ? Ich fürchtete diese Begegnung so sehr, daß ich mich nur noch in meinem Zimmer aufhielt und versuchte, möglichst leise zu sein.

Eines Tages rief Fräulein Lin mich an: Fong war bei ihr im Restaurant erschienen. Die Adresse hatte er bei gemeinsamen Freunden in Erfahrung gebracht.

Fong hatte sich in einem Hotel ganz in der Nähe einquartiert und quälte Fräulein Lin mit seinen Fragen. Er wollte meine Adresse in Spanien wissen, überzeugt davon, daß ich sie ihr, meiner Freundin, gegeben hatte; vielleicht zweifelte er sogar an der angeblichen Reise.

Um Fong ein für allemal loszuwerden, hatte Fräulein Lin ihm erzählt, ich hätte wieder geheiratet, sei auf der Hochzeitsreise und habe keine feste Adresse.

Drei Tage lang war ich ruhiger, wenn auch noch nicht ganz beruhigt. Es war möglich, daß Fräulein Lins Schwindel mir Fong endgültig vom Hals schaffte, in jedem Fall war es ein Aufschub. Am vierten Tag aber rief sie mich wieder an.

Fong ließ sie nicht in Ruhe, er war fest entschlossen, nicht zu weichen, ehe er mich gesehen hatte. Fräulein Lin war am Ende ihrer Kräfte und flehte mich an, sie zu erlösen. Wir beschlossen, Fong noch für denselben Abend einzuladen, ich sollte mit einem »Ehemann« in ihr Restaurant kommen. Fräulein Lin berichtete mir auch, Fong habe nicht die Absicht, nach Hongkong zurückzukehren, er wolle bei mir in Frankreich bleiben und hier Geschäfte machen.

Jetzt war ich in einer schrecklichen Lage. Innerhalb weniger Stunden mußte ich ein männliches Wesen auftreiben, das bereit war, meinem Schwager gegenüber die Rolle meines Ehemannes zu übernehmen. Ich hatte in Paris keine männlichen Bekannten, wenn man von Herrn Tsing absah. Konnte ich ihn bitten, mir einen derart verrückten Wunsch zu erfüllen? Mein Stolz scheute vor dieser Vorstellung zurück. Andererseits – hatte ich denn eine andere Möglichkeit? Fräulein Lin hatte viel Verständnis für meine Hemmungen und versprach, selbst mit Herrn Tsing zu reden.

Kaum zehn Minuten nach unserem ersten Gespräch läutete erneut das Telefon. Wieder war es Fräulein Lin, die inzwischen von Fong förmlich belagert wurde. Als sie das Restaurant verlassen wollte, um zu ihrem Steuerberater zu gehen, hatte er ihr den Weg versperrt, weil er dachte, sie hätte sich mit mir verabredet. Fräulein Lin beschwor mich, sofort zu kommen. Natürlich konnte ich mich jetzt nicht drücken. Sie hatte seit Fongs Ankunft in Paris schon genug Unannehmlichkeiten gehabt.

Von meiner Wohnung bis zum Restaurant war es nicht weit. Schon von fern erkannte ich Fräulein Lin und Fong, die mich vor der Tür erwarteten.

Sobald mein Schwager mich sah, lief er mir entgegen. Dicht vor mir blieb er unbeweglich stehen und sah mich wortlos an. Ich las in seinen Augen tiefes Leid und eine Trauer, die mich erschütterte. Ihm, dem Selbstbewußten, dem Sieger und Herrscher, schien seine Sicherheit ganz abhanden gekommen zu sein.

Nach langem Schweigen fragte er mich, weshalb ich ein so grausames Spiel mit ihm triebe. Er habe sehr gelitten, und es sei ihm unbegreiflich, weshalb ich es nach so langer Zeit ablehnte, ihn zu sehen.

Angesichts dieses offensichtlichen Sinneswandels legten sich meine Befürchtungen etwas. Ich bat ihn, mir zu erzählen, was er von meinen Kindern wisse.

Da Fräulein Lins Restaurant noch geschlossen war, setzten wir uns in ein Café, um uns in Ruhe unterhalten zu können. Ich brannte darauf, soviel wie möglich über meine Lieben zu hören, die ich in Hongkong hatte zurücklassen müssen.

Er sei sehr oft bei meinen Schwiegereltern, erzählte Fong. Sie waren inzwischen zu alt, um sich eingehend um Pauls und Juliettes Erziehung zu kümmern, Fong überwachte deshalb die Schularbeiten der Kinder, half ihnen, soweit das nötig war, ging häufig mit ihnen spazieren und führte sie zum Essen aus, um ihre Kost etwas abwechslungsreicher zu gestalten.

Das Essen bei meinen Schwiegereltern war wirklich sehr eintönig, und ohne Fongs Einladungen hätten die Kinder wahrscheinlich ganz den Appetit verloren. Woher kam diese kulinarische Langeweile? Ein alter kantonesischer Brauch verlangt, daß das Haus unter den Schutz des Erdgottes gestellt wird. Neben der Haustür brennen in einem Behälter drei Räucherstäbchen vor einem roten Blatt Papier, auf dem der Name des Gottes steht. Am ersten und fünfzehnten Tag des Monats findet sich die Familie zum Gebet zusammen. Man fleht zu dem Gott, er möge die bösen Geister aus dem Haus vertreiben, und kocht ihm ein Hühnchen, das traditionsgemäß zur nächsten Mahlzeit auf den Tisch kommt.

Meine Schwiegereltern hatten auf den Rat meines Onkels und meiner Tante hin diesen Brauch übernommen, als der Lieblingssohn meiner Schwiegermutter krank wurde. Er bekam häufig Nasenbluten und machte damit seiner Familie große Sorgen. Man verfiel zunächst auf das alte chinesische Mittel, den Kranken den von der Oberseite der Fingernägel abgeschabten Hornstaub durch die Nase einatmen zu lassen. Die ganze Familie war damit beschäftigt, sich mit einer Rasierklinge die Nägel abzukratzen. Zunächst besserte sich das Befinden meines Schwagers tatsächlich, aber dann erlitt er einen Rückfall. Eines Tages kam er mit blutüberströmtem Gesicht zurück – er hatte ein Loch in der Stirn. An diesem Tag sah meine Tante, die gerade bei meinen Schwiegereltern zu Besuch war, daß neben der Haustür keine Räucherstäbchen brannten, und empfahl meinen Schwiegereltern, ihr Haus unter den Schutz des Erdgottes zu stellen, was sie dann auch taten.

Aber da sie betagt und die Kinder noch klein waren, wurde von dem am ersten Tag des Monats gekochten Huhn nie sehr viel auf einmal gegessen, so daß am fünfzehnten Tag, wenn schon das nächste Huhn in den Topf wandern mußte, das erste noch nicht aufgegessen war. Deshalb kam im Haus meiner Schwiegereltern natürlich bei jeder Mahlzeit Hühnerfleisch auf den Tisch, das sich meine Kinder inzwischen gründlich übergegessen hatten. Ich war Fong sehr dankbar dafür, daß er Paul und Juliette gelegentlich zum Essen ausführte, denn ich wußte ja, wie wichtig eine ausgewogene Ernährung für Kinder ist, besonders wenn sie noch wachsen. Und ich empfand fast so etwas wie Sympathie für meinen Schwager.

Er hatte sich seit unserer Trennung sehr verändert. Nach meiner Abreise aus Hongkong, sagte er, habe er keine Freude mehr am Leben gehabt, nichts habe ihn mehr interessiert. Deshalb sei er nach Frankreich gekommen, wo er sich zusammen mit einem Freund ein Geschäft aufbauen wolle. Hauptsächlich aber sei er gekommen, um mich zu sehen und bei mir zu bleiben. Er wußte, daß ich meine Ausbildung als Pianistin abgeschlossen hatte, und wollte mir jetzt erst einmal Europa zeigen. Sobald das Geschäft lief, erklärte er, würde er meine Kinder nach Frankreich holen.

Seine Frau und seine eigenen Kinder sollten bei seiner Mutter in Hongkong bleiben.

Seitdem Fong mich – kurz vor meiner Reise nach Paris – mit seinen Zudringlichkeiten in Angst und Schrecken versetzt hatte, sah ich in ihm einen niedrigen Menschen, der nichts anderes im Kopf hatte, als Frauen zu verführen und zu entehren. Aber er schien verändert. Seine Worte klangen ehrlich, seine Brutalität war gewichen. Ich unterhielt mich lange mit ihm, versuchte, ihm gut zuzureden, ihm klarzumachen, daß er zu seiner Frau gehörte, daß seine Kinder den Vater brauchten. Für seine Frau zähle nur das Geld, erwiderte er. Zwischen ihm und ihr gebe es keine Möglichkeit der Verständigung mehr. Seine Kinder fühlten sich bei seinen Eltern sehr wohl, die jünger als meine Schwiegereltern und deshalb auch besser geeignet seien, sich mit den Kindern zu beschäftigen. Im übrigen täten sie es auch gern. Dafür sei er bereit, Vaterstelle bei Paul und Juliette zu übernehmen, deren Großeltern entschieden zu alt seien.

Fongs Vorschlag war verlockend, aber meiner Schwägerin den Mann zu nehmen – das kam für mich nicht in Frage. Eine solche Tat, die nach allen moralischen Gesetzen der menschlichen Gesellschaft zu mißbilligen ist, hätte in direktem Widerspruch zu den Geboten der buddhistischen Religion gestanden.

Aber wie sollte ich Fong dazu bewegen, von seinen unvernünftigen Plänen abzulassen? Er hatte auf alle meine Einwände eine Antwort.

In meiner Not griff ich zu der Lüge, mit der schon Fräulein Lin versucht hatte, ihn loszuwerden. Ich sei verheiratet, eröffnete ich ihm, und sein Platz sei in Hongkong, bei seiner Frau und seinen Kindern. Wenn wir uns noch einmal wiedersehen würden, dann in Gegenwart meines Mannes, der ihn als einen Angehörigen meiner Familie herzlich willkommen heißen würde. Ich hatte das Gefühl, daß er mir nicht so recht glaubte. Die Liebe des Hirten und der Weberin, antwortete er lächelnd, sei seine Sache nicht.

Damit spielte er auf eine unserer alten Legenden an. Alle chinesischen Legenden haben zahlreiche Varianten. Immer ist ein fester Rahmen vorhanden, aber der Erzähler hat die Freiheit, je nach der Moral, mit der er seine Geschichte würzen möchte, diesen Rahmen nach Belieben auszufüllen. So erfährt die Legende mit jeder Nacherzählung eine Erneuerung, bleibt lebendig und bietet Stoff zum Nachdenken oder zum Träumen. Die Geschichte von dem Hirten und der Weberin gehört zu den schönsten und beliebtesten Geschichten aus unserem Sagenschatz. Es ist eine Liebeslegende, und man kann sich gut vorstellen, daß junge Ehepaare im alten China unwillkürlich geseufzt haben, wenn sie diese Geschichte hörten.

Die Weberin war eine Enkelin der Himmelskaiserin. In der Götterwelt fiel ihr die Aufgabe zu, die Seidenstoffe zu weben, mit denen sich der Himmel bekleidet. Unter ihren Händen entstanden die zahllosen Schattierungen von Morgen- und Abendröte, die Farben des Regenbogens und der Wolken. Sie hatte noch sechs Helferinnen, aber unter ihnen war sie ohne Zweifel die Begabteste, Schönste und Fleißigste. Doch diese göttliche Schöne langweilte sich. Ein Fluß – Silberfluß geheißen – durchzog den Himmel, und unsere Weberin wohnte an seinem Ostufer. Wenn man sich über das Wasser des Flusses beugte, konnte man im Spiegel seiner Fluten die Erde und die Menschen sehen. Jeden Abend blickte die Weberin in diesen Spiegel, denn das Leben dort unten interessierte sie.

Als sie eines Abends wieder einmal am Silberfluß stand und in die Wellen sah, erblickte sie einen Hirten, der so traurig und einsam war wie sie. Von diesem Abend an begann sie, ihn zu beobachten. Der Hirte hatte sehr jung seine Eltern verloren und wohnte bei seinem älteren Bruder. Seine Schwägerin mochte ihn nicht und behandelte ihn wie einen Dienstboten. Eines Tages beschloß sie, den jungen Mann endgültig loszuwerden, und schlug ihm vor, das Familienvermögen zu teilen. Es wurde eine ungerechte

Teilung. Dem Hirten fiel ein altes Rind und ein kleines Stück Ödland mit einem Baum zu, der mehrere hundert Jahre alt war. Der Hirte erhob keinen Widerspruch, nahm sein winziges Reich in Besitz, baute sich eine Hütte und begann, mit seinem alten Rind das Land zu bestellen.

Dies alles sah die Weberin aus der Höhe des Himmels, und der Hirte tat ihr von Herzen leid. Als er eines Abends wieder einmal seine Einsamkeit beweinte, erfüllte Anteilnahme und Zuneigung ihr Herz. Sie liebte den Hirten schon einige Zeit, aber gemerkt hatte sie es erst jetzt. Da sie wohl wußte, daß auf der Erde eine Eheschließung ohne Heiratsvermittler nicht möglich ist, schickte sie einen Geist in den alten Baum, der dem Feld des heimlich Geliebten Schatten spendete. Als der Hirte in dem kühlen Schatten Erfrischung suchte, begann der Baum zu sprechen. Die Heirat des Hirten sei im großen Buch des Schicksals aufgezeichnet, sagte er. Nun sei es an der Zeit, sich die Frau zu holen, die dazu bestimmt war, die Seine zu werden. Und der Baum erklärte dem jungen Mann auch gleich, wie er das anstellen solle. Er müsse sich heimlich an den Silberfluß heranschleichen. Dort werde er einige schöne Mädchen sehen, die gerade ihre Kleider ablegten, um zu baden. Das Kleid der Schönsten solle er an sich nehmen, und wenn sie sich anschickte, aus dem Wasser zu steigen, solle er es ihr nur unter der Bedingung zurückgeben, daß sie sich bereit erklärte, seine Frau zu werden. Sie würde mit Freuden einwilligen, und eine Verwechslung sei nicht möglich: Es sei die Schönste, die ihm zugedacht sei.

Alles begab sich so, wie der Baumgeist vorausgesagt hatte. Die jungen Mädchen, die sich zwischen den großen weißen Lotusblüten tummelten, waren alle bildschön, und der Schäfer hatte schon Angst, seine Wahl könnte auf die Falsche fallen. Aber die Weberin übertraf in der Tat ihre Gefährtinnen noch an Schönheit, und entschlossen bat er sie um ihre Hand. Da sie ja selbst die Begegnung eingefädelt hatte und sich nichts lieber wünschte, als seine Frau zu werden, kehrten sie, verwandelt durch ihr großes Glück, Hand in Hand auf die Erde zurück.

Am nächsten Morgen entdeckte die Himmelskaiserin, daß die Weberin verschwunden war, und schickte den Himmelsgeneral und seine ganze Armee aus, um die Flüchtige wieder einzufangen. Da im Himmel eine andere Zeitrechnung gilt als auf der Erde, hatte indessen die Weberin bereits ein Zwillingspaar zur Welt gebracht, ein Mädchen und einen Jungen. Der General ließ sich von den Bitten und Tränen der jungen Mutter nicht erweichen und trennte sie erbarmungslos von ihrer irdischen Familie. Der Hirte lief bis zum Silberfluß, weil er hoffte, er könne seine Frau noch einholen und wieder auf die Erde zurückbringen (seine beiden Kinder hatte er in zwei Körben bei sich, die an einer Tragestange links und rechts von seiner Schulter herunterhingen), aber eine für Irdische unüberwindliche, unsichtbare Mauer versperrte ihm den Weg, und er mußte wohl oder übel wieder umkehren. In seinem Kummer fragte er den alten Baum um Rat. Der riet ihm, er solle nicht verzweifeln und immer wieder zum Fluß gehen. So machte sich der Hirte also wieder auf den Weg zum Silberfluß. Seine Kinder nahm er mit.

Er weinte so bitterlich, daß sich ein Vogel seiner erbarmte und versprach, sich bei der Himmelskaiserin für ihn einzusetzen, denn eine so große Liebe verdiente Nachsicht. Gerührt beschloß die Kaiserin, den Liebenden eine Gnade zu gewähren. Jedes Jahr sollten die Weberin und der Hirte am siebenten Tag des siebenten Monats ein Wiedersehen feiern dürfen, zu dem der Hirte auch seine Kinder mitbringen sollte.

Doch der Fluß war so breit, daß die Vögel eine lebende Brücke von Ufer zu Ufer spannen mußten, damit die Familie sich in der Mitte treffen konnte.

Wenn man am Tag ihres jährlichen Wiedersehens zum Himmel aufschaut, sieht man dort zwei helle Sterne, von denen der eine von zwei kleinen Sternen flankiert ist. Das ist der Hirte mit seinen beiden Kindern in den Tragekörben. Mit seinem Hinweis auf die Legende von der Weberin und vom Hirten wollte Fong mir zu verstehen geben, daß er nicht gedachte, sich mit einem jährlichen Wiedersehen auf einer Vogelbrücke zu begnügen, sondern sich eine viel engere Beziehung erhoffte. Ich hatte den Eindruck, daß er die Mitteilung von meiner zweiten Eheschließung nicht sehr ernst nahm.

Wir hatten lange zusammengesessen, es war Abend geworden. Und damit wurde es Zeit, daß wir uns in Fräulein Lins Restaurant begaben, wo das Abendessen mit meinem angeblichen Ehemann stattfinden sollte.

Herr Tsing ließ mich nicht im Stich. Fong beobachtete ihn scharf, und als er bei ihm keinerlei Anzeichen von Eifersucht entdecken konnte, was bei einem richtigen Ehemann wohl zu erwarten gewesen wäre, schien er beruhigt. Die beiden Männer verstanden sich bald recht gut, und das Essen verlief reibungslos.

Nach Abschluß des Essens übernahm Herr Tsing die Rechnung, und um die Komödie glaubhafter zu machen, verließ ich mit ihm das Restaurant.

Ehe er mich vor meinem Haus absetzte, fuhr Herr Tsing noch eine Weile kreuz und quer durch die Gegend, um Fong für den Fall, daß er uns beobachtete, in die Irre zu führen.

Am nächsten Tag rief Fräulein Lin an. Fong habe sich, nachdem Herr Tsing und ich gegangen waren, wie ein Wahnsinniger gebärdet. Er wußte offenbar nicht mehr aus noch ein. War ich nun verheiratet oder nicht? Jetzt verlangte er einen hieb- und stichfesten Beweis dafür, daß Herr Tsing tatsächlich mein Mann war. Ich müsse unbedingt etwas unternehmen, sagte Fräulein Lin. Ich allein hätte es in der Hand, dieses Problem zu lösen. Zunächst müsse ich mit Herrn Fong zu Herrn Tsing gehen. Mein Schwager würde nicht nach Hongkong zurückkehren, ohne sich davon überzeugt zu haben, daß ich tatsächlich bei meinem Mann wohnte.

Ich ging zu Fräulein Lins Restaurant. Fong erwartete mich bereits, führte mich sofort zu dem Wagen, den er sich für die Zeit seines Aufenthalts in Frankreich geliehen hatte, und verlangte kategorisch, wir sollten zu meiner – oder vielmehr zu Herrn Tsings – Wohnung fahren.

Damit brachte er mich in eine peinliche Lage, da ich natürlich keinen Schlüssel zu Herrn Tsings Wohnung besaß, ihm das andererseits aber nicht sagen konnte. Eine Ehefrau ohne eigenen Wohnungsschlüssel – das klang denn doch reichlich unglaubwürdig.

Es war fünf Uhr. Herr Tsing kam erst in eineinhalb Stunden aus dem Büro. Ich mußte Zeit gewinnen. Aber wie?

Indes fuhr Fong zielbewußt in Richtung Rueil-Malmaison. Meine Beklemmung wuchs von Minute zu Minute. Ich vermied es, meinen Schwager anzusehen, antwortete immer ausweichender auf seine Fragen. Schließlich hielt Fong es nicht mehr aus. Er fuhr immer schneller, konnte seine Nervosität kaum noch beherrschen.

Er machte mir heftige Vorwürfe. Erst sei ich ihm ausgewichen, habe ihn schier unerträglich leiden lassen, und dann, mitten in der schönsten Wiedersehensfreude, hätte ich ihm einen neuen Ehemann präsentiert.

Ich blieb stumm angesichts seiner Verzweiflung. Hätte ich ihm nun vielleicht die Wahrheit sagen müssen? Inzwischen war er offenbar davon überzeugt, daß meine Ehe echt war.

Jetzt hatte Fong offenbar endgültig den Verstand verloren. Wir würden zusammen sterben, erklärte er, denn er könne nicht ohne mich leben und auch den Gedanken nicht ertragen, daß ich einem anderen gehörte.

Am Rande des Bois de Boulogne raste der Wagen mit Höchstgeschwindigkeit dahin. Ich spürte, daß Fong fest entschlossen war zu sterben. Er war nicht mehr Herr seiner Sinne. Ich hatte Angst vor dem Tod, aber war es nicht sinnlos, sich gegen das Schicksal aufzulehnen?

Sekundenlang sah ich das Bild meiner Kinder vor mir,

und ich begriff, daß sie ganz allein in der Welt dastanden, wenn es Fong gelang, seinen finsteren Plan auszuführen. Um ihretwillen mußte ich zumindest versuchen, das Verbrechen zu verhindern, das er begehen wollte. Nachdem sie schon ihren Vater verloren hatten, sollte ihnen wenigstens die Mutter erhalten bleiben. Ich mußte gegen die Todessehnsucht ankämpfen, die Fong ergriffen hatte. Verzweifelt schrie ich auf, rief ihm zu, daß ich leben wollte. Mit aller Kraft versuchte ich, Fong von seinem Schreckensweg zurückzurufen, grub meine Fingernägel in sein Fleisch, um ihn aus dem bösen Traum zu reißen, in dem er befangen war, und um sein Gewissen wachzurütteln.

Zu spät. . . Als er endlich bremsen wollte, gelang es ihm nicht mehr, den Wagen in seine Gewalt zu bekommen, das Fahrzeug schleuderte, streifte den Gehsteig, und unsere Höllenfahrt ging weiter, bis ein Baum ihr ein Ende setzte.

Der Aufprall erfolgte mit unglaublicher Gewalt. Daß wir beide am Leben blieben, war ein Wunder.

Wie soll ich beschreiben, in welcher Verfassung wir waren, als wir den Trümmern des Leihwagens entstiegen? Von der ungeheuren seelischen Erschütterung mitgenommen, schweißüberströmt, waren wir Soldaten vergleichbar, die dem Tod ins Auge gesehen haben.

Fong erwachte aus seinem Alptraum. Er sah jetzt, was er beinahe angerichtet hätte, und bat mich um Verzeihung. Seine Liebe zu mir sei so groß, sagte er, daß er darüber den Verstand verloren habe.

Der Wagen war nicht mehr fahrfähig, wir mußten uns für die Fahrt nach Rueil-Malmaison ein Taxi suchen. Unterwegs hüllten wir uns beide in Schweigen, wechselten nicht einmal einen Blick. Was sollten Worte nach allem, was geschehen war?

Als wir vor Herrn Tsings Haus hielten, sah ich erleichtert, daß sein Wagen vor der Tür stand. Er ließ uns ein, ohne sich seine Überraschung anmerken zu lassen, und eilte in die Küche, um Erfrischungen zu holen.

Fong nutzte seine Abwesenheit, um sich gründlich umzusehen.

Immer wieder hatte er mir gesagt, eine Frau wie ich habe es verdient, ein Leben wie eine Prinzessin, ein nur der Liebe und der Musik geweihtes Dasein zu führen. Ein solches Leben hatte er mir bieten wollen. Das, was er hier sah, schien ihm meiner unwürdig, und er scheute sich nicht, das auszusprechen. Er begann auch, an Herrn Tsing persönlich Kritik zu üben. Ich sei, behauptete er, für ein so mittelmäßiges Milieu nicht geschaffen, dürfe mich nicht mit einer so armseligen Existenz abfinden. Bei ihm, Fong, könne ich herrlich und in Freuden leben. Dieser alte, unscheinbare, engstirnige Tsing passe überhaupt nicht zu mir, ich müsse völlig von Sinnen gewesen sein, daß ich einem solchen Menschen mein Jawort gegeben habe.

Als Herr Tsing aus der Küche kam, war er wütend, denn er hatte alles mit angehört. Daß Fong es wagte, in seinen eigenen vier Wänden über ihn herzuziehen, obgleich er selbst ihn mit mustergültiger Höflichkeit behandelt hatte, erbitterte ihn sehr. Mit wenigen Worten ersuchte er ihn, seine Wohnung zu verlassen.

Dazu sei er gern bereit, gab Fong zurück, aber nur zusammen mit mir. Das käme überhaupt nicht in Frage, erklärte Herr Tsing, ich sei seine Frau und würde hierbleiben.

Jetzt war eine sehr bedrohliche Situation entstanden. Ich kannte Fongs gewalttätige Veranlagung. Es würde nicht mehr lange dauern, bis es zwischen den beiden Männern zu Tätlichkeiten kommen würde. Mit aller Kraft schob ich meinen Schwager zur Tür.

Mir leistete er keinen Widerstand. Er wandte sich zum Gehen. Aber auf der Schwelle machte er noch einmal kehrt und warf mir einen schrecklichen, aus Haß und Verzweiflung gemischten Blick zu.

Wenig später läutete das Telefon. Es war Fong. Als er meine Stimme hörte, war er beruhigt, warf mir aber vor, es sei grausam gewesen, ihn, der kein Wort Französisch sprach, mitten in der Nacht vor die Tür zu setzen, noch dazu in einem verlassenen Vorort, in dem es schwer war, ein Taxi zu finden. Hauptsächlich aber, fügte er hinzu, habe er angerufen, weil er mir sagen wollte, daß er mich noch immer liebe, obwohl ich inzwischen wieder verheiratet sei, und daß er nie aufhören werde, an mich zu denken. Eins müsse ich ihm versprechen: nie ein Kind von Herrn Tsing zu haben. Er sei überzeugt davon, daß diese Verbindung ein schlimmes Ende nehmen werde.

Um Fong endgültig loszuwerden, antwortete ich, dazu sei es zu spät, ich sei bereits schwanger (was eine Lüge war) – woraufhin er sehr plötzlich auflegte.

Die Ereignisse der letzten Stunden hatten mich nervlich und seelisch sehr mitgenommen. Alles drehte sich um mich.

Herr Tsing sah besorgt, daß ich schwankte und leichenblaß geworden war. In diesem Zustand könne ich unmöglich nach Paris zurückfahren, meinte er, ich solle noch eine Kleinigkeit essen und die Nacht bei ihm verbringen. Ich war so durcheinander und erschöpft, daß ich einwilligte. Ich hielt Herrn Tsing für einen ehrenhaften Mann und hatte volles Vertrauen zu ihm. Er wollte mir sein Zimmer überlassen und selbst im Wohnzimmer schlafen. Die Nervenanspannung hatte zu hohem Fieber geführt. Bald konnte ich kein Wort mehr herausbringen, keine Bewegung mehr machen. Ich legte mich hin und verfiel in einen bleiernen Schlaf.

Am nächsten Morgen ging Herr Tsing ins Büro, ohne mich zu wecken. Gegen zehn kam er vorbei, um nach mir zu sehen, aber ich schlief immer noch. Erst als er gegen Mittag wiederkam, wachte ich auf.

Meine Lethargie beunruhigte ihn, und er fragte, ob er einen Arzt holen solle, aber ich wehrte ab. Ich war ja nicht wirklich krank, ich litt nur an den Nachwirkungen des Schocks, den ich bei dem Unfall im Bois de Boulogne erlitten hatte.

Ich wußte aus früherer Erfahrung, daß mein Körper auf starke Erschütterungen so reagierte. Mit dreizehneinhalb Jahren hatte ich mich, jung verheiratet, schon einmal in diesem Zustand befunden, der fast einem Koma glich. Damals erklärte eine alte Dienerin meiner Schwiegermutter, die Angst habe meinen Geist verjagt.

Sie glaubte, wie viele Chinesen, daß der menschliche Körper drei Geister und sechs Seelen umschließt. Wenn eine Seele oder ein Geist den Körper verläßt, ändert sich das Verhalten des Menschen. Eine der Empfindungen, die einen Geist zur Flucht veranlassen können, ist die Angst. Wenn es erst einmal so weit gekommen ist, kann kein Arzt helfen. Der Betroffene, eines seiner lebenswichtigen Bestandteile beraubt, verfällt sofort in tiefen Schlaf. Als es mir so erging, wandte die alte Dienerin jenes Heilmittel an, das allein diesen Zustand beheben kann: Als mich ein Geist verlassen hatte, begab sie sich in die Küche, nahm einen Strohbesen, steckte drei Räucherstäbchen hinein und zündete sie an. Sie verbeugte sich vor dem Buddha in der Küche und stimmte einen einförmigen Singsang an. »Papa Strohbesen, bring Julies Geist zurück.« Nach dieser Anrufung betete sie noch meinen ganzen Personenstand herunter, denn um die Heilung zu erreichen, durfte keine Einzelheit ausgelassen werden.

Dann lief sie mit ihrer Beschwörung: »Papa Besen, bring Julies Geist zurück!« durchs ganze Haus, bis sie schließlich wieder in meinem Zimmer angekommen war. Dort stellte sie den Besen ans Kopfende meines Bettes und entfernte sich, denn nun mußte der Geist ja zurückkehren.

Am nächsten Morgen war ich wiederhergestellt, mein verirrter Geist hatte zu seiner Wohnstätte zurückgefunden.

Heute lagen die Dinge anders. Herr Tsing würde sich schwerlich bereit erklären, wie die alte Dienerin in der Wohnung herumzulaufen und Papa Besen anzurufen. Ich mußte also warten, bis mein Geist aus eigenem Antrieb zurückkam.

Diesmal dauerte es drei Tage, bis sich der Geist bequemte, wieder bei mir Wohnung zu nehmen, und hätte mich Herr Tsing nicht so hingebungsvoll und zartfühlend gepflegt, hätte meine Wiederherstellung gewiß noch länger auf sich warten lassen.

Sobald ich mich wieder einigermaßen wohl fühlte, beschloß ich, in meine Wohnung zurückzukehren. Als ich mich gerade auf den Weg machen wollte, rief Fong an. Er hatte sich die Sache durch den Kopf gehen lassen und war bereit, nach Hongkong zurückzukehren. Allerdings stellte er zwei Bedingungen: Ich sollte ihn zum Flugplatz begleiten, und ich müßte ihm gestatten, mir ein nachträgliches Hochzeitsgeschenk zu machen.

Ich versprach ihm beides.

Da ich Angst vor neuerlichen dramatischen Auseinandersetzungen mit Fong hatte, bat ich Fräulein Lin, mich zu begleiten, was sie mir bereitwillig versprach. So waren wir drei denn wieder einmal beisammen.

Fong wollte mir einen Mantel kaufen, weil er fand, daß der, den ich zur Zeit trug, nicht mehr der letzten Mode entsprach. Ich hatte ihn in Hongkong gekauft, und wahrscheinlich war er damals schon unmodern gewesen. Auch eine neue Handtasche sollte ich haben anstelle des unförmigen alten Stücks, das wie eine Reisetasche aussah.

Gemeinsam fanden wir schließlich einen schönen Lammfellmantel mit Nerzkragen und eine elegante Krokotasche.

Zwei Tage nach dem Einkaufsbummel trafen wir uns in Fongs Hotel, um meinen Schwager zum Flughafen zu begleiten. Ich kam etwas früher als Fräulein Lin und ging gleich zu Fong aufs Zimmer. Er hatte sein Gepäck schon in die Halle bringen lassen und wollte gerade selbst hinunterfahren. Im Fahrstuhl – wir waren allein – küßte er mich.

Zum ersten Mal stieß ich ihn nicht zurück. In diesem Augenblick hätte ich meine Gefühle nicht erklären können, ich wußte nicht mehr, was ich denken sollte. Als der Fahrstuhl im Erdgeschoß hielt, veranlaßte ich durch einen

Druck auf den Knopf, daß er wieder nach oben schwebte. Ich wollte noch ein paar Minuten länger mit Fong zusammensein, plötzlich fiel mir die Trennung von ihm sonderbar schwer.

Als wir wieder unten angelangt waren und ausstiegen, wartete Fräulein Lin schon auf uns. Wir nahmen ein Taxi nach Orly.

Fong wollte sich, ehe er endgültig nach Hongkong zurückkehrte, noch eine Weile in den USA aufhalten. Da wir etwas zu früh waren, ging Fong rasch noch ein Geschenk für Fräulein Lin kaufen. Er wollte sich damit bei ihr bedanken und sich für die Ungelegenheiten entschuldigen, die er ihr während seines stürmischen Besuchs bereitet hatte.

Während er fort war, sagte Fräulein Lin, der ich immer alles anvertraut hatte, sie habe keinen Zweifel daran, daß Fong mich ehrlich und von ganzem Herzen liebe.

Diese Worte trafen mich gerade in diesem Augenblick tief. Ich kämpfte mit mir. Jetzt hätte ich Fong gern zurückgehalten, aber mein Gewissen ließ es nicht zu. Nein, ich mußte ihn fortschicken, es wäre Unrecht gewesen, anders zu handeln. Aber mir war sehr schwer ums Herz.

Traurig setzten wir uns zum Essen hin. Die Gebote der buddhistischen Religion schrieben mir für diesen Tag streng vegetarische Kost vor, aber heute war das kein Opfer für mich – mein Kummer hatte mir gründlich den Appetit verschlagen.

Fong spürte wohl, wie mir zumute war, und litt womöglich noch mehr als ich. Er schob den Augenblick unserer Trennung so weit wie möglich hinaus, aber als sein Flug zum drittenmal aufgerufen wurde, hieß es dann doch Abschied nehmen. Er war kalkweiß, Schweiß lief ihm übers Gesicht. Wenn man ihn so sah, konnte man denken, er ginge dem sicheren Tod entgegen.

Wir trennten uns nach chinesischer Sitte, das heißt ohne Küsse oder Umarmungen, nachdem Fong mir ein letztes Mal versichert hatte, er werde kommen und mich holen.

Mit wehem Herzen sah ich ihm nach. Ich hätte gern geweint, aber meine Augen blieben trocken.

Er hatte mir seine Adresse gegeben, was mir sehr lieb war, denn nun konnte ich ihm eine Banküberweisung schicken, die in der Höhe etwa der Summe entsprach, die er für meine Geschenke ausgegeben hatte. Ich hätte es nicht verantworten können, den Mantel und die Handtasche, die als Hochzeitsgeschenk gedacht waren, tatsächlich anzunehmen. Ich mochte nicht in seiner Schuld stehen, und es lag mir viel daran, so bald wie möglich wieder Ordnung in meine Angelegenheiten zu bringen. Weshalb ich die Überweisungsquittung der Bank aufhob, weiß ich nicht mehr. Es war mein Glück. Dieses Stück Papier sollte mir wenig später aus einer peinlichen Situation helfen.

Würde ich mein Leben in Paris so weiterführen können wie vor Fongs Besuch? Ich, die ich geschuftet hatte bis zur völligen Erschöpfung, um so schnell wie möglich zu meinen Kindern zurückzukehren, mußte jetzt einsehen, daß ich in Hongkong nie Ruhe vor meinem Schwager haben würde. Sein Reichtum, seine Macht und sein starker Wille waren gefährliche Gegner. Ich traute es mir einfach nicht zu, einen derart ungleichen Kampf zu führen, und auf gar keinen Fall würde ich das Schändliche tun, was er mir vorgeschlagen hatte: Ich würde es nicht zulassen, daß er um meinetwillen Frau und Kinder im Stich ließ.

War nun meine ganze Arbeit umsonst gewesen? Wann würde ich jetzt meine Kinder wiedersehen?

Die dramatischen Ereignisse der letzten Tage hatten mich sehr mitgenommen. Ich empfand tiefes Mitleid für Fong, den ich nur ungern hatte ziehen lassen, und ich hatte Angst vor der Zukunft. Wichtig war jetzt vor allem, daß ich wieder gesund wurde und neue Kräfte sammelte. Ein paar Wochen Ruhe, so hoffte ich, würden meine Energiereserven wieder auffüllen, so daß ich mich voller Zuversicht auf den Weg in die unbekannte Zukunft machen konnte.

4. Kapitel

Herr Tsing erklärt sich / Rueil-Malmaison, erster Abschnitt / Ein Revolutionär steigt durchs Fenster / Der Alte unter dem Mond / Eine traurige Ehe / Wutausbruch einer eifersüchtigen Ehefrau / Kampf und Sieg des Riesen ohne Kopf / Geheimnisse der »chinesischen Bank« / Es regnet Wunderperlen / Schönheitsrezepte aus dem alten China / Ein Abschiedskonzert.

In meinem kleinen Zimmer, in dem ich so intensiv und so hoffnungsfroh gearbeitet hatte, fühlte ich mich jetzt wie ein Tier in der Falle. Immer wieder kam ich am Ende meiner Überlegungen zu dem Schluß: Eine Rückkehr nach Hongkong war jetzt unmöglich geworden. Die Leidenschaft meines Schwagers erregte mein Mitleid, machte mir aber auch Angst. Ich wollte um keinen Preis zum Mittelpunkt eines Familienskandals werden, unter dem unweigerlich meine Kinder leiden mußten.

Schließlich raffte ich mich zu einem Brief an meinen Schwiegervater auf, in dem ich ihm mitteilte, daß ich noch etwas länger (wie lange, das schrieb ich nicht) in Paris bleiben würde. Damit hatte ich etwas Zeit gewonnen, um meine Situation noch einmal zu überdenken.

Meine Angst vor der Zukunft war nicht nur eine Sache des Gefühls, sondern hatte auch durchaus praktische Gründe. Fongs Liebe zu mir, sein Vorschlag, den ich aufgrund meiner moralischen Einstellung ablehnen mußte, die Sehnsucht nach meinen Kindern – all das wäre nicht so schlimm gewesen, wenn ich finanziell gesichert gewesen wäre, und eben daran haperte es.

Ich hatte lange Monate äußerst sparsam gelebt. Das war zwar auf Kosten meiner Gesundheit gegangen, aber dafür war ich mit den 20000 Francs, die ich aus Hongkong mitgebracht hatte, auch geraume Zeit ausgekommen und hatte sogar Fong das Geld für seine Geschenke zurückzahlen können. Aber jetzt waren meine Mittel aufgezehrt. Wie sollte ich die Ausbildung meiner Kinder bezahlen, wenn ich sie zu mir kommen ließ? Paul ging in Hongkong schon ins Gymnasium, und seine erste Fremdsprache war Englisch.

Er würde nicht auf eine französische Schule gehen können – dort wäre er sich völlig verloren vorgekommen –, sondern würde eine Schule in England besuchen müssen, und das kostete viel Geld. Woher nehmen und nicht stehlen?

Sicher, es blieb mir noch immer die Möglichkeit, wieder Klavierstunden zu geben, aber diese in China sehr geschätzte Tätigkeit war in Frankreich, wo so viele vorzügliche Lehrer einander Konkurrenz machten, wenig einträglich. Ich selbst würde mich wahrscheinlich über Wasser halten können, aber uns drei konnte ich damit auf gar keinen Fall ernähren, von dem Schulgeld für Paul ganz zu schweigen. Doch gerade eine gute Schulbildung war unendlich wichtig für die Kinder. Ich lebte ja nur für ihre Zukunft, nur für sie plante, arbeitete ich, und diese Zukunft durfte um keinen Preis gefährdet werden.

Blieb also doch nur die Rückkehr nach Hongkong? Nein, das war unmöglich, ich hatte diese Frage gründlich geprüft und aus guten Gründen verneint. Meine Gedanken jagten sich wie Eichhörnchen in einem Käfig, stießen sich an immer denselben Hindernissen. Mir wollte keine Lösung einfallen. Mein Gesundheitszustand verschlechterte sich erneut.

Solange Fong sich noch in Frankreich aufhielt, hatte Herr Tsing brav die Rolle meines Mannes gespielt. Jetzt, da Fong abgereist war, hatte ich den Eindruck, daß er nicht abgeneigt war, die Rolle weiterzuspielen. Offenbar hatte er Gefallen daran gefunden. Er fuhr mich wieder zum Arzt, kaufte die verschriebenen Medikamente für mich und übersetzte mir die für die Behandlung erforderlichen Hinweise. So oft wie möglich lud er mich zum Essen ein oder ging mit mir ins Kino, um mich, wie er sagte, auf andere Gedanken zu bringen. Ich ging widerspruchslos mit, denn ich sehnte mich nach Trost und menschlicher Wärme. Ich lebte in einem Vakuum: Der Weg in die Vergangenheit war mir verbaut, die Zukunft lag unbekannt und dunkel vor mir. Herr Tsing war der einzige Mensch, der mir in dieser schlimmen Zeit die Hand reichte und versuchte, mir Mut zuzusprechen.

Allmählich, fast ohne es zu merken, wurde ich geistig von ihm abhängig. Seine starke Persönlichkeit beeindruckte mich. Unsere sonntäglichen Unternehmungen wurden zur festen Gewohnheit. Er verdiente zwar als Ingenieur nicht schlecht, mir war es aber trotzdem unangenehm, daß er meinetwegen Ausgaben hatte. Ich machte deshalb den Vorschlag, wir sollten doch bei ihm essen, statt auszugehen. Ich kaufte ein, was wir brauchten, und stand zur verabredeten Zeit im Torweg meines Hauses auf dem Boulevard du Montparnasse. Sobald ich seinen Renault 8 sah, eilte ich, meinen Einkaufskorb am Arm, auf ihn zu in dem Gefühl, bei ihm Wärme und Sicherheit zu finden. Ich war wie ein Vogel, der zu seinem Nest fliegt.

Im dreizehnten Monat nach unserer Begegnung (da war sie wieder, die Zahl Dreizehn!) machte mir Herr Tsing eine sehr rührende Liebeserklärung. In der inzwischen vertrauten Umgebung seiner kleinen Wohnung, zu den Klängen einer schönen Schallplatte versetzte er mir damit gewissermaßen den Gnadenstoß, und ich ließ mich verführen – vielleicht in dem Gefühl, den rettenden Hafen erreicht, jene Zärtlichkeit, jenen Schutz gefunden zu haben, der mir fehlte. Hatte meine Mutter damals recht gehabt mit ihrer Befürchtung, ich sei zu empfänglich für schöne Worte? Wie dem auch sei, ich gab Herrn Tsings Bitten und Schmeichelworten nach. Ich hatte diese Situation weder gewollt noch geplant, aber sie erschien mir in diesem Augenblick auch nicht besonders verwerflich. Herr Tsing war frei und ungebunden, einer Beziehung zwischen uns stand demnach nichts im Wege. Daß er mir ehrlich zugetan war, hatte er mir damals, als ich krank und häßlich gewesen war, durch seine liebevolle Pflege bewiesen.

Erst später begriff ich, daß ich einen folgenschweren Fehler gemacht hatte. 1962, ehe ich von Shanghai nach Hongkong übersiedelte, hatte ich einen religiösen Akt vollzogen, der für einen Buddhisten so bedeutsam ist wie für einen Christen die Taufe. Mit Juliette war ich in die ehrwürdige Stadt Su-Chou im Yang-Tzu-Tal gefahren und hatte Tan Sen, dem Eremiten vom Berge, einen Besuch abgestattet. Mit seinem Segen hatte dieser Kraft und Güte ausstrahlende Greis meinen buddhistischen Glauben bestätigt. Ich war das letzte seiner geistlichen Kinder, wenige Wochen nach meinem Besuch starb er. Dem Eremiten Tan Sen in Su-Chou hatte ich versprochen, ein »Kind Buddhas« zu werden und alle Gebote unserer Religion zu beachten, die unter anderem außereheliche Beziehungen streng untersagt. Dieses Versprechen hatte ich ebenso wie die Treue gebrochen, die ich meinem viel zu früh verstorbenen Mann schuldete. Eine einzige, wenn auch nur teilweise Wiedergutmachung war möglich: Ich mußte Herrn Tsing heiraten. Nur dann galt unsere Beziehung nicht als Sünde wider meine Religion. Ich wollte nicht die Strafen auf mich laden, die Menschen mit einem unsittlichen Lebenswandel erwarten. Sie werden, so sagt man, als Tauben oder als Katzen wiedergeboren. In China sieht man kaum Katzen auf der Straße, weil sehr wenig Chinesen vor der Ehe miteinander schlafen. Auch ich wollte keine Katze werden. Also mußte ich heiraten.

Herr Tsing wünschte, daß ich sofort zu ihm zog, und ich erklärte mich wohl oder übel damit einverstanden, obgleich das nach den Grundsätzen meiner Erziehung und nach meiner chinesischen Mentalität bedeutete, daß wir in Sünde leben würden.

Ich kündigte also mein Zimmer bei Mademoiselle Sylvie und schwindelte ihr, um mein Gesicht zu wahren, etwas vor. So zieht ein Fehler den nächsten nach sich. Ich erzählte ihr, daß ich zu meinem Onkel ziehen würde, und übertrat damit ein weiteres Gebot meiner Religion, die uns die Lüge verbietet. Aber ich schämte mich so sehr, daß ich es nicht wagte, die Wahrheit zu gestehen, und deshalb habe ich auch Mademoiselle Sylvie, die immer so lieb zu mir war, nie wiedergesehen. Dieselbe Lüge tischte ich auch meiner Klavierlehrerin auf.

Ende Oktober 1965 zog ich um. Ein neues Leben begann

für mich in Rueil-Malmaison, wo ich außer Herrn Tsing niemanden kannte.

Von Anfang an war dieses neue Leben völlig anders, als ich es mir vorgestellt hatte. Noch ehe ich seine Frau wurde, zeigte sich Herr Tsing plötzlich von einer ganz anderen Seite. Allerdings merkte ich das nicht gleich. Er versicherte mir immer wieder, daß er mich liebe, und ich war froh, ein Heim gefunden zu haben, und betätigte mich voller Eifer und Dankbarkeit als brave Hausfrau. Wie es in China üblich ist, empfing ich den Hausherrn abends mit einem guten Tee, aber Herr Tsing machte sich nichts aus Tee. Daraufhin stellte ich ihm heißes Wasser hin, was er zum Anlaß nahm, sich schonungslos über mich lustig zu machen. So etwas sei im Westen unmöglich, meinte er. Ich lernte auch sehr bald, den Tee nicht im Glas, sondern in Tassen zu servieren.

Besonders beim Putzen legte ich mich tüchtig ins Zeug, und ausgerechnet in diesem Punkt machte er mir Vorhaltungen. Je mehr ich mich um Sauberkeit und Behaglichkeit in seiner Wohnung bemühte, je energischer ich seine Böden schrubbte, um die sich offenbar lange niemand mehr gekümmert hatte, je mehr Zeit ich darauf verwandte, für schmackhafte chinesische Gerichte Fleisch und Gemüse in dünnste Scheibchen zu schneiden, desto mehr hatte er an mir auszusetzen. Dabei war gerade die Hausarbeit ein mühsames Geschäft für mich, denn ich hatte darin keinerlei Erfahrung. Meine arme Mutter hatte ihr ganzes Leben mit Kochen und Flicken zugebracht. Diese häusliche Sklaverei sollte mir erspart bleiben, und deshalb wurde ich schon als Kind an den einzigen Sohn einer der reichsten Familien Shanghais verheiratet. Dort wurde ich umsorgt und verwöhnt und bedient. Selbst wenn ich nur ein Glas Wasser trinken wollte, brauchte ich mich nicht vom Fleck zu rühren. Und jetzt lag ich auf den Knien und versuchte durch emsiges Scheuern, die Böden auf Hochglanz zu bringen. So ändern sich die Zeiten. Abends war ich todmüde und hörte zum Dank nicht einmal ein Wort der Anerkennung.

Auch mit der Wäsche mußte ich mich redlich plagen. Ich wusch so, wie es in China üblich ist, nämlich Herrn Tsings und meine Sachen getrennt. In China gilt es als grobe Mißachtung des Mannes, wenn man in der Waschlauge männliche und weibliche Kleidungsstücke vermengt. Die Junggesellenwohnung, die wir bewohnten, war auf so etwas nicht eingerichtet. Ich zog mit meiner Schüssel endlos zwischen Dusche und Bad hin und her, füllte und leerte sie, spülte, wusch, begann das Spiel von neuem. Nach chinesischer Sitte ist es nämlich verboten, Strümpfe, Socken oder Slips da zu spülen, wo man sich das Gesicht wäscht.

Ich war noch nie besonders kräftig gewesen und bekomme, sobald ich mich überanstrenge, starke Schmerzen im linken Arm. Ich weiß, worauf diese Beschwerden zurückzuführen sind. Bei der Geburt meiner Tochter hatte ich zwar den chinesischen Brauch befolgt, daß eine Frau nach der Entbindung vierzehn Tage lang nicht mit kaltem Wasser in Berührung kommen und nicht mit ihrem Mann schlafen darf, keine rohen Lebensmittel oder solche, die dem Wind ausgesetzt waren, zu sich nehmen darf, um die Augen nicht zu überanstrengen, nicht lesen und nichts heben oder tragen darf. Nur eine Vorschrift hatte ich nicht getreulich befolgt: Meine kleine Juliette war so süß, so unwiderstehlich, daß ich sie mir noch vor Ablauf der kritischen vierzehn Tage oft bringen ließ und sie zärtlich im linken Arm hielt. Deshalb ist mein Leben lang meine linke Körperseite anfällig geblieben. Europäer sind sehr viel robuster als wir und brauchen deshalb nicht so viele Vorsichtsmaßnahmen zu beachten.

Herr Tsing sah wohl, wie zerschlagen ich war, aber es schien ihn nicht zu rühren. Ich mußte oft an Liu Yu Wang, meinen geliebten Mann, denken, der immer so aufmerksam und rücksichtsvoll gewesen war. Nie hätte er zugelassen, daß ich mich derart überanstrengte.

Jeden Abend nach dem Essen wurde ich zur Schülerin. Daß Herr Tsing mir neue französische Vokabeln beibrachte, fand ich sehr nett von ihm. Leider aber hatte er es sich auch in den Kopf gesetzt, Mathematik mit mir zu betreiben, ein Fach, für das ich völlig unbegabt bin, und Geographie, ein Gebiet, das mich überhaupt nicht interessiert. Ich mußte Lektionen lernen und Hausaufgaben machen, und wenn mir ein Fehler unterlief, wurde er wütend und schrie mich an: »Du kannst nur auf deinem Klavier herumklimpern.«

Ich tröstete mich nach solchen Auseinandersetzungen immer wieder mit dem Gedanken, daß sie nichts zu bedeuten hatten, daß wir einfach Zeit brauchten, uns aneinander zu gewöhnen. Und ich spielte meine Hausfrauenrolle getreulich weiter. Ich hielt am Küchenfenster nach Herrn Tsings Wagen Ausschau. Wenn er in Sicht kam, holte ich die Schüsseln aus dem Ofen, damit er sie ganz heiß auf dem Tisch vorfand, ohne auch nur einen Augenblick warten zu müssen. Wenn er wegfuhr, winkte ich ihm vom Küchenfenster aus nach und lief dann zum Wohnzimmerfenster, um ihn noch um die Ecke biegen zu sehen. Ich, eine Mutter von zwei Kindern, führte mich auf wie ein junges Mädchen, das zum ersten Mal verliebt ist. Wenn er fort war, blieb ich viele Stunden allein und war sehr froh, wenigstens noch mein Klavier zu haben. Manchmal mußte ich weinen, wenn ich an meine Kinder dachte. Die Frage nach ihrer und nach meiner Zukunft stand unverändert im Raum. Eine Ehe mit Herrn Tsing brachte da keine Lösung. Gewissensbisse begannen mich zu plagen.

Deshalb eröffnete ich Herrn Tsing eines Tages, daß ich mir vorgenommen hätte, nach Hongkong zurückzukehren. Hier in Paris hielte mich nichts mehr, und ich leistete keine nutzbringende Arbeit. Meine Haare waren nachgewachsen, ich konnte mich vor meinen Kindern wieder sehen lassen, und die Trennung war für mich nachgerade unerträglich geworden. Gewiß warteten in Hongkong neue Probleme auf mich, aber vielleicht würden sie sich an Ort und Stelle leichter als erwartet lösen lassen.

Herrn Tsing war es gar nicht recht, daß ich ihn verlassen

wollte, und er tat alles, um mich zum Bleiben zu bewegen. Nachdem alle anderen Argumente nicht verfangen hatten, machte er mir schließlich einen Heiratsantrag.

Für mich war das ein bedeutungsvoller Augenblick, und ich konnte mich nicht sofort entscheiden. Wenn ich Herrn Tsing heiratete, machte ich damit meinen Verstoß gegen die Gebote des Buddhismus wieder gut. Aber in der guten chinesischen Gesellschaft, zu der meine Familie zu rechnen ist, wird es nicht gern gesehen, wenn Witwen zum zweiten Mal heiraten. Auch das traurige Los meiner Großmutter mütterlicherseits kam mir in den Sinn, die ganz jung Witwe geworden und es bis zu ihrem Tode geblieben war. Nach chinesischer Tradition war es ein Skandal, wenn eine Witwe wieder heiratete, und die Schande traf die ganze Familie. Wer trotzdem einen neuen Ehemann haben wollte, konnte nur auf einen Schuft oder einen Krüppel hoffen. Einer wiederverheirateten Witwe war es nicht gestattet, das Grundstück des Nachbarn zu betreten, weil man Angst hatte, das Gras könne unter ihren Schritten verdorren. Sie galt als aussätzig und verfemt. Reste dieses unerbittlichen Brauchs, der selbstverständlich von Mao Tse-tung abgeschafft wurde, haben sich im Familiengefühl der Chinesen erhalten. Meine Schwiegereltern würde meine Wiederheirat zweifellos schwer treffen, als wäre es ein Verrat an ihrem Sohn. Auch daß ich dann nicht mehr denselben Namen wie meine Kinder trug, mußte wie ein Schock auf sie wirken. Andererseits würde ich, wenn ich nicht wieder heiratete, noch lange auf meine Kinder verzichten müssen. Vielleicht würde ja Herr Tsing, wenn wir erst verheiratet waren, sie mit der Zärtlichkeit eines Vaters unter seine Obhut nehmen?

Mit leiser Trauer überblickte ich mein bisheriges Leben. Mit dreizehn Jahren hatte ich geheiratet, weil meine Eltern es so wollten. Viel zu früh war diese Ehe durch den Tod meines Mannes zu Ende gegangen. Diesmal war ich es allein, die über mein Schicksal bestimmte. Würde dieser zweiten Ehe Erfolg beschieden sein, oder würde sie scheitern? Ich sah die Lage nicht klar genug, um erkennen zu können, ob ich die richtige Entscheidung traf. Von der großen Liebe, wie man sie sich als junges Mädchen erträumt, konnte bei unserer Beziehung wohl kaum die Rede sein, obwohl auch ich ja früher beim Lesen romantischer Geschichten, in denen der Held stets schön, tapfer und treu war, solche Träume gehabt hatte.

Viele dieser Geschichten spielten während des grauenvollen Chinesisch-Japanischen Krieges. Die grausamen, brutalen Japaner wurden aus dem Untergrund von jungen Chinesen, meist Studenten, bekämpft. Mein Bruder, der eine echte Patriotin aus mir machen wollte, rühmte die Opferbereitschaft dieser jungen Leute und ermunterte mich, die Berichte über ihre Heldentaten zu lesen. Eine Geschichte berührte mich ganz besonders und brachte mich immer wieder zum Weinen.

Ein bildschönes junges Mädchen, das in einer Dachkammer wohnte, saß an einem regnerischen Abend über einem Buch, als sich plötzlich das Dachfenster öffnete und ein Mann in ihrem Zimmer stand. Das junge Mädchen erschrak und öffnete den Mund zu einem Schrei, aber der Mann erstickte ihre Schreie und drückte sie fest an sich. Er war so groß und stark, daß sie sich weder befreien noch um Hilfe rufen konnte. Als sie ihn näher betrachtete, sah sie, daß er völlig durchnäßt war und ein schönes, edles Gesicht hatte. Sie beruhigte sich ein wenig. Das konnte kein Bandit sein. Jetzt ließ der junge Mann sie los und erklärte ihr, wer er war. Er hatte seine Familie verlassen, um sich den Untergrundkämpfern anzuschließen. Die Japaner und die mit ihnen zusammenarbeitende chinesische Polizei waren ihm auf die Spur gekommen, er war über die Dächer geflüchtet und durch das Dachfenster gestiegen, um sich zu verstecken. Er habe sie nicht erschrecken wollen, sagte er zu dem jungen Mädchen, und wolle sofort wieder gehen, sobald die Patrouille vorbei war.

Von soviel Tapferkeit bewegt, versteckte das Mädchen ihren unvermuteten Besucher drei Tage und drei Nächte in der Dachkammer, bis die unmittelbare Gefahr gebannt war. In dieser kurzen Zeit entstand zwischen ihnen eine unzerstörbare Liebe. Noch nie hatten zwei Menschen sich so geliebt.

Doch der junge Mann mußte zurück zu seinen Kameraden, zurück in den Kampf. Er verließ seine Geliebte durch das Dachfenster, durch das er auch gekommen war.

Das Mädchen sah ihn nie wieder. Tag für Tag wartete sie und mochte die Hoffnung nicht aufgeben. Wenn es abends regnete, schlug ihr Herz schneller, dann stand sie am Fenster und lebte ihren Erinnerungen.

Als kleines Mädchen vergoß ich regelmäßig heiße Tränen, wenn ich diese Geschichte las. Ich litt mit der jungen Liebenden, und ihr Revolutionär wurde für mich zum Symbol der idealen Liebe. Daß ich schon damals den Regen mochte, war für mich ein Vorzeichen. Wenn es abends regnete, stellte ich mir vor, daß sich das Fenster öffnete und mein Held erschien.

Doch dazu hatte er wohl keine Zeit mehr, denn man verheiratete mich, als ich ein halbes Kind war. Noch lange nach der Hochzeit träumte ich von meinem Märchenprinzen.

So hätte ich auch jetzt nicht mit letzter Gewißheit sagen können, ob ich Herrn Tsing wirklich liebte. Er war alles andere als ein romantischer Held. Nüchtern und konventionell, autoritär, gern feierlich, hatte er weder den hohen Wuchs noch den edlen Gesichtsschnitt jenes Mannes, der eines Tages durch mein Fenster hätte steigen sollen. Andererseits hatte er durchaus seine Vorzüge. Ich fand, daß es für mich das vernünftigste wäre, ihn zu heiraten. Unsere Ehe würde nicht aufregend, dafür aber friedvoll, fest gegründet, von Vertrauen getragen sein. Ein Ingenieur und eine Pianistin, so dachte ich, müßten sich eigentlich gut ergänzen.

Ich redete mir ein, daß das Schicksal ihn mir zum Ehemann bestimmt hatte. Die vier doppelten Dotter an dem Tag, als ich ihn zum Essen einlud, waren mir unvergeßlich. Und hatte er nicht mir zuliebe vor Fong den Ehemann gespielt? War das nicht wie ein zweiter Wink der Vorsehung? Eine alte chinesische Legende zeigt, daß niemand dem Ehepartner entgehen kann, den das Schicksal ihm zugedacht hat.

Wai Kan, ein junger Offizier der kaiserlichen Garde, war in Begleitung seines Adjutanten auf Reisen. In der Stadt San gingen sie spätabends noch spazieren und gerieten dabei in ein entlegenes Viertel. Dort saß am Waldrand ein alter Mann, der beim Mondlicht in einem Buch las.

Neugierig trat Wai Kan an den Alten heran und wollte wissen, was in dem Folianten stünde. Der Greis erwiderte, darin sei jede Ehe aufgezeichnet, noch bevor die Eheleute geboren seien. Ob auch sein Name darinstehe, fragte der Offizier, und der Name der Frau, die er eines Tages heiraten werde. »Ja«, erwiderte der Alte. »Und noch heute abend werde ich sie dir zeigen.«

Sogleich führte der Greis den jungen Mann und seinen Adjutanten zum Reismarkt. Dort zeigte er ihm von weitem eine Frau, die ein kleines Mädchen von kaum drei Jahren auf dem Arm trug. »Dieses Kind wird deine Frau werden«, sagte er.

Der Offizier wurde sehr zornig. Wie lange würde er noch warten müssen, bis er heiraten konnte? Machte der Alte sich etwa lustig über ihn? Er hatte gehofft, ein schönes, junges Mädchen zu sehen, und der Alte hatte ihm ein Kleinkind gezeigt. In seiner Wut beschloß er, dem Schicksal ein Schnippchen zu schlagen. Er befahl seinem Adjutanten, das Kind aufzuspüren und umzubringen. Der Adjutant entfernte sich sofort, um diesen schändlichen Befehl auszuführen. Er versetzte der Kleinen mit seinem Messer einen heftigen Stich, dann ergriff er, von Scham und Angst erfüllt, die Flucht.

Vierzehn Jahre später heiratete Wai Kan die Tochter

eines hohen kaiserlichen Würdenträgers. Während der ganzen Zeremonie hatte er das Gesicht seiner Ehefrau nur durch einen leichten Seidenschleier sehen können, den sie nicht lüftete. Endlich waren die Hochzeitsgäste gegangen, die Neuvermählten im Brautgemach allein. Sacht hob Wai Kan den Schleier, um seiner Frau ins Gesicht zu sehen. Sie war so schön, wie er erwartet hatte, aber er stellte überrascht fest, daß sie sich eine Seidenblume auf die Stirn geklebt hatte.

»Als ich ganz klein war«, erzählte sie, »stürzte sich eines Tages, als meine Amme mich spazierentrug, ein Wahnsinniger auf mich und verletzte mich mit seinem Messer im Gesicht. Die Blume soll die Narbe verdecken.«

Jetzt begriff Wai Kan, daß eben jenes Kind seine Frau geworden war, das ihm der Alte damals nach Befragen seines Buches gezeigt hatte. Der »Alte unter dem Mond« genießt göttliche Verehrung. Sein Standbild ist in den Tempeln zu finden, und junge Männer, die Liebeskummer haben, fragen ihn um Rat, denn sie wissen, daß er ihnen eine Antwort geben wird. Vor dem Standbild stehen auf einem Tischchen Weihrauch, zwei Kerzen und ein kleiner Bambusbehälter, in dem sich mehrere Dutzend numerierter Bambusstäbchen befinden. Vor diesem Tischchen kniet der Ratsuchende nieder und schüttelt den Behälter, bis ein Stäbchen herausfällt. Neben dem Tisch steht das große Buch des »Alten unter dem Mond«, in dem man jetzt nur noch die Rubrik aufzuschlagen braucht, die der Zahl auf dem Stäbchen entspricht.

Hatte der »Alte unter dem Mond« von Anfang an gewußt, daß ich Herrn Tsing heiraten würde? Es schien mir wahrscheinlich. Schließlich rang ich mich zu jenem Ja durch, das für uns beide so bedeutungsvoll werden sollte.

Es dauerte zwei Monate, bis wir die für die Eheschließung erforderlichen Papiere beisammen hatten.

Schon nachdem ich zu Herrn Tsing gezogen war, hatten seine Rücksichtnahme und Liebenswürdigkeit merklich abgenommen, aber nachdem ich eingewilligt hatte, seine Frau zu werden, entwickelte er sich zu einem regelrechten Haustyrannen. Seiner Meinung nach nahm ich nicht rasch genug französische Sitten an. Er behandelte mich wie ein dummes Bauernmädchen. Meine Fortschritte in Mathematik und Geographie waren gleich Null. Er gebärdete sich wie ein Verrückter, wenn ich etwas vergaß, was er mir gerade beigebracht hatte. Ich verteidigte mich: Nicht jeder könne universell begabt sein, und meine Stärke sei eben die Musik. Aber er fand, daß ich ohnehin zu viel Zeit am Klavier verbrachte.

In China sagt man, daß die Ehe der Tod der Liebe ist. Aber unsere Liebe hielt sich nicht einmal bis zur Hochzeit. Wir stritten uns ständig. Aus einem Nichts konnte der größte Krach entstehen. Wie hätte ich von einem Tag auf den anderen all unsere chinesischen Sitten ablegen sollen? Wie war es möglich, daß ein sonst so intelligenter Mann nicht einsehen wollte, daß das ein Unding war? Und weshalb hätten wenige Stunden Unterricht aus mir, die ich dafür nicht die geringste Begabung hatte, ein mathematisches Genie machen sollen? Herr Tsing war ohne Nestwärme, betreut von Gouvernanten und Hauslehrern, aufgewachsen und brauchte nicht viel Zuwendung, während ich durch meine behütete Kindheit und Jugend sehr liebebedürftig geworden war. Es war weder seine noch meine Schuld, daß sich aufgrund der unterschiedlichen Erziehung unsere Charaktere ganz gegensätzlich entwickelt hatten, aber für unser Zusammenleben ergaben sich aus dieser Tatsache immer neue Probleme.

Ich brachte Herrn Tsing nicht nur tagsüber, sondern auch nachts zur Verzweiflung. Er beklagte sich darüber, daß ich eine so heiße Haut hätte und daß ich ihn im Bett derart bedrängte, daß ihm überhaupt kein Platz mehr bliebe. Nun ist es tatsächlich so, daß ich beim Schlafen gern einen Menschen dicht neben mir spüre; rückt er von mir weg, rutsche ich ganz unbewußt wieder an ihn heran. Als ich in

Hongkong mit Juliette in einem Bett schlief, ging das einmal so weit, daß ich das arme Kind aus dem Bett warf. Ich war ganz verzweifelt. Aber schließlich kann ich ja nichts dafür, wenn ich mich im Schlaf bewege.

Herr Tsing ließ sich nicht aus dem Bett werfen, sondern traktierte mich mit wütenden Fußtritten, damit ich wieder auf meine Seite hinüberrückte. Zuerst wachte ich davon stets völlig verstört auf und wußte nicht, was mir zugestoßen war. Noch nie hatte mich jemand so rücksichtslos behandelt. Nicht selten wiederholte sich diese Szene mehrmals in einer Nacht, und man kann sich vorstellen, in welcher Stimmung wir dann den neuen Tag begannen.

Diese Streitereien um Kleinigkeiten wären nicht weiter schlimm gewesen, wenn wir uns über das Wichtigste in meinem Leben einig gewesen wären – über meine Kinder.

Ich hatte meinem Schwiegervater nichts von meinen Heiratsplänen geschrieben, hatte ihm aber nochmals mitgeteilt, daß ich vorläufig in Paris bleiben würde, und ihn gebeten, mir die Kinder zu schicken. Seine Reaktion überraschte mich nicht: Er war sehr ungehalten. Juliette wollte er mir gern überlassen, schrieb er, allerdings müßte ich dann für alle Kosten selbst aufkommen, mit einer finanziellen Unterstützung durch ihn brauchte ich nicht zu rechnen. Paul aber (bekanntlich stehen in China Knaben sehr viel höher im Kurs als Mädchen) würde er auf gar keinen Fall herausgeben. Herr Tsing seinerseits, dem ich alles getreulich berichtete, war weder bereit, zu Juliettes Unterhalt in Paris noch zu Pauls Schulgeld in England etwas beizutragen. Meine Kinder seien bei den Großeltern gut aufgehoben, fand er, und ihre Probleme gingen ihn nichts an.

Diese Einstellung erbitterte mich sehr. Als wir am 23. Dezember 1965 in Rueil heirateten, war mein Herz voller Groll, und ich war schon zu diesem Zeitpunkt überzeugt davon, daß die Ehe keinen Bestand haben würde. Es waren buchstäblich Welten, die zwischen unserer nüchternen standesamtlichen Trauung und meiner prunkvollen Hochzeit mit Liu Yu Wang lagen. Und da der Mensch ein Wesen voller Widersprüche ist, konnte ich es mir nicht versagen, an jenen Tag und an die »Sänfte der Tränen« zurückzudenken, die mich in ein neues Leben getragen hatte. Ich erinnerte mich an die endlose Zeremonie im »Pavillon der Aprikosenblüte« in Shanghai mit seinen drei ausschließlich für die Hochzeitsgäste reservierten Etagen, an den Schmuck aus grünen und roten Seidenbändern, an die Maîtres d'hôtel und die Fotografen, den roten Teppich und den Hochzeitsmarsch von Mendelssohn, den dreifachen Fußfall vor der Verwandtschaft, die zahlreichen »Kan Peis«, die amerikanischen Straßenkreuzer auf der Nanking Road, die eine Patrouille der Roten Armee gleichmütig betrachtete.

Ich schrieb niemandem etwas von meiner zweiten Eheschließung. Hätte mein Schwiegervater Wind davon bekommen, hätte er mir nicht einmal Juliette geschickt, denn in seinen Augen war eine Witwe, die zum zweiten Mal heiratete, für immer entehrt. Mit einem Mann unverheiratet zusammen zu leben fand ich allerdings noch entehrender. Deshalb war wohl dieser Schritt in meiner schwierigen Lage noch die beste Losung.

Und ich hoffte weiter. Ich besitze sehr viel Willensstärke und kann, wenn mir etwas wirklich am Herzen liegt, sehr dickköpfig sein. Mein Entschluß, die Familie wieder zusammenzuführen, stand fest, auch wenn es schwer sein und lange dauern mochte. Daß Juliette nach Paris kam, sollte ein erster wichtiger Schritt in dieser Richtung sein. Sobald die Rede darauf kam, fing Herr Tsing an zu schreien und zu toben und wollte absolut nichts davon hören. Aber ich spürte eine Kraft und Entschlossenheit in mir, mit der ich meinte, Berge versetzen zu können – vielleicht nicht von heute auf morgen, aber allmählich, Schritt für Schritt.

Kurz nach der Trauung schickte mir meine Schwägerin Liu Yu Lan, Fongs Frau, einen Brief voll wüster Beschimpfungen und Beleidigungen. Dieser Brief traf mich wie ein Blitz aus heiterem Himmel. Wie hatte sie von der Reise ihres Mannes nach Paris erfahren? Woher wußte sie, daß er mir Geschenke gemacht hatte? Sie war offenbar wie von Sinnen vor Wut, sie kränkte mich derart, benutzte derart ordinäre, schmutzige Ausdrücke, daß ich wie im Schüttelfrost zu zittern begann. Sie bezeichnete mich als Intrigantin, als skrupellose Abenteurin, warf mir vor, ihr den Mann gestohlen zu haben, drohte, mich bei meinen Kindern anzuschwärzen und ihnen von den Schändlichkeiten zu erzählen, die ich ihrer Meinung nach begangen hatte. Ich kam mir wie besudelt vor, als ich den Brief gelesen hatte, und beeilte mich, ihn zu vernichten, um ihn nicht mehr sehen zu müssen.

Meine Schwägerin hatte vor ihrer Eheschließung mit Fong ein Kind von einem anderen Mann bekommen, die Ehe war deshalb von Anfang an nicht besonders gut gewesen. Offenbar freute sie sich darum besonders, auch mir vermeintliche Verfehlungen nachweisen zu können. Ich erinnerte mich an den Wirbel, den es gegeben hatte, als sie – ich lebte damals noch in Hongkong – ihr Dienstmädchen beschuldigt hatte, ihren Mann verführt zu haben. Sie hatte die Unglückliche hemmungslos beleidigt und geschlagen, und niemand hat je erfahren, ob der Vorwurf gegen sie berechtigt war oder nicht. Noch immer zitternd überlegte ich, daß meine Schwägerin mich wahrscheinlich, wäre ich in Hongkong gewesen, wie dieses junge Mädchen behandelt hätte, sie hätte mich angeschrien, geschlagen, vielleicht sogar meine Kinder in die häßliche Szene hineingezogen. Das hätte ich nicht ertragen, ich wäre lieber gestorben. Wie gut, daß ich mich entschlossen hatte, in Frankreich zu bleiben.

Ich beantwortete den Brief meiner Schwägerin nicht, ich war zu stolz, um mich durch einen Rechtfertigungsversuch vor ihr zu erniedrigen. Aber ihrem haßerfüllten Schreiben folgte unmittelbar ein Brief meines Schwiegervaters, bei dem Liu Yu Lan sich über mich beschwert hatte. Diesen Brief beantwortete ich ausführlich. Ich schickte meinem

Schwiegervater Fongs Briefe (was für ein Glück, daß ich sie aufbewahrt hatte), in denen er sich darüber beklagte, daß ich ihn zurückstieß, und legte die Überweisungsquittung der Bank bei, die bewies, daß ich ihm den Gegenwert seiner Geschenke zurückgezahlt hatte. Das alles belegte zur Genüge, daß ich nicht etwa die Ehe meiner Schwägerin zerstört, sondern im Gegenteil alles getan hatte, um sie zu retten. Ich war froh, daß ich einen so unwiderlegbaren Beweis meiner Unschuld hatte. Aber würden diese Unterlagen genügen, um meiner rachsüchtigen Schwägerin das Handwerk zu legen? Würde sie nicht versuchen, mich bei meinen Kindern zu verleumden? Sie waren noch klein, und wir waren schon lange getrennt. Wenn sie nun ihr Glauben schenkten und an mir zu zweifeln begannen? Paul und Juliette hatten keinen Vater mehr. Was blieb ihnen, wenn sie der Mutter nicht mehr vertrauen konnten? Der Gedanke marterte mich. Es war höchste Zeit, meine Kinder zu mir zu holen, um ihnen jene Geborgenheit zu schenken, die Kinder für eine harmonische Entwicklung nun einmal brauchen.

Herr Tsing hatte dafür nicht das geringste Verständnis. Er hatte mich durch die Heirat nach seinem Geschmack erziehen, hatte eine neue Frau aus mir machen wollen, eine Frau ohne Vergangenheit. Ich aber war untrennbar mit meinen Kindern verbunden und hätte um keinen Preis der Welt auf sie verzichten mögen. Für mich war diese zweite Ehe nur eine Übergangslösung. Ich spürte, daß Herr Tsing und ich nicht zusammen alt werden würden. Zu viele ernste Zerwürfnisse hatte es schon zwischen uns gegeben, und daß er nicht begreifen wollte, was mir so sehr am Herzen lag, konnte ich ihm nicht verzeihen.

Ich hatte keinen Menschen, dem ich mich hätte anvertrauen können, keine Verwandten, keine Freunde. Ich mußte wie der legendäre Riese Ying Shih alle Kraft aus mir selbst schöpfen.

Vor langer, langer Zeit, es mag mehr als tausend Jahre her sein, lebte ein Mann, der Wong Te hieß und von Ehrgeiz besessen war. Er stürzte den großmütigen Kaiser I und setzte sich selbst auf den Thron. Wong Te wurde ein mächtiger Tyrann, und das Volk, das er erbarmungslos unterdrückte, fürchtete ihn.

Da beschloß der Riese Ying Shih, den Kaiser I zu rächen, den Usurpator zu bezwingen und das unglückliche Volk zu befreien. Er stieg vom Himmel herab, um den Kaiser Wong Te herauszufordern, und kam vor die Pforten des Palastes. Voll Ingrimm ergriff Wong Te einen kostbaren Säbel und stürzte sich auf den Riesen, der in der Linken seinen Schild, in der Rechten eine Axt hielt. Der Kampf war lang und heftig. Alle Soldaten des Palastes waren eingesetzt, um dem Kaiser im Ringen gegen den Riesen zu helfen. Dieser, von allen Seiten bedrängt, spürte, daß seine Kräfte schwanden. Diesen kurzen Augenblick der Schwäche nutzte der Kaiser, um dem Riesen mit einem gewaltigen Säbelhieb den Kopf vom Rumpf zu trennen. Mit Donnergetöse fiel der Kopf zu Boden und rollte zu Tal. Verblüfft greift der Riese in Richtung Kopf und findet ihn nicht mehr, soviel er auch tastet und sucht. Wong Te, der verhindern will, daß Ying Shih seinen Kopf wiederfindet – denn dann würde der Kampf von vorn beginnen –, schlägt mit einem Hieb seines kostbaren Säbels einen Berg entzwei, der Kopf rollt in die Spalte, der Berg schließt sich wieder, und der Kopf des Riesen ist für immer und ewig in unerreichbarer Tiefe begraben.

Jetzt wird dem Riesen klar, daß er seinen Kopf nie wiederfinden wird, daß er auf immer von seinem Rumpf getrennt ist. Er hört seine Feinde höhnen und triumphierend lachen, und dieses Lachen ist es, das ihm neue Kräfte gibt. Fest umklammert er Axt und Schild und stürzt sich, blind wie er ist, ins Getümmel. Mit verzehnfachter Kraft schlägt er um sich. Und je verbissener er kämpft, desto größer wird seine Kraft, seine Brustwarzen verwandeln sich in Augen, sein Bauchnabel wird zum Mund. So schenkt ihm der Siegeswille einen neuen Kopf. Mit seinem neuen Mund stößt er einen mächtigen Fluch aus, seine neuen Augen richtet er auf den schreckerstarrten Feind, schlägt zu – und tödlich verwundet sinkt der Kaiser zu Boden.

Wenn wir schwach sind, niedergeknüppelt von einem Schicksal, das stärker ist als wir, wenn die Hoffnung auf Erfolg in weite Ferne gerückt ist, bleibt uns dennoch ein unerschöpflicher Kraftquell: Zorn, Aufbegehren, die Entschlossenheit, eines Tages den Kampf wiederaufzunehmen und zum guten Ende zu führen. Die Legende vom Riesen lehrt uns, daß selbst in der hoffnungslosesten Lage der Mensch aus sich selbst heraus Wunder wirken kann, wenn er nicht resigniert.

Ich wandte diese Lehre auf meine eigene Situation an. Ja, selbst wenn ich darüber den Kopf verlieren sollte wie Ying Shih, selbst wenn ein Berg diesen Kopf verschlang, ich würde weiter darum kämpfen, meine Kinder bei mir zu haben. Dazu aber brauchte ich Geld.

Ich besuchte Fräulein Lin in ihrem Restaurant und bat sie um Rat. Sie empfing mich mit der gewohnten Liebenswürdigkeit, konnte mir aber wenig Tröstliches sagen. Für Chinesen, die keinen technischen Beruf ausübten, sagte sie, gäbe es in Frankreich Arbeitsmöglichkeiten nur im Gaststättengewerbe. Ich müsse ein Restaurant eröffnen, das sei die einzig denkbare Lösung. Allerdings brauche man dazu Kapital, über das ich nicht verfügte. Mir kam das System gegenseitiger Hilfe in den Sinn, das man in Frankreich »chinesische Bank« nennt.

Braucht jemand für irgendein Unternehmen, etwa für die Eröffnung eines Geschäfts oder eines Restaurants, eine größere Geldsumme, sucht er sich zunächst einmal eine Reihe von Teilhabern. Er ist gleichzeitig Kreditgeber und Kreditnehmer. Da tun sich zum Beispiel zwanzig Personen zusammen, die auf ein oder zwei Jahre jeden Monat tausend Francs, insgesamt also zwanzigtausend Francs, einzahlen. Die Partner sind durch einen moralischen Vertrag gebunden. Ein- oder zweimal im Monat kommen sie zusammen.

Wenn einer von ihnen Geld braucht, schlägt er einen Zinssatz vor, die anderen Partner schreiben ihre Zinsvorschläge auf ein gefaltetes Stück Papier, und den Zuschlag erhält der Meistbietende, wobei die Zinsen dann von dem entnommenen Geldbetrag abgezogen werden. Ich will es mir ersparen, auf Einzelheiten der chinesischen Bank einzugehen, und möchte nur die beiden Punkte hervorheben, die für den westlichen Leser besonders beachtlich erscheinen mögen. Zum einen fungiert als Bankier derjenige, der Geld braucht, und zum zweiten muß es sich dabei um einen untadeligen Mann handeln, der das Vertrauen seiner Partner voll und ganz verdient. Dieses Vertrauen wird auch nur selten getäuscht, denn ein unredlicher Bankier wird von den Chinesen in der »Diaspora«, die dort gewissermaßen eine geschlossene Gesellschaft bilden, in Acht und Bann getan.

Für mich allerdings war die »chinesische Bank« keine Lösung. Erstens kannte ich nicht genügend Leute, die bereit gewesen wären, mir ihr Geld anzuvertrauen, und zweitens hatte ich auch nicht genug Vertrauen zu mir selbst. Meine Kenntnisse und Erfahrungen reichten zur Führung eines Restaurants nicht aus. Und wie hätte ich, wenn das Unternehmen schiefging, je meine Schulden zurückzahlen können? Nein, ich mußte ganz klein anfangen, mußte mich langsam vortasten und in der Praxis ausprobieren, was mir am besten lag, ohne zuviel auf einmal zu riskieren, ohne leichtfertig Kapital, das ich gar nicht besaß, in irgendeine bestimmte Tätigkeit zu investieren.

Ich schrieb noch einmal an meinen Schwiegervater und flehte ihn an, mir Juliette zu schicken. Der Schulunterricht, schrieb ich, sei in Frankreich kostenlos, und meine Tochter zu ernähren, das traute ich mir allemal zu. Soviel zum Leben brauchte sie ja nicht. Kaum hatte ich diese Worte zu Papier gebracht, ging mir auf, was für ein Risiko ich damit auf mich nahm, denn nicht einmal das wenige, was sie zum Leben brauchte, stand mir ja zur Verfügung. Aber mein Glaube erhielt mich aufrecht. Eine Schale Reis für meine Tochter würde sich immer finden.

Da erschien mir der Einschreibebrief, den mir meine Mutter schickte, wahrlich wie eine Antwort des Himmels. Der Brief enthielt Perlen in allen Regenbogenfarben – es waren jene Buddha-Perlen, die man auch »Perlen von Suinli« nennt und die außerordentlich rar und kostbar sind.

Diese Perlen entstehen auf zweierlei Art. Wenn ein besonders frommer Mönch gestorben ist, kommt es vor, daß sich nach der Verbrennung seiner sterblichen Überreste in dem sogenannten »Lotustrog«, in dem er eingeäschert wurde, unter seiner Asche einige dieser Perlen finden. Je zahlreicher und vielfarbiger diese Perlen sind, desto frommer war der Mönch.

Ebenso wundersam ist die andere Art der Entstehung der Perlen von Suinli. Wir verrichten unsere Gebete vor einem kleinen Tisch, auf dem, umgeben von Kerzen, der Buddha steht. Daneben befindet sich ein Baumwolldocht in einer Schale mit Öl. Wenn die Gebete besonders innig sind und der Betende reinen Herzens ist, kommt es – sehr selten – vor, daß der Docht Funken sprüht, die zu Perlen gerinnen.

Gehört hatte ich schon oft von der Antwort des Gottes auf die Gebete des frommen, reinen Herzens, mir aber war so etwas noch nie widerfahren. Doch jetzt schrieb mir meine Mutter folgendes: Als sie mit aller Kraft für mich gebetet hatte, war plötzlich der Docht heftig entflammt, und es hatte nach allen Seiten Perlen von Suinli geregnet. Tief bewegt und voll frommer Demut hatte meine Mutter den kostbaren Schatz eingesammelt und schickte mir nun die Perlen als ein Zeichen dafür, daß ich in der Obhut Buddhas stand. Sie beschwor mich, nicht den Mut zu verlieren. Dieses Wunder, schrieb sie, sei ein Zeichen dafür, daß meine Unternehmungen göttlichen Schutz genossen und gut ausgehen würden.

Die Liebe meiner Mutter war ein kostbares Geschenk für mich. Als ich mich mit meinen Problemen allein und verlassen glaubte, hatte sie sich mit inbrünstigem Gebet für mich verwandt, so daß die Götter sich meiner erbarmten. Noch ein letztes Mal betrachtete ich die wundertätigen Perlen in den schillernden Farben, die mir übernatürlichen Schutz verhießen und Zeugnis dafür ablegten, daß meine Mutter reinen Herzens vor die Götter getreten war, dann schluckte ich sie mit einem Glas Wasser hinunter, um jene Kraft in mich aufzunehmen, die Buddha mir schenkte. Zuversicht erfüllte mich, und der Erfolg schien mir in greifbare Nähe gerückt. Buddha würde mich schützen, wenn ich mein Teil dazu beitrug, fleißig arbeitete und mir etwas einfallen ließ.

Ich trug gelegentlich eine perlenbestickte Weste, zu der man mir schon viele Komplimente gemacht hatte. Da ich noch etwas Geld in Hongkong besaß, ließ ich mir ein Dutzend solcher Westen schicken und bot sie allen Freunden und Bekannten an, denen das Modell an mir gefallen hatte. Es gelang mir, die Westen sehr günstig zu verkaufen. Auch perlenbestickte Taschen, die ich mir kommen ließ, wurden gern gekauft. Der Anfang war vielversprechend, aber Herr Tsing dämpfte meine Begeisterung. Was ich tat, war – was ich nicht gewußt hatte – nach dem Gesetz nicht erlaubt, da ich nicht im Handelsregister eingetragen war. Er wolle meinetwegen keinen Ärger haben, erklärte Herr Tsing, und da wir ohne Ehevertrag geheiratet hätten, sei er für alles, was ich tat, mitverantwortlich.

Netterweise vermittelte mir Herr Ken, einer seiner Freunde, einen Kellerraum in der Rue de Richelieu, der zwar kein Palast war, aber Platz für meine Waren bot und mir als Geschäftsadresse diente, so daß ich mein Unternehmen auf eine gesetzliche Grundlage stellen und meine Einfuhrmengen erhöhen konnte.

Ich merkte bald, daß diese Tätigkeit mich immer mehr Zeit kostete. Ehe ich gar keine freie Minute mehr hatte, wollte ich, wie ich es mir erträumt hatte, noch ein Konzert geben, das der krönende Abschluß meiner pianistischen Ausbildung in Paris sein sollte. Ich rechnete mich nicht zu jenen chinesischen »Studenten«, die das Studium nur als Vorwand benutzen, um sich ein bißchen im Ausland umzusehen und dann in der Heimat ein Ansehen zu beanspruchen, das ihnen gar nicht zukommt. Ich wollte in aller Öffentlichkeit zeigen, was ich gelernt hatte. Nun ist es nicht so einfach, in Paris ein Konzert zu geben, und die damit verbundenen Kosten sind beträchtlich. Zu meinem Glück hatte ich eine gute Bekannte in der Alliance Française, die mir wichtige Türen öffnete. Die Einnahmen würden ganz an die Alliance Française gehen, aber der mir zur Verfügung stehende Saal faßte fünfhundert Personen, und das war besser als nichts. Ich würde die Stücke spielen, die ich bei meiner Abschlußprüfung vorgetragen hatte, so daß ich nichts Neues vorzubereiten brauchte. Das Programm würde ich nach Hongkong schicken. Alle sollten sehen, daß ich meine Zeit in Paris nicht nutzlos vertan hatte.

Bei einem Konzert ist es nicht unwichtig, daß die Künstlerin dem Publikum einen möglichst erfreulichen Anblick bietet. Ich ließ mir ein chinesisches Kleid aus Hongkong schicken. Es war mitternachtsblau und mit weißen Perlen bestickt. Den ziemlich langen Schlitz ließ ich so weit zusammennähen, daß er für französische Schicklichkeitsbegriffe tragbar war. Die Kleiderfrage war also gelöst, aber ich mußte mich auch um mein Make-up kümmern. Seit dem Tod meines Mannes hatte ich mich nicht mehr geschminkt. Ich war recht ratlos. Was sollte ich kaufen?

Paris ist für seine Schönheitsprodukte berühmt, aber ich hatte keine Erfahrungen damit. In China hatte ich immer chinesische Schönheitsmittel benutzt, so, wie ich es von meiner Mutter gelernt hatte.

Mama hatte mir verboten, Cremes, Puder und andere Kosmetika aus dem Ausland zu benutzen. Ich habe eine sehr zarte Haut, und sie hatte Angst, ich könnte sie mir mit chemischen Produkten verderben.

Von ihr habe ich die tägliche Gesichtsreinigung gelernt, wie sie bei chinesischen Frauen üblich ist. Man benutzt dazu nie Seife, sondern Eiweiß, das die Haut besser säubert und glatter macht. Ein Eiweiß reicht mehrere Tage. Man sticht einfach ein kleines Loch in das Ei und läßt zur Gesichtsreinigung jeweils ein wenig Eiweiß herauslaufen. Auch zum Haarewaschen ist Eiweiß sehr gut geeignet.

Einmal in der Woche verstreicht man nach gründlicher Reinigung ein ganzes Eiweiß auf dem Gesicht und läßt es antrocknen. Man merkt, wie das Gesicht allmählich maskenhaft starr wird. Die Eiweißmaske muß zwanzig Minuten einwirken, in dieser Zeit darf man weder sprechen noch sonst eine Miene verziehen. Mit einem Baumwolltuch rubbelt man das Eiweiß vorsichtig ab, das soll Runzeln vermeiden und ist gut für die Durchblutung. Man verengt auf diese Weise die Poren. Dann wäscht man mit kalter Milch nach, wodurch die Haut erfrischt und gleichzeitig genährt wird.

Unter Falten haben Chinesen, Asiaten überhaupt, im allgemeinen weniger zu leiden als Europäer. Das liegt daran, daß wir unsere Gefühle nicht nach außen dringen lassen. Man lacht bei uns nicht so schnell und niemals aus nichtigem Anlaß, und man lacht nie laut heraus, sondern begnügt sich mit einem Lächeln. Nie zeigt man seine Gefühle und Empfindungen, das Gesicht bleibt ausdruckslos.

Abends, vor dem Schlafengehen, pflege ich mein Gesicht mit einer »Perlencreme«, die aus chinesischen Pflanzen und aus Perlen hergestellt wird. Ihre Aufgabe ist es, der Haut alle Unreinheiten zu nehmen. Wer diese Creme benutzt, behält immer eine weiße, glatte Haut und hat nie Pickel oder Mitesser.

In China werden Perlen in großem Umfang für die Schönheitspflege verwendet. Perlen bester Qualität, zu feinstem Puder zerrieben und durchgesiebt, machen, jeden Morgen auf nüchternen Magen genommen, die Haut zart und verleihen ihr einen perlmuttartigen Schimmer. Noch im hohen Alter sah die Kaiserin Tz'u Hsi aus wie eine Dreißigjährige, weil sie ihr Leben lang diesen Puder zu sich genommen hatte. Der Perlenpuder gilt auch als Medikament, er ist sehr gut für Herz und Leber und hat reinigende Wirkung. In China erkennt man an den Augen, ob die Leber eines Menschen gut oder schlecht arbeitet. Wenn die Augen klar sind und das Weiß ohne Flecken oder Trübungen ist, ist auch die Leber in Ordnung. Mit Hilfe des Perlenpuders können wir unsere Jugend bewahren. Haut und Augen verraten das Alter des Menschen.

Fürs Gesicht hatte ich bisher nur Reispuder chinesischer Herkunft benutzt. Die Chinesen mischen dazu frisch geernteten Reis, der sehr weiß ist, mit älterem, dunklerem Reis. Die Reiskörner werden fünf- oder sechsmal mit Mahlwerken verschiedener Stärke gemahlen und danach gesiebt, bis der Puder zart und fein ist.

Um bei ungünstigem Klima Klümpchen im Reispuder zu vermeiden und zu verhindern, daß der Puder klebt, gibt man eine kleine Menge Bleipulver bei, was ihn dunkler macht.

Für Lippen- und Wangenrouge verwendet man Rosenblätter, die nicht zu hell und nicht zu dunkel sein dürfen. Sie werden im Mörser zerstampft, bis eine Paste entsteht, die man preßt, damit der Rosensaft herausläuft. Mit diesem Saft tränkt man kleine Wattebäusche, die man dann drei bis vier Tage in die Sonne legt, bis sie ganz trocken sind. Zur Benutzung feuchtet man sie mit lauwarmem Wasser an und streicht damit über die Wangen. Das Rouge wirkt sehr natürlich und schadet der Haut nicht, enthält im Gegenteil pflegende Bestandteile.

Zur Haarpflege benutzen die Chinesen ein kleines Instrument, das sie »Pflaumenblütenkamm« nennen. Er besteht aus sieben sehr dünnen Nadeln, die Akupunkturnadeln ähneln. Mit diesem Instrument wird die Kopfhaut massiert, was die Durchblutung und damit den Haarwuchs fördert. Auch das Einreiben der Haarwurzeln mit frischem Ingwer ist ein bewährtes Haarpflegemittel.

Den Teint aufhellen und die Gesichtshaut straffen kann man mit dem »Jade-Frühlings-Tee«. Er ist besonders günstig für Menschen, die zuviel Fleisch und Fett essen. Dieser Tee, der sehr »yin« ist, gleicht den Überschuß an »Yang« in tierischen Nahrungsmitteln aus. Er wirkt erfrischend und blutreinigend.

All diese chinesischen Schönheitsmittel basieren auf natürlichen Grundstoffen und sind sehr wirkungsvoll. Aber hier in Paris ging ich der Einfachheit halber doch in eine Parfümerie und ließ mich von einer Verkäuferin beraten, die ihre Sache sehr gut machte.

Im März 1966 gab ich mein Konzert. Es verlief sehr erfolgreich. Belustigt registrierte ich, daß Herr Tsing stolz das Lob, das man mir zollte, auch auf sich bezog. Seine Vorwürfe hatte er offenbar ganz vergessen. Jetzt bekam ich nicht mehr zu hören: »Du kannst ja doch nur auf deinem Klavier herumklimpern.« Er strahlte geradezu vor Glück und Zufriedenheit, so daß man hätte meinen können, er hätte meine musikalische Betätigung stets nach Kräften gefördert.

Im Publikum befand sich auch ein Journalist aus Hongkong, der dort sehr schmeichelhaft über mein Konzert berichtete, was mich – mehr um meiner Familie und meiner Freunde und Bekannten willen – sehr freute.

Zu Hause legte ich meine Noten in den Schrank. Eine Weile durfte ich jetzt an nichts anderes denken als an den Aufbau meines Geschäfts, das mir dazu verhelfen sollte, meine Kinder zu mir zu holen. Aber es war kein endgültiger Abschied von der Musik. Es war nur eine Trennung auf Zeit.

5. Kapitel

Aller Anfang ist schwer – auch im Geschäft / Die Reinheit des Lotus / Juliette wird angekündigt / Nächtliche Fahrt durch den Bois de Boulogne und eine Begegnung mit der Polizei / Das Elfenbeinbild / Urlaub wider Willen / Das Geheimnis der beiden Düfte / Flucht über die Regenrinne / Nächtliche Träumerei am spanischen Strand / Hoffnung auf ein Wiedersehen.

Noch vor dem Konzert in der Alliance Française, das einen Schlußpunkt hinter einen Lebensabschnitt setzte, hatte ich mich grimmig entschlossen ins Geschäftsleben gestürzt und damit ein ganz neues Ziel angesteuert.

Kein Beruf lernt sich im Schlaf. Ich, gerade achtundzwanzig Jahre alt und ohne jede Erfahrung, würde es mit alten Hasen zu tun haben, die ihr Handwerk von Grund auf beherrschten und alle Tricks und Kniffe kannten. Ich machte ein paar unvermeidliche Fehler, schlug mehr als einmal einen falschen Weg ein, investierte Zeit und Kraft, nur um einsehen zu müssen, daß ich in einer Sackgasse gelandet war – aber nichts konnte mich entmutigen. Jeder Anlauf war – so oder so – nutzbringend. Entweder führte er zum Erfolg, oder ich lernte daraus, wie man es nicht machen durfte.

Ich hatte mit perlenbestickten Westen und Taschen aus Hongkong angefangen, aber schon bald stockte der Absatz. Beliebt sind aus Hongkong auch Naturhaarperücken, die relativ preiswert sind und sich leicht frisieren lassen, da asiatisches Haar einen günstigeren Querschnitt als europäisches Haar hat. Ich bestellte eine Anzahl dieser Perücken und beschloß, sie Pariser Friseuren anzubieten.

Bald zog ich mit meiner Tasche voller Perücken von Salon zu Salon. Ich war offenbar zu schüchtern und vermochte nicht zu überzeugen, denn die meisten Figaros ließen mich deutlich merken, daß ich sie bei der Arbeit störte und daß sie kein Interesse an meiner Ware hatten. Wenn sie doch einmal einen flüchtigen Blick auf meine Kollektion warfen, wollten sie geradezu lächerlich wenig dafür bezahlen. So nahm ich denn schweren Herzens meine Perücken wieder mit, denn verschenken wollte ich sie nun auch wieder nicht.

Oft mußte ich mir außerdem noch unfreundliche oder hämische Bemerkungen und geschmacklose Witze anhören. Ich war der Meinung, daß es wohl möglich gewesen wäre, mein Angebot höflich abzulehnen, statt sich über mich lustig zu machen, nur weil ich Ausländerin war. Schließlich wollte ich ja nur, wie alle anderen auch, auf ehrliche Weise mein Brot verdienen. Aber mit solchen Unannehmlichkeiten mußte ich mich eben abfinden.

Herr Ken, jener Freund des Herrn Tsing, der mir den Kellerraum in der Rue de Richelieu vermittelt hatte, war nicht überrascht, als ich ihm von meinen enttäuschenden Erlebnissen erzählte. Der Markt war mit asiatischen Perükken gesättigt. Ich sollte mich lieber auf Schmuckkästchen und Holzschnitzereien aus Ning-Po verlegen, meinte er, die hatten einen guten Ruf und waren offenbar gerade wieder im Kommen. Der Name Ning-Po war mir nicht fremd, denn vor meiner Hochzeit in Shanghai waren es Frauen aus Ning-Po gewesen, die meine Mutter bei der Zusammenstellung der Aussteuer beraten hatten. Die endlose Aufzählung all der Dinge, die als unentbehrlich für eine gute Aussteuer galten – Geschirr, Möbel, Silber, Wäsche und Schmuck –, hatte sie schier zum Wahnsinn getrieben. Ich erinnerte mich auch noch an die beiden mit Entendaunen gefüllten Bettdecken, die nach dem Brauch von Ning-Po der Schwiegermutter von der Schwiegertochter persönlich überreicht werden mußten. Da meine Schwiegereltern aus Ning-Po stammten, wandte ich mich mit meinem Anliegen an sie. Wenig später trafen zwanzig Schmuckkästchen und dreißig andere Holzschnitzereien in Paris ein. Herr Ken brachte einiges davon bei Verwandten und Bekannten unter, den recht umfangreichen Rest mußte ich allein loszuwerden versuchen.

Nachdem ich bei der Zunft der Figaros kein Glück gehabt hatte, nahm ich mir jetzt – wieder von Tür zu Tür gehend – die Kunst- und Antiquitätenhändler vor.

Aber es ist eine Sache, leichte Perücken in einer Tasche zu

transportieren, und eine ganz andere, mit einem Arm voller Holzfiguren durch die Straßen zu ziehen. Ich konnte immer nur wenige Beispiele aus meiner Kollektion zeigen und war rasch am Ende meiner Kraft. Meist war den Händlern die Auswahl zu klein, ein Mehr an Gewicht hätte ich aber mit meinen schwachen Kräften nicht bewältigen können. Wenn sich doch einmal ein Händler für mein Angebot interessierte, begann das Feilschen, und es kostete mich große Mühe, mich im Preis nicht allzusehr herunterdrücken zu lassen. Zu der körperlichen Erschöpfung kam die nervliche Belastung. Wenn sich der eine oder andere Händler bereit erklärte, ein, zwei Stücke in Kommission zu nehmen, zog ich erleichtert und voller Hoffnung ein Haus weiter. Der Handel ist wie ein Spiel, bei dem man manchmal verliert und manchmal gewinnt. Ich versuchte natürlich, möglichst oft zu gewinnen.

Man hatte mir geraten, meine Waren auf dem Flohmarkt anzubieten, wo die Händler in langen Reihen stehen und auf Kundschaft warten. Er fand nur am Samstag, Sonntag und Montag statt. Also lief ich mit meinen schweren Holzfiguren an diesen Tagen bei Wind und Wetter eine gute halbe Stunde bis zu dem Sammeltaxi, das mich bis zur Endhaltestelle der Metro brachte, zwängte mich mit meiner Last in die Bahn und klapperte die Flohmarktstände ab.

Ich erinnere mich noch gut an einen Sonntag, an dem ich mich in einen Schneesturm hinauswagte. Ich hatte nicht mehr mit diesem plötzlichen Wintereinbruch gerechnet und war nicht entsprechend angezogen. Mit meinen dünnen Schuhen rutschte ich ständig aus, sehr bald war ich durchnäßt und durchgefroren, Arme und Rücken taten mir weh, die Schultern waren von der Kälte und Anstrengung verspannt. An diesem Tag warteten die Flohmarkthändler vergeblich auf Kundschaft.

Mir kamen die Tränen, ich sah alles nur noch wie durch einen Schleier. War dieses verfrorene, jämmerliche Geschöpf, dem die Händler gleichgültig oder mit leisem Spott hinterhersahen, wirklich noch dieselbe Frau, die sich eines schönen, behaglichen Heims erfreut hatte, der ihr Mann jeden Wunsch von den Augen abgelesen, ihr jeden Kummer erspart, alle Sorgen von ihr ferngehalten hatte? Wie zärtlich war ich damals geliebt worden...

Ich wurde an diesem trübseligen Tag kein einziges Stück los. Als ich zurückkam, saß Herr Tsing gemütlich in der warmen Wohnung, hatte ein Buch vor der Nase und wartete auf sein Essen. Es wäre ihm nie in den Sinn gekommen, mich in die Stadt oder auch nur zum Bahnhof zu fahren. Sein Tun war ausschließlich vom Verstand bestimmt, und so sagte er sich, er habe seine Pflicht getan, wenn er meine materiellen Bedürfnisse befriedigte. Wenn ich mich darüber hinaus halbtot arbeiten wollte, erklärte er, würde er mich zwar nicht daran hindern, aber auch keinen Finger rühren, um mir zu helfen.

Ich erzählte ihm von meinem schweren Tag und machte kein Hehl aus meiner Verbitterung, worauf er mir trocken erklärte, man habe ihm von Anfang an davon abgeraten, eine Witwe zu heiraten, die doch immer nur Vergleiche mit dem ersten Ehemann anstellte. Was hätte ich darauf erwidern sollen...

Wenig später sagte einer der Händler, dem ich meine Ning-Po-Schnitzereien angeboten hatte, er wolle gern einmal meine ganze Kollektion sehen und würde mich in meinem Lagerraum aufsuchen. Als wir in dem kleinen Kellergelaß allein waren, zeigte er sich enttäuscht von meinen Waren. Für seine Kunden, erklärte er, seien sie nicht alt genug. Aber um mir eine Freude zu machen, wolle er ein Schmuckkästchen als Geschenk für seine Frau kaufen – unter einer Bedingung: Ich müsse ihm einen Kuß geben. Er trat auf mich zu und wollte mich in die Arme nehmen. Ich stieß ihn zurück. Er holte Geld aus der Brieftasche und versicherte, er würde sofort zahlen, in bar. Wofür hielt er mich? Am liebsten hätte ich ihm eine Ohrfeige gegeben – verdient hatte er sie bestimmt –, aber ich nahm mich zusammen und begnügte mich damit, ihn schleunigst vor die Tür zu setzen.

Dann sank ich entmutigt in einen Sessel und grübelte wieder einmal über meine prekäre Lage nach. Ich war sehr streng erzogen worden, und es bedrückte mich, daß so viele Männer glaubten, sie könnten sich, wenn sie mit einer Frau Geschäfte machen, unangebrachte Vertraulichkeiten herausnehmen. Dadurch haben wir Frauen es besonders schwer im Leben, denn wir müssen immer auf unliebsame Überraschungen gefaßt und stets bereit sein, unsere Würde zu verteidigen. Ich mußte an meinen großen Ahnherrn Chow Tung Yie denken, einen berühmten Gelehrten, der mit seinem Verhalten ein Beispiel für unbestechliche Moral gegeben hat.

Chow Tung Yie hatte das Amt eines Ministers und kaiserlichen Beraters inne. Sein Monarch war schwach und wankelmütig, leicht beeinflußbar und von Schmeichlern umgeben, die seine Gutgläubigkeit ausnutzten. Mein Ahnherr versuchte, ihm die Augen zu öffnen und ihm begreiflich zu machen, daß die Herren seiner Umgebung nur auf ihre eigenen Interessen bedacht waren und daß der Souverän, wenn er ihren Ratschlägen folgte, das Elend des Landes vergrößerte und sich immer unbeliebter machte. Es gibt ein chinesisches Sprichwort: »Gute Arzneien sind bitter für den Mund und gute Ratschläge bitter für die Ohren.« Der Kaiser verlor die Geduld mit dem beharrlichen Chow Tung Yie und hieß ihn schweigen, aber mein Ahnherr dachte nicht daran. Er war überzeugt davon, daß sein Standpunkt der richtige war und er seine Pflicht tun mußte. Aufs höchste verärgert schickte der Kaiser seinen treuesten Ratgeber in die Verbannung nach Chao-Chou, einem kargen kleinen Ort vor Kanton, in dem er bis zum Ende seiner Tage in bitterster Armut dahinvegetierte, aufrechterhalten von der Gewißheit, daß er nichts gesagt und getan hatte, was er vor seinem Gewissen nicht hätte verantworten können. Hätte er Reue geheuchelt, hätte man ihn bei Hofe in Gnaden wieder aufgenommen, aber er wählte für sich und seine Familie lieber Armut und Exil, als die Schmach einer Demütigung auf sich zu nehmen.

Diese Geschichte, die berühmt ist und die man sogar in der Schule lehrt, hat mir mein Vater oft erzählt. Er brachte mir auch ein Gedicht bei, in dem der purpurfarbene mou-t'an, die Kamelie, das Symbol des Reichtums, mit dem weißen Lotus, dem Symbol der Reinheit, verglichen wird.

»Alle bewundern den mou-t'an, den prachtvollen, aber ich, ich liebe nur den Lotus.

Zwar wird er im Morast geboren, aber sein aufrechter, glatter Stengel steigt gerade in die Höhe und hebt die unbefleckte Blüte hoch über allen Schmutz. Der Duft des Lotus breitet sich weit aus und kündet von der Blüte, die so rein ist, daß niemand es wagen würde, sie zu entweihen, indem er sie pflückt.«

Ich solle mir ein Beispiel am Lotus nehmen, riet mir mein Vater, solle aufrecht, rein und lauter sein wie er. Darum habe ich mich immer ehrlich bemüht. Sicher ist das auch ein Grund dafür, daß mir schmutzige Witze so unerträglich sind, weil sich in ihnen eine niedrige Gesinnung ausdrückt.

Ich machte mir große Sorgen über meine ungewisse Lage. Wer fest angestellt ist, kann jeden Monat mit einer bestimmten Summe rechnen und einen entsprechenden Etat aufstellen. Ich aber wußte nie im voraus, ob ich etwas verkaufen würde oder nicht, ich war von ganz unberechenbaren Umständen, vor allem aber von der Stimmung meiner Kunden abhängig. So hatte ich große Hoffnungen in den Besuch des Händlers in meinem Kellergelaß gesetzt und mich schon auf ein einträgliches Geschäft gefreut. Statt dessen hatte ich ihm die Tür gewiesen und ihn auf alle Zeiten als Kunden verloren.

Würde ich bei einem so ungewissen Einkommen überhaupt meinen Kindern eine angemessene Ausbildung bieten können? Sie brauchten gesicherte Verhältnisse, brauchten ihre Ordnung. Würden sie die bei mir finden? Aber wenn es mit dem Handel wirklich nicht klappte, gab es ja noch andere Möglichkeiten. Ich konnte in einem Restaurant arbeiten, als Bedienung oder Tellerwäscherin. Oder ich konnte in einen Haushalt gehen. Ich würde keine ehrenhafte Beschäftigung ausschlagen, denn es ging ja um die Zukunft meiner Kinder. Dieser Gedanke tröstete mich. Allerdings war ich entschlossen, alle Chancen zu nutzen, um nicht zu diesem letzten Mittel greifen zu müssen.

Daß es riskant sein konnte, Kunden mein Lager besichtigen zu lassen, hatte ich nun am eigenen Leibe erlebt. Zunächst mußte ich deshalb unbedingt Auto fahren lernen. Herr Tsing, der in der Autobranche beschäftigt war, besorgte mir einen preiswerten Gebrauchtwagen, der mich unabhängiger machte. Wieder war ich der Zukunft, die ich für meine Kinder und mich ersehnte, einen Schritt näher gekommen.

Und dann erfuhr ich eines Tages, daß man Juliette das Ausreisevisum in Aussicht gestellt hatte. Mein Schwiegervater meinte, wir sollten sie nicht mitten im Schuljahr aus der vertrauten Umgebung herausreißen, und schlug vor, sie in den Sommerferien nach Paris zu schicken. Es war eine kluge Entscheidung. Mein Herz schlug schneller bei dem Gedanken an unser Wiedersehen. Aber was würde Herr Tsing sagen?

Sooft ich auch versuchte, vorsichtig das Thema Juliette anzuschneiden – ich erreichte damit nur, daß Herr Tsing zu schreien und zu toben begann. Er wußte deshalb noch gar nicht, daß mein Schwiegervater und ich uns endlich über Juliettes Zukunft geeinigt hatten, er wußte nicht, daß das Visum bereits beantragt war. Jetzt durfte ich das entscheidende Gespräch wirklich nicht länger hinausschieben. Ich nahm mir fest vor, mich diesmal nicht einschüchtern zu lassen.

Herr Tsing kam zur gewohnten Stunde aus dem Büro, aber ich wußte nicht recht, wie ich das Thema anschneiden sollte, das mir auf der Seele brannte. Er schien recht guter

Laune zu sein. Beim Essen erzählte er mir verschiedene Geschichten aus dem Büro, zu denen ich abwesend nickte. Der Abend verging, aber ich konnte mein Geheimnis nun nicht länger für mich behalten. Als wir im Bett lagen, brachte ich Herrn Tsing so behutsam wie möglich die große Neuigkeit bei, die mir soviel Freude bereitet hatte. Diese Freude mußte doch auch ihn berühren, dachte ich mir. Wünscht man sich nicht, daß die Menschen, die man liebt, glücklich sind? Und hatte er nicht immer wieder gesagt, daß er mich liebe?

Seine Reaktion überstieg an Heftigkeit meine schlimmsten Befürchtungen. Er sprang aus dem Bett wie von einer Natter gebissen und schrie, nie dürfe Juliette seine Wohnung betreten, um keinen Preis, er weigere sich, sie überhaupt kennenzulernen, sie solle bleiben, wo sie war, und das sei sein letztes Wort.

Wütend hatte ich Herrn Tsing schon oft gesehen, aber noch nie hatte ich ihn in diesem Zustand erlebt. Er zitterte, er fuchtelte mit den Armen, rannte von einer Zimmerecke in die andere und sagte immer wieder dasselbe. Hätte es sich nicht ausgerechnet um meine Tochter gehandelt, hätte ich mich der Komik der Situation wahrscheinlich nicht verschließen können.

Immer wieder versuchte ich, ihn zu beruhigen und dabei selbst die Ruhe zu behalten. Wer wie er eine Mutter von ihren Kindern trenne, erklärte ich voller Bitterkeit, müsse schon sehr hartherzig sein. Er kenne doch Juliette gar nicht, sie sei ein besonders nettes kleines Mädchen und – sie habe keinen Vater mehr. Sei es nicht verständlich, daß sie sich darauf freue, endlich ihre Mutter wiederzusehen? Wozu also die ganze Aufregung? Herr Tsing war taub für meine Worte, er stampfte weiter mit den Füßen, tobte, schwor bei allen Göttern, daß er Juliette nicht ins Haus lassen werde.

Das war zuviel. Ich sprang aus dem Bett und schrie ihn meinerseits an. Ich sei mit meiner Geduld am Ende, ich hätte schließlich kein Verbrechen begangen, ich hätte ihm nie versprochen, meine Kinder nicht wiederzusehen, und wenn er mit meinen Plänen nicht einverstanden sei, würde ich mich eben von ihm trennen.

Ich versuchte, meinen Pyjama auszuziehen, und weil ich das vor Aufregung nicht schaffte, zog ich kurzerhand den Mantel darüber, griff mir einen Koffer, in den ich wahllos ein paar persönliche Gegenstände warf, verließ die Wohnung und schlug lautstark die Tür hinter mir zu.

Die Kühle der Nacht stimmte mich nicht etwa friedlicher, sie fachte meinen Zorn erst recht an. Was hatte ich doch für einen Widerling geheiratet! Wie konnte er so ungerecht, so unerbittlich sein? Bildete er sich wirklich ein, ich würde mich, vor die Wahl gestellt, für ihn und gegen meine Kinder entscheiden? Ich stellte den Koffer in meinen kleinen Wagen und startete. Ein bestimmtes Ziel hatte ich nicht, nur eins wußte ich: daß ich so schnell wie möglich weg wollte aus Rueil, weg aus der Wohnung, die mir Käfig und Gefängnis geworden war, weg von Herrn Tsing, der sich absurder- und monströserweise eingebildet hatte, er könne mich endgültig von meinen Kindern trennen.

Die Straßen waren menschenleer. Als ich in den Bois de Boulogne kam, verlangsamte ich die Fahrt. Es mußte gegen zwei Uhr morgens sein.

Fräulein Lin, die ich während des aufregenden Besuchs von Fong schon so oft belästigt hatte, konnte ich um diese Zeit nicht aus dem Schlaf holen. Ein Hotel war erst recht ausgeschlossen: Als Chinesin steigt man nicht allein in einem Hotel ab. Also blieb mir nur der Wagen. Ich würde mich in meinen Mantel wickeln und versuchen, ein bißchen zu schlafen. Auf einer schmalen Straße stellte ich das Auto am Gehsteig ab. Ich war überhaupt nicht müde. Meine Wangen brannten, meine Gedanken rasten. Da sah ich die Scheinwerferkegel eines Wagens, der immer näher kam und schließlich hinter mir hielt. War das ein Vagabund, der mich bedrohen, mich womöglich überfallen würde? In meinem Kummer und meinem Zorn hatte ich nicht bedacht, wie gefährlich es sein kann, eine Nacht allein in einem Wagen mitten im Wald zu verbringen. Ich war geradezu erleichtert, als ich Herrn Tsing erkannte. Er klopfte an die Scheibe meines Wagens und schien jetzt eher besorgt als wütend zu sein. Hier könne ich nicht bleiben, sagte er, das sei zu gefährlich. Ich möge doch wieder nach Hause kommen. Das lehnte ich kategorisch ab. Zwischen uns war alles aus. Er wolle mit mir sprechen, sagte er und setzte sich neben mich, um die so unglücklich begonnene Diskussion fortzusetzen.

Aber da traf uns ein greller Lichtstrahl, und wir schlossen geblendet die Augen. Ein Streifenwagen, dann ein zweiter kamen in Sicht. Schließlich waren wir von sechs Polizeifahrzeugen umzingelt, die uns mit ihren Suchscheinwerfern anleuchteten. In dem gleißenden Licht kam mein weißer Pyjama unter dem Mantel besonders zur Geltung, was mir sehr peinlich war. Einer der Polizisten richtete den Scheinwerferstrahl auf ein Parkverbotsschild, das mir in meiner Aufregung noch gar nicht aufgefallen war, und begann uns zu verhören. Was wir um diese Zeit mit unseren Wagen ausgerechnet unter einem Parkverbotsschild zu suchen hätten, wollte er wissen. Dann forderte er Herrn Tsing auf, auszusteigen und sich auszuweisen. Er wollte ihn mit aufs Revier nehmen, um seinen Ausweis zu überprüfen. Und wer ich denn sei? Weshalb ich unter dem Mantel nur einen Pyjama anhätte ...

Ich erklärte ihm, wir seien verheiratet und hätten uns gerade zu einer Aussprache zusammengesetzt. Die Verblüffung der braven Beamten kann man sich vorstellen. Weshalb muß ein Ehepaar zu einer Aussprache mit zwei Wagen zu einer verlassenen Allee in den Bois de Boulogne fahren? Natürlich glaubte man mir kein Wort und bat Herrn Tsing höflich, aber bestimmt, in einem der Streifenwagen Platz zu nehmen.

Was ging in diesem Augenblick in mir vor? Noch vor wenigen Minuten hatte ich Herrn Tsing nicht mehr sehen wollen – und jetzt setzte ich mich dafür ein, daß er unverzüglich freigelassen wurde. Er steckte in der Klemme, ich war seine Frau und mußte ihm helfen. Es heißt in China, daß eine Liebesnacht bei Eheleuten für hundert Tage gemeinsamen Lebens steht. Die Polizisten, die inzwischen unsere Papiere gründlich geprüft hatten, wollten sich ausschütten vor Lachen. Wir sollten machen, daß wir wieder ins Bett kämen, meinten sie. Ich hatte ihnen erzählt, wir hätten uns im Bett gestritten, ich sei weggelaufen, ohne mir die Zeit zum Anziehen zu nehmen, und mein Mann sei mir nachgefahren, weil er mich wieder nach Hause holen wollte. Ihr dienstliches Interesse an uns war erloschen. Wir erhielten nicht einmal einen Strafzettel wegen verbotenen Parkens.

Was hatte ich jetzt wieder angerichtet? Ich wollte nicht zurück nach Rueil. Erneut änderte ich meine Meinung und bat die Beamten, Herrn Tsing doch mitzunehmen. Aber sie hörten gar nicht mehr auf mich, entfernten sich unter vergnügten Reden und nahmen unser Abenteuer nicht mehr ernst.

Die bewegte Nacht fand ein überraschend friedliches Ende. Er habe es sich überlegt, erklärte mir Herr Tsing, er wolle sich nicht mehr dagegen sträuben, daß Juliette nach Paris kam, unter einer Bedingung: Sie müsse ins Internat, die Wohnung sei für drei Personen zu klein.

Darauf ging ich wohlweislich nicht ein. Wenn es soweit war, würde man weitersehen. Jetzt hatte ich erst einmal meine Ruhe. Aber die Kränkung, die Herr Tsing mir zugefügt hatte, würde ich nicht so bald vergessen.

Angeblich denken viele Paare mit leisem Lächeln an jene tragikomischen Ehegewitter zurück, die typisch für die erste Zeit des Zusammenlebens sind. Für mich behielt die Erinnerung an Herrn Tsings Jähzorn, an meine Flucht in den Bois de Boulogne und das demütigende Eingreifen der Polizei immer einen bitteren Beigeschmack. Nur widerwillig kehrte ich in die Wohnung zurück, aus der das Glück endgültig gewichen war. Noch heute bringe ich es nicht übers Herz, dieses absurde Abenteuer zu belächeln, denn in jener Nacht wurde mir klar, daß meine zweite Ehe nicht der friedvolle Hafen war, den ich mir erhofft hatte, daß ich in Zukunft ganz auf mich selbst gestellt sein würde. Herr Tsing war offenbar ein unverbesserlicher Junggeselle, ein Egoist, dem seine Ruhe, seine Bequemlichkeit über das Glück seiner Frau gingen.

Das Frühjahr verging wie im Fluge. Das immer näher rückende Wiedersehen mit Juliette gab mir neuen Schwung für meine Arbeit. Im Mai schickten mir meine Kinder zum Muttertag ein Geschenk, das mich sehr rührte. Es war ein kleines, aus Elfenbein geschnitztes Bild, das sie gemeinsam für mich ausgesucht hatten. Juliette hatte eine Karte dazu geschrieben. Sie sprach von ihrem Kummer über die lange Trennung und von der Hoffnung, daß wir den nächsten Muttertag zu dritt würden verleben können. Ich konnte die Tränen nicht zurückhalten. Aus tiefstem Herzen bereute ich es, sie allein gelassen zu haben, und besonders bedrückte mich der Gedanke, daß ich es noch immer nicht geschafft hatte, sie zu mir zu holen.

Ich konnte mir gut vorstellen, wie lange sie hatten sparen müssen, um die Elfenbeinschnitzerei zu kaufen, und diese kindliche Ausdauer bewegte mich sehr. Während ich hier mit allen möglichen Schwierigkeiten kämpfte, hatten auch sie in Hongkong Opfer gebracht, um mir ihre Liebe zu beweisen. Das ermutigte und betrübte mich gleichermaßen.

Juliette sollte in der zweiten Augusthälfte kommen, und ich mußte sie in der Schule anmelden, hatte aber keine Ahnung, welche Formalitäten dabei zu beachten waren und an wen ich mich wenden mußte. Ich bat Herrn Tsing um Hilfe. Wieder fing er an zu schreien und zu toben, er gebärdete sich womöglich noch rasender als beim letzten Mal. Niemals würde er in diesem Punkt nachgeben, erklärte er, um keinen Preis würde er zulassen, daß meine Tochter mit uns unter einem Dach wohnte.

In dem Blick, mit dem ich ihn maß, stand blanker Haß. Ich begriff damals nicht und werde nie begreifen, wie ein

Mensch so herzlos sein, so wenig Verständnis für die Bedürfnisse eines Kindes aufbringen kann. Ich bedauerte zutiefst, daß ich als Ausländerin in Frankreich auf ihn angewiesen war, da keine Familie hinter mir stand.

Grimmig entschlossen fuhr Herr Tsing mit mir zu einer Schule mit angeschlossenem Internat, deren Leiterin kein Hehl aus ihrer Überraschung und Mißbilligung machte. Was wir uns wohl dabei gedacht hätten, fragte sie, eine chinesische Elfjährige in ein Internat zu geben. Da sie kein Französisch sprach, war sie in dieser Umgebung völlig isoliert, konnte dem Unterricht nicht folgen, nicht mit ihren Mitschülerinnen spielen, ja, nicht einmal sagen, wenn sie sich nicht wohl fühlte. Nein, unter diesen Umständen könne sie unsere Tochter nicht aufnehmen.

Ich freute mich diebisch darüber, daß Herr Tsing diese Wahrheiten zu hören bekam. Insgeheim hatte ich gehofft, die Schulleiterin würde mir später erlauben, Juliette abends heimzuholen, damit sie bei mir schlafen konnte. Davon konnte nach dieser kategorischen Ablehnung natürlich keine Rede sein.

Herrn Tsings Wut war noch nicht verraucht. Er fuhr mit mir von einer Schule zur anderen, aber überall bekamen wir die gleiche Auskunft. Vor den strengen Blicken der Schulleiterinnen wurde mir das Herz schwer. Offenbar glaubten sie, ich wollte meine Tochter abschieben. Sie konnten ja nicht wissen, daß ich nur einen Wunsch hatte: mit meiner Tochter zusammen zu leben und sie nie mehr von mir zu lassen. Immerhin hatten diese unerfreulichen Gespräche auch ihr Gutes: Herr Tsing ließ sich davon überzeugen, daß ein Internat für Juliette nicht in Frage kam. Sie würde nun in der Volksschule unseres Bezirks anfangen, in der ersten Klasse, bei den ganz Kleinen. Sie mußte praktisch bei Null neu beginnen. Das machte mir keine großen Sorgen, denn ich kannte Juliettes wachen Verstand und ihren Mut. Und obgleich Herr Tsing ein saures Gesicht machte, war ich glücklich, daß sie bei uns wohnen würde.

Im Hinblick auf Paul blieb mein Schwiegervater unerbittlich. Auf ihm, dem einzigen Sohn seines Ältesten, ruhten alle Hoffnungen der Familie Liu, und das war Grund genug, ihn mir nicht anzuvertrauen. Außerdem aber schien mich meine Schwägerin, Fongs Frau, weiter bei meinem Schwiegervater anzuschwärzen. Sie hatte ihm von meiner Heirat berichtet, sie als unauslöschliche Schmach bezeichnet und mich als Schandfleck der Familie Liu gebrandmarkt. Bei einer solchen Frau, mochte sich mein Schwiegervater sagen, konnte Paul unmöglich leben.

Ich wußte um das Gewicht von Argumenten dieser Art in China, und ich war sehr niedergeschlagen. Selbst wenn ich durch mein Betragen in einem anderen Leben soviel Unglück verdient hatte – und daß ich es verdient hatte, stand für mich fest, denn nichts ist ja Zufall hier auf Erden –, so traf es mich deshalb nicht weniger hart. Ich dachte oft an alle leidenden Mütter dieser Welt. Zu jener Zeit war der Vietnamkrieg auf dem Höhepunkt, täglich fanden junge Menschen den Tod. Ich stellte mir die Qual dieser Mütter vor, stellte mir vor, wie sie Tag für Tag auf Nachricht warteten, und wußte, daß ich noch Glück im Unglück hatte, denn Paul war nicht in Gefahr.

Einmal rief ich meinen Schwiegervater an – in der zugegebenermaßen naiven Hoffnung, er würde sich vielleicht durch meine Stimme eher überzeugen lassen als durch meine Briefe. Er ließ sich nicht erweichen. Aber ich konnte wenigstens kurz mit meinem Sohn sprechen, der mir danach diese bewegenden Zeilen schrieb:

»Nachdem ich mit Dir gesprochen hatte, liebste Mama, war ich gleichzeitig froh und traurig. Traurig, weil Du nicht bei mir bist. Ich war so aufgeregt, daß ich abends nicht einschlafen konnte, und als es dämmerte und ich immer noch wach war, bin ich aufgestanden, habe mir Großvaters Whiskyflasche genommen und habe getrunken, um schlafen zu können. Paul.«

Mir war durchaus klar, daß Paul – auch wenn er sich nichts

davon hatte anmerken lassen – Angst vor der bevorstehenden Trennung von seiner Schwester hatte. Die beiden waren noch nie getrennt gewesen. Juliette würde ihm sehr fehlen.

Während ich mich mit diesen traurigen Gedanken herumschlug, begann Herr Tsing sich auf den bevorstehenden Urlaub zu freuen. Schon im Jahr zuvor hatte ich einen Begriff davon bekommen, welche Bedeutung die Franzosen dem Urlaub beimessen. Das Phänomen war völlig neu für mich. Im Juli und August steht das Leben in Paris praktisch still. Wer nur irgend kann, geht auf Reisen. Monate vorher und Monate danach ist der Urlaub das alles beherrschende Thema. In China gibt es keine so langen zusammenhängenden Urlaubswochen, kein Werktätiger hat einen ganzen Monat zur Erholung und zum Verreisen zur Verfügung. Urlaub ist in der Tat eine Erfindung des Westens. Unter alten Chinesen, die in Paris im Gaststättengewerbe arbeiteten, gab es viele, die in ihrem Leben keinen einzigen Urlaub gemacht hatten. Freilich ist dem chinesischen Volk auch durch die lange Zeit des Elends der Begriff der Muße, der Erholung fremd geworden. Zur Zeit kennt man in China außer zwei arbeitsfreien Wochen zum Neujahrsfest und einem freien Tag für das Mondfest weder Urlaub noch freies Wochenende.

Herr Tsing, der sich völlig den europäischen Sitten und Gebräuchen verschrieben hatte, nahm den ganzen August über Urlaub und wollte mit mir nach Spanien fahren. Mich konnte er mit diesem Plan nicht begeistern. Ich war nach wie vor mit meinen Problemen beschäftigt und hätte lieber weitergearbeitet, nur hätte ich in dieser Zeit gewiß keine Kunden gefunden. Ich fand mich also damit ab, sagte aber Herrn Tsing, ich müsse rechtzeitig zur Ankunft von Juliette, spätestens am 20. August, wieder in Paris sein. Daß ich es wagte, an seinem Urlaub zu rühren, war ein regelrechtes Verbrechen. Herr Tsing war empört. Ich beschnitt seine Ferien, ich verdarb ihm die Erholung, kurz gesagt: Ich benahm mich ganz unmöglich.

Am 1. August schlossen wir uns den Autoschlangen an, die gen Süden rollten. Herr Tsing erklärte mir voller Begeisterung die Landschaft, erzählte mir etwas über die Geschichte der Gegenden, durch die wir kamen, und machte mich auf interessante Baudenkmäler aufmerksam. Ich war wohl nicht zur Touristin geboren, und je weiter wir uns von Paris entfernten, desto stärker wurde meine Angst, ich könnte nicht rechtzeitig zu Juliettes Ankunft wieder zurück sein. Was sollte sie machen, wenn sie eines Tages, früher als vorgesehen, ganz allein auf dem Flugplatz stand? Außerdem hatte ich am Abend vor unserer Abreise einen Brief meines Schwiegervaters erhalten, in dem er wiederholte, er werde mir meinen Sohn nicht schicken. War es da ein Wunder, daß mich landschaftliche Schönheiten kalt ließen? Ich sah die Zukunft grau in grau, versuchte allerdings, mir nichts davon anmerken zu lassen.

Unsere erste Station war der Wallfahrtsort Lourdes, von dem ich schon viel gehört hatte. Die Katholiken nicht nur in Shanghai, sondern in ganz China kennen Bernadette Soubirous und die Wunder von Lourdes besser als Jeanne d'Arc. Ich bat Herrn Tsing um einen ganzen Tag Aufenthalt in Lourdes, weil ich die Kirche besuchen wollte, womit er sich gern einverstanden erklärte. Er war wohl froh, daß ich nun doch ein bißchen Interesse für unsere Reise zeigte.

Am nächsten Morgen fuhren wir zur Besichtigung der Kirche. Es war herrliches Wetter. Der August war der Monat von Mariä Himmelfahrt, deshalb waren besonders viele Menschen unterwegs – Gläubige, Touristen, Andenkenhändler und viele Blumenverkäufer.

Auch vor dem Kirchenportal: Blumen in Hülle und Fülle, Blumen aller Sorten und in allen Farben. Herr Tsing bemerkt meinen Blick und fragt mich, ob ich ein paar Blumen kaufen wolle, um sie der Heiligen Jungfrau darzubringen. Ich liebe Blumen, die leuchtenden Farben verlokken mich, aber nein, als Buddhistin kann ich der Heiligen Jungfrau doch keine Blumen mitbringen. Außerdem sind sie teuer, viel teurer als in China, und ich muß mich vor unnützen Ausgaben hüten, ich brauche jeden Centime für die Ausbildung meiner Kinder.

Wir betreten die Kirche. Hinter einem Gitter erhebt sich die Statue der Heiligen Jungfrau. Davor: Blumen über Blumen. Gläubige, die zur Mutter Gottes gekommen sind, um ihre Hilfe zu erflehen, haben sie dort hingelegt. Jetzt stehe ich vor ihr.

Mir wird ganz sonderbar zumute, mein Herz, das so schwer, so geängstigt ist, erbebt unter ihrem sanften, liebevollen Blick. Ich komme mir vor wie ein kleines Mädchen, das seine Mutter ansieht. Ich fange an zu weinen und kann nicht mehr aufhören, ich knie nieder, berichte der Muttergottes von meinem Kummer, mir ist, als spreche ich zu meiner eigenen Mama, ich bin wie geblendet von ihrem Blick, dann springe ich auf, laufe durch den Mittelgang zum Ausgang.

Herr Tsing läuft mir nach, fragt, was mir ist, ich habe keine Zeit für eine Antwort, bleibe vor einem Blumenverkäufer stehen, lasse mir, ohne nach dem Preis zu fragen, einen großen Strauß roter und weißer Blüten geben, laufe zurück, schenke diese Blumen der Heiligen Jungfrau, bringe sie ihr dar mit heißem Herzen. Und unter Tränen bitte ich sie, mir meinen Paul zu schicken. Aber seltsam – ich habe das Gefühl, daß ich noch nicht alles gesagt habe, was ich sagen wollte, mein Herz schlägt rasch und hart, ich bitte nicht nur für meine Kinder, ich bitte für all die jungen Menschen, die in Vietnam kämpfen, für ihre schwergeprüften Mütter, für alles Leid dieser Erde, ich weine, weine bis zur völligen Erschöpfung.

Herr Tsing spürt meinen Jammer, er beugt sich zu mir herunter, hilft mir auf. Wir wollten doch noch zur Grotte gehen, sagt er, aber ich kann den Blick nicht vom Gesicht der Heiligen Jungfrau wenden, in dem sich die ganze mütterliche Liebe dieser Welt spiegelt. Ich bin nicht katholisch, ich bin Buddhistin, aber in diesem Augenblick weiß ich, daß ich ihr gehöre. Ich kann mich nicht trennen von diesem Gesicht, das so voller Liebe und Güte ist.

Doch dann stehe ich auf, wende mich zum Gehen. Ein feiner Duft steigt mir in die Nase. Ich sehe mich um, kein Mensch ist in meiner Nähe, ich gehe weiter, das Parfüm folgt mir. Es wird jemand vorbeigegangen sein, der sich parfümiert hat, denke ich, aber der Duft verläßt mich nicht. Als wir zur Grotte kommen, ist er noch immer da. Ich sehe viele Blumen, viele Menschen, besonders Kinder, kranke, schmale Kinder, meist in Rollstühlen, in Begleitung ihrer Eltern. Die Mütter weinen, man sieht ihnen an, daß sie unglücklich sind. Arme Kinder, von der Krankheit in der Blüte der Jugend geschlagen, Gelähmte, die voll Neid und Kummer die anderen Kinder beobachten, die noch selbst laufen können, und arme Eltern, die es noch unglücklicher macht, das Leiden ihrer Kinder hilflos mit ansehen zu müssen.

All dieses Leid berührt mich zutiefst. Ich kaufe Kerzen, stelle sie vor der Grotte auf, bete mit heißem Herzen zur Heiligen Jungfrau, bitte sie, das Leid der Welt zu lindern. Und da ist wieder dieser Duft... Ich frage Herrn Tsing, ob er etwas riecht, er bejaht es, ich sehe mich wieder um, spüre plötzlich einen anderen Duft. Ich rieche Sandelholz, wie man es im Buddhatempel verbrennt oder zu Hause, wenn man zum Buddha betet.

Und in diesem Augenblick weiß ich: Ein Wunder ist geschehen. Die Muttergottes hat den Duft verändert, damit ich alles besser begreife, sie hat den Duft von Sandelholz gewählt, das man vor dem Buddha verbrennt, um mir alles noch klarer zu machen. Zehn Minuten später ist der Duft verschwunden. Ich spüre sehr intensiv die Liebe der Muttergottes. Meine Gebete haben sie erreicht, sie hat gehört, daß mein Herz aus ihnen gesprochen hat, sie hat sich meiner erbarmt und ein Wunder für mich gewirkt. In meiner Dummheit habe ich es beim ersten Mal nicht begriffen, deshalb hat sie mir einen anderen Duft gesandt.

Noch etwas wird mir in diesem Augenblick klar: Es gibt in Wirklichkeit nur einen Gott. Die Gläubigen sind es, die ihm unterschiedliche Gesichter geben. Die Asiaten sehen ihn im Buddha Kuan Yin, für die Katholiken offenbart er sich in der Heiligen Jungfrau von Lourdes und so weiter. Und ich denke an die vielen Glaubenskriege, die in der Vergangenheit geführt wurden und auch heute noch – zum Beispiel in Irland – geführt werden, an all die Menschen, die behaupten, im Namen Gottes zu kämpfen, die aber in Wirklichkeit nur um ihrer eigenen kleinlichen Ziele willen Krieg führen. Nicht Gott fordert den Krieg von ihnen, Gott ist nur Güte, sein Herz ist voller Liebe, deshalb sollten wir nicht Gott im Munde führen, wenn wir in den Krieg ziehen, ER hat damit nichts zu tun – es sind die Menschen, die den Kampf suchen. Möge keiner versuchen, sich mit der Ausrede vom lieben Gott von Verantwortung reinzuwaschen!

Als ich die Grotte verließ, schwor ich, daß ich mit meinen Kindern zur Muttergottes von Lourdes kommen würde. Zu dritt würden wir uns vor ihr verneigen.

Meine Zuversicht war zurückgekehrt, ich spürte, daß Paul nach Europa kommen würde. Ich hatte die Heilige Jungfrau so sehr darum gebeten, sie würde mir ihre Hilfe nicht versagen.

Doch zunächst ging die Fahrt weiter, unserem Reiseziel Spanien entgegen. Dieses Land des Lichts und der leuchtenden Farben gefiel mir sofort, auch die Augusthitze machte mir nichts aus. Aber ich wunderte mich sehr, an den Stränden der Costa Brava Männlein und Weiblein stundenlang nebeneinander in der Sonne braten zu sehen. In China, wo man helle Haut für besonders vornehm hält, schützen sich die Frauen im Sommer unter Sonnensegeln und Sonnenschirmen. Für mich war diese Sonnenanbetung nichts. Obgleich es sehr warm war, behielt ich die Strümpfe an, denn eine anständige Chinesin geht nicht mit nackten Beinen aus dem Haus, ja, sie ist bemüht, ihre Beine überhaupt nicht zu zeigen. Herr Tsing wollte mich zu einem

Stierkampf in Barcelona mitnehmen, aber ich lehnte dankend ab. In meinen Augen war das eine grausame, barbarische Sitte, und ich begriff nicht, daß ein katholisches Volk an der Folterung und Tötung eines hilflosen Tieres Vergnügen finden konnte.

Wir faulenzten, wir gingen spazieren, und der 20. August rückte immer näher. Ich hatte nur den einen Wunsch, nach Paris zurückzufahren, um dort auf Juliette zu warten. Doch Herrn Tsing gefiel es in Spanien, ungerührt erklärte er, wir würden noch ein paar Tage bleiben.

Es war Abend. Wir saßen in unserem Hotelzimmer. Ich fing an zu schreien, daß die Wände wackelten. Konnte Herr Tsing es tatsächlich verantworten, daß meine Tochter niemanden zu ihrem Empfang vorfand? Mit einem solchen Ungeheuer war ich fertig, ein für allemal. Ich würde allein nach Paris zurückfahren, per Anhalter oder sonstwie, und zwar auf der Stelle. Wortlos schloß Herr Tsing die Zimmertür ab, steckte den Schlüssel in die Tasche und streckte sich in aller Ruhe auf dem Bett aus.

Ich lief im Zimmer auf und ab wie eine Wildkatze im Käfig. Eine ganze Weile sah er sich das ungerührt mit an, schließlich ging er ins Bad und schloß sich dort ein. Ich trat auf den Balkon, atmete die kühle Nachtluft ein und versuchte, mich etwas zu beruhigen. Plötzlich sah ich eine Regenrinne, die sich neben unserem Balkon an der Hauswand entlangzog und an den Blumenbeeten endete, die das Hotel umgaben. Ohne auch nur einen Augenblick zu zögern, schwang ich mich über die Balkonbrüstung, umklammerte die Regenrinne und ließ mich – ich hätte mir dabei das Genick brechen können! – daran zu Boden gleiten. Jetzt war ich frei. Es war ein Uhr morgens. Ich schlug den Weg zum Strand ein.

Die Nacht war mild. Das Plätschern der Wellen beruhigte mich. Ich setzte mich auf einen Felsen, blickte auf das silbrig glänzende Meer hinaus und begann zu träumen.

Ich mußte ganz frei sein, und das bedeutete in der Praxis,

daß ich mich scheiden lassen mußte. Sobald ich wieder in Paris war, würde ich alles Notwendige in die Wege leiten. Ich würde genug verdienen, um Juliette und mich zu ernähren, und bald würde auch Paul bei uns sein, die Heilige Jungfrau von Lourdes würde mir dazu verhelfen.

Unter den Sternen, in der leichten Brise, die mir nach einem heißen Tag Kühlung brachte, geriet ich ins Schwärmen. Ich stellte mir vor, wie es sein würde, wenn Paul und Juliette erwachsen wären, wie weit ich es dann wohl gebracht hätte nach diesem Lebensabschnitt der Verirrungen und der Schmerzen. Paul würde eine Chinesin zur Frau nehmen, mir bildschöne Enkel schenken und den Fortbestand der Familie sichern. Juliette würde einen Europäer heiraten, und ich würde im Alter von einer chinesisch-europäischen Enkelschar umringt sein. Im Gegensatz zu den vielen Frauen, die Angst vor dem Alter haben, dachte ich voller Vorfreude an diese Zeit. Die Gegenwart war für mich wie ein dunkler Tunnel, in dem ich blindlings um mich schlug und in dem das Tageslicht sehr fern schien.

Rufe, die der Wind zu mir herübertrug, rissen mich aus meinen Gedanken. Ich erkannte Herrn Tsings Stimme, in der Angst und Besorgnis schwangen. Wie in jener Nacht, in der ich in den Bois de Boulogne geflüchtet war, hatte er mich erst zum Äußersten getrieben, jetzt sorgte er sich um mich. Er war sicher einigermaßen fassungslos gewesen, als er mich in dem Zimmer, in dem er mich eingeschlossen hatte, nicht mehr vorfand.

In der klaren Nacht hatte Herr Tsing meine Silhouette auf dem Felsen erkannt und war herbeigeeilt. In seiner Erleichterung machte er mir nur sehr milde Vorhaltungen. Er habe mich seit zwei Stunden überall gesucht, ich hätte überfallen oder entführt werden, hätte mir den Fuß verstauchen können. Tausend Gefahren hatte er sich ausgemalt. Ich antwortete nicht. Wir würden gleich morgen früh die Heimreise antreten, sagte er, aber jetzt sollten wir uns wenigstens noch ein paar Stunden ausruhen. Nach meiner Flucht über den

Balkon war er offensichtlich auf alles, auch das Schlimmste, gefaßt und hatte schreckliche Angst vor einem Skandal.

Unsere Koffer waren schnell gepackt, und ich kehrte Spanien ohne Bedauern den Rücken. In Rueil erwartete mich ein Brief meines Schwiegervaters, der alle meine Hoffnungen übertraf. Er erklärte sich einverstanden, mir meinen Paul zu schicken, sobald er die Mittelschule abgeschlossen hatte, also in einem Jahr. Innig dankte ich der Heiligen Jungfrau, denn für mich stand fest, daß ganz allein sie diesen Sinneswandel herbeigeführt hatte. Ein Jahr war lang, aber jetzt gab es nicht nur eine Hoffnung, die mich die zwölf Monate überstehen ließ, sondern ich hatte das feste Versprechen meines Schwiegervaters. Im kommenden Jahr konnte ich alles für die Ankunft meines Sohnes vorbereiten. Ich stand unter besonderem Schutz. Hatte mir nicht meine Mutter die Perlen von Suinli geschickt? Und hatte nicht in Lourdes das Wunder der beiden Düfte deutlich zu mir gesprochen?

Mein Glaube war neu gestärkt. Jetzt hieß es nur noch ein bißchen Geduld haben, bald würde ich Juliette wiedersehen. Täglich wartete ich auf Nachricht. Endlich kam sie. Am 22. September würde Juliette in Orly eintreffen.

6. Kapitel

Juliette kehrt zurück / Die Stunde der Wahrheit / Glückliche Tage in Rueil-Malmaison / Neujahrsfeierlichkeiten in Ning-Po / Gemarterte Kinder im alten China / Die Geschichte von Perle mit den großen Füßen / Pauls Verwandlung / Ein großer Sohn verzeiht.

Am 22. September 1966 weckte mich die Freude schon früh. Der Gedanke, ich könnte meine Tochter verpassen und sie würde allein und verloren in der Menge stehen, war mir schrecklich. Viel früher als nötig fuhr ich mit meinem kleinen Wagen zum Aérogare des Invalides. Von dort nahm ich den Bus, um mich nur ja nicht zu verfahren.

Ich war viel zu früh da, und die Maschine aus Hongkong hatte eine Stunde Verspätung. Die Wartezeit erschien mir gleichzeitig bitter und sehr süß. Vor zwei Jahren, fast auf den Tag genau, war ich hier angekommen. Ich lächelte, wenn ich daran dachte, wie ich, meine große Steppdecke fest an mich gepreßt, staunend um mich geblickt hatte. Es war ein weiter Weg, den ich seit diesen ersten zögernden Schritten in eine neue Welt zurückgelegt hatte. Jetzt trennte mich die fremde Sprache nicht mehr von meiner Umwelt. Ich würde meiner Tochter die Eingewöhnung in Paris erleichtern können, und zwar sehr viel besser, als wenn sie früher gekommen wäre. Gleichzeitig hatte ich aber auch Angst. Wie würde Juliette auf meine zweite Ehe reagieren? Und wie würde sich Herr Tsing ihr gegenüber verhalten?

Endlich kam die Lautsprecheransage: Die Maschine aus Hongkong war gelandet. Ich hatte mich so nahe wie möglich an der Ausgangstür postiert, und mir schien, als dauerte es sehr lange, bis die ersten Passagiere erschienen. Nacheinander durchliefen sie die Paßkontrolle, ich hätte sie am liebsten zu größerer Eile angetrieben. Sie verdeckten mir meine Juliette, die sich unter all den Erwachsenen wie verloren vorkommen mußte. Von weitem sah ich eine Stewardess neben einem kleinen Mädchen, das einen seltsamen langen blauen Mantel und einen großen Strohhut trug.

Ich konnte nicht glauben, daß dies meine Tochter sein sollte. Vor zwei Jahren hatte ich mich von einem runden kleinen Mädchen mit Babyspeck verabschiedet – dieses Kind war groß und schlank. Beine, die dürr wie Stecken waren, sahen unter dem viel zu langen Mantel hervor.

Ich konnte nicht erkennen, ob es sich um eine Chinesin oder eine Europäerin handelte. In China tragen Kinder keine Hüte.

Als die Formalitäten erledigt waren, kam die Stewardess mit dem Kind auf mich zu, und plötzlich ergriff mich tiefe Bewegung. Ja, das war sie, meine Juliette, das war ihr liebes Gesicht, das waren ihre zarte Haut, ihre strahlenden Augen, das war die ganze bezaubernde kleine Person, auf die ich mich schon so lange so unsagbar gefreut hatte.

Unsere Blicke trafen sich, sie streckte die Arme aus. »Mama«, rief sie unter Weinen und Lachen. »Mama!«

Wie leicht sie in meinen Armen lag, leicht und zart wie ein kleiner Vogel. Ich schwor mir, sie zu pflegen, sie gut zu ernähren, damit sie wieder rund und kräftig wurde. Zart und zerbrechlich war sie geworden in diesen beiden Jahren ohne Mutter. Ich begriff, wie sehr ich ihr gefehlt hatte während dieser langen, grausamen Trennung. Wir weinten beide, vor Freude und vor Schmerz, wir umarmten und küßten uns immer wieder.

Ich fragte Juliette, warum sie mir nicht schon von weitem ein Zeichen gemacht habe. Hatte ich mich so verändert?

»Aber nein«, sagte sie. »Ich hatte meine Brille nicht auf, und da habe ich dich nicht gleich erkannt. Ich bin kurzsichtig, weißt du . . .«

Meine Tochter kurzsichtig? Das traf mich hart. Wäre ich bei ihr gewesen, so sagte ich mir, hätte ich ihr dieses Schicksal womöglich ersparen können. Vielleicht hatte sie sich mit zuviel Fernsehen die Augen verdorben? Oder hatte sie bei schlechtem Licht gearbeitet? Ihr Leben lang würde sie jetzt eine Brille tragen müssen, und mir war, als sei das ganz allein meine Schuld.

Unaufhörlich redend warteten wir auf das Gepäck. Wir hielten einander ganz fest. Nichts auf der Welt würde uns jetzt noch trennen können. Ich fragte Juliette nach ihrem Hut, unter dem ich sie beinahe nicht erkannt hätte. Sie habe ihn in Hongkong in einem französischen Modeheft gesehen, erzählte sie. Darin habe gestanden, daß man in Paris Hüte trage. Nach derselben Zeitschrift hatte sie sich auch den Mantel machen lassen und das Kleid, das sie darunter trug. Und sie fügte hinzu: »Großvater hat dem Schneider gesagt, er soll die Sachen nur recht weit und lang machen, weil Kinder so schnell wachsen.«

Ich lächelte unwillkürlich, und Juliette fragte besorgt: »Habe ich es falsch gemacht? Gefällt es dir nicht?« Ich gab meiner kleinen Tochter einen Kuß und beruhigte sie. Sie hatte schon immer ein ausgeprägtes Taktgefühl besessen und sich stets bemüht, sich unter allen Umständen richtig zu verhalten. Es gefiel mir, daß sie daran gedacht hatte, sich schon vor ihrer Abreise auf die französische Mode einzustellen. Das ließ auf eine schnelle und leichte Anpassung hoffen.

Während der Busfahrt zum Gare des Invalides bat ich Juliette, mir von Paul zu erzählen. Natürlich hatte es ihn sehr getroffen, daß seine Schwester ohne ihn nach Frankreich fahren sollte, aber dann hatte er eines Tages einen Wahrsager konsultiert, um zu erfahren, ob auch er früher oder später nach Europa reisen würde, und nach diesem Besuch hatte er wieder Mut gefaßt.

Ganz aufgeregt schilderte mir Juliette das Abenteuer beim Wahrsager in allen Einzelheiten.

In China ergreifen häufig von Geburt an Blinde den Beruf des Wahrsagers, einmal, weil ihnen die meisten anderen Berufe verschlossen sind, aber auch deshalb, weil Menschen, die von ihrer Umgebung nichts sehen können, oft außersinnliche Wahrnehmungen zugeschrieben werden. Sie beschäftigen sich intensiv mit Astrologie. Freilich gibt es in der Zunft der Wahrsager auch erhebliche Qualitätsunterschiede. Es sind wahre Weise darunter, andere aber praktizieren auf der Straße, wobei sie sich damit begnügen, jene Überängstlichen, die sie um Rat fragen, mit beruhigenden Worten zu beglücken.

Der Wahrsager, zu dem Paul gegangen war, hatte einen sehr guten Ruf. Um die Frage meines Sohnes beantworten zu können, hatte er sechs Münzen in einem Schildkrötenpanzer geschüttelt, hatte geheimnisvolle Worte vor sich hin gemurmelt, ganz leise gebetet, mehrmals die Münzen fallen lassen und geprüft, welche mit der Vorderseite nach oben und welche mit der Vorderseite nach unten gefallen war, und schließlich hatte er verkündet, Paul werde im Lauf des Jahres 1967 nach Europa gehen – eine Voraussage, die sich tatsächlich erfüllte, denn wenig später bekam Paul eine Zusage seines Großvaters in diesem Sinne. Aber diese Weissagung hatte schon genügt, um Paul neue Hoffnung zu geben, denn er hatte von verschiedenen Seiten gehört, daß die Voraussagen dieses weisen Mannes immer eintrafen. Jetzt wartete er in Geduld und voller Vertrauen darauf, daß dieses letzte Jahr der Trennung zu Ende ging, und arbeitete fleißig in der Schule, wo er unter den jüngsten Schülern einer der besten war.

Juliette, die viel offener und spontaner ist als ihr Bruder, erzählte mir, daß sie im Gegensatz zu Paul stets nach ihrer Mutter verlangt und ihre Großeltern bestürmt habe, sie nach Frankreich gehen zu lassen. Zuerst hatte sie darauf bestanden, daß Paul sie begleitete, aber darüber war mein Schwiegervater in so heftigen Zorn geraten, daß sie, auch auf Pauls Zureden hin, diese Forderung fallengelassen hatte.

Sie zeichnete ein recht trübseliges Bild von ihrem Leben bei den Großeltern: Die Großmutter war kränklich und stets melancholisch, Großvater saß stundenlang mit Freunden beim Mah-Jongg-Spiel und hatte keine anderen Interessen mehr. Und dann kam die Rede auf die schändlichen Bemühungen meiner Schwägerin, Fongs Frau, mich bei meiner Familie anzuschwärzen. Juliette hatte, während sie erzählte, interessiert auf die Vorortstraßen hinausgesehen, durch die wir fuhren. Jetzt wandte sie sich wieder mir zu:

»Stell dir vor, Mama, sie hat behauptet, du hättest wieder geheiratet. Ist das nicht gemein? Paul ist ganz schrecklich wütend geworden, er läßt dich nicht beleidigen, hat er gesagt, und dann hat er noch gesagt, daß du deine Pflicht kennst und so etwas nie tun würdest. Ständig erzählt sie Großvater, er dürfe uns nicht zu dir schicken, weil du einen neuen Mann und ein neues Kind hast. Aber wir sagen immer, daß das Lügen sind und daß wir das nie glauben werden.«

Juliettes Blick war in grenzenlosem Vertrauen auf mich gerichtet. Mir wurde das Herz schwer, weil ich sie enttäuschen, ihr weh tun mußte. Und doch – ich mußte ihr die Wahrheit sagen. Ich machte den Mund auf, schloß ihn wieder, die nächsten Worte kosteten mich eine schier übermenschliche Anstrengung.

»Hör mir einmal zu, meine Juliette. Ich habe kein neues Kind, aber daß ich wieder verheiratet bin, ist wahr.«

Einen Augenblick war sie sprachlos, dann fing sie an zu lachen. »Du hast dich nicht verändert, Mama. Daß du immer deinen Spaß mit uns haben mußt... Aber das nehme ich dir denn doch nicht ab.«

Damit wandte sie sich interessiert wieder dem bunten Bild der Pariser Straßen zu.

Ich schwieg beschämt. Wie sollte ich meiner kleinen Tochter die Wahrheit sagen, ohne ihr mehr Schmerz als nötig zuzufügen? Wie sollte ich meinen Schritt diesem Kind begreiflich machen? Und wie konnte ich erreichen, daß sie diese Ehe, die mich so belastete, aus der ich so oft am liebsten ausgebrochen wäre, akzeptierte? Ich war hilflos, verzweifelt, unfähig, das Schweigen zu brechen, das sich zwischen uns schob. Gibt es etwas Schmerzlicheres, als einem Kind, das einem rückhaltlos vertraut, die Illusionen zu rauben? Meine sensible kleine Tochter spürte meine Betroffenheit und sah mich zärtlich fragend an:

»Du sagst ja gar nichts mehr, Mama?«

Ihre Ernsthaftigkeit, ihr Vertrauen machten mir Mut, und jetzt fand ich auch die richtigen Worte, um ihr die Wahrheit zu sagen – oder zumindest soviel von der Wahrheit, wie sie begreifen konnte. Der Schmerz zog über ihr Gesicht wie eine flüchtige Wolke und verschwand. Jetzt glaubte sie mir, daß ich wieder geheiratet hatte. Und dann kamen die Fragen: Ist er Chinese? Hat er Kinder? Was hat er für einen Beruf? Sieht er gut aus? Ist er nett? Wie soll ich ihn nennen?

»Wie du willst, Juliette. Du kannst zum Beispiel ›Onkel‹ zu ihm sagen.«

Sie schien erleichtert. »Papa könnte ich ihn nicht nennen, denn mein richtiger Papa ist ja tot, und ich erinnere mich noch gut an ihn. Ich habe nur einen Papa gehabt und werde nie einen anderen haben.«

Voll schmerzhafter Sehnsucht dachte ich an Juliettes verstorbenen Papa. Er hatte Juliette sehr geliebt, sein Tod hatte ihr viel genommen. Sie verstand mein neuerliches Schweigen falsch und fügte liebevoll hinzu: »Aber wenn es dir Freude macht, kann ich ihn auch Papa nennen. Du sollst nicht traurig sein, Mama.«

Soviel kindliche Fürsorge berührte mich sehr. Sie solle das ganz so machen, wie sie es für richtig halte, sagte ich und fügte hinzu, Onkel Tsing würde sich sicher freuen, wenn sie sich ihm gegenüber ganz natürlich und ungezwungen verhielte.

Wir waren am Gare des Invalides angekommen und gingen zu meinem Wagen. Wir hatten einen Sturm froher und trauriger Gefühle durchlebt, jetzt durfte ich dieses kleine Herz nicht noch weiter belasten. Ich bemühte mich deshalb um einen heiteren Ton, als ich Juliette die Viertel erklärte, durch die wir fuhren. Jetzt war ich es, die den Reiseführer spielte, und sie begeisterte sich, wie ich vor zwei Jahren, an dieser schönen Stadt, in der ich mich schon fast wie eine echte Pariserin bewegte.

In unserer kleinen Wohnung machte sich Juliette frisch

und legte sich ein wenig hin. Ich wußte ja selbst, wie anstrengend diese langen Flugreisen sind. Später fragte ich sie, ob sie ein paar Worte mit Herrn Tsing sprechen wolle, da ich ihn ohnehin anrief. Nach einem kaum merklichen Zögern stimmte sie zu, offenbar, um mir eine Freude zu machen.

Ich war ganz aufgeregt, als ich Juliette den Hörer reichte. Was würde sie sagen nach diesem unerwarteten Schlag, der sie getroffen hatte? Wie würde er ihre ersten Worte aufnehmen? Mir schien, als wären diese ersten Worte entscheidend für ihre künftige Beziehung zueinander.

Juliette fand Herrn Tsing gegenüber genau den richtigen Ton. Sie nannte ihn sogar Papa. »Wann bist du zu Hause, Papa? Kannst du heute recht früh aus dem Büro kommen?«

Überrascht und sicher auch gerührt, weil er heute zum ersten Mal in seinem Leben Papa genannt worden war, kam er mittags viel früher zum Essen als sonst. »Vater« und »Tochter« plauderten vergnügt miteinander, Juliette erzählte von ihrer Reise und von tausend lustigen Erlebnissen während des Fluges, zeigte sich aufgeweckt und liebenswürdig. Herr Tsing war bezaubert. Sie solle sich nachmittags schön ausruhen, meinte er, als er wieder ins Büro ging, denn abends würden wir ausgehen, und er würde ihr das lichterstrahlende Paris bei Nacht zeigen. War dies derselbe Mann, der mir mit seinen Wutanfällen, mit seiner Weigerung, meine Tochter auch nur zu sehen, soviel Kummer gemacht hatte?

Es wurde ein froher, festlicher Abend. Juliette entzückte uns beide durch ihre Intelligenz, ihre Heiterkeit und die für ein Kind ihres Alters erstaunlichen Kenntnisse. Im Restaurant bestellte sie sich Schnecken, ohne sich von den komplizierten Schneckenzangen einschüchtern zu lassen. Sie habe sich schon in Hongkong orientiert, wie man sie essen müsse, erklärte sie Herrn Tsing. Er war sichtlich stolz, daß sie sich in Paris so unbefangen zu bewegen wußte. Nach dem Essen streiften wir durch das Lichtermeer der Pariser Boulevards.

Am Place de la Concorde erzählte sie uns auf englisch die Geschichte von Ludwig XVI. und Marie-Antoinette. Es war schwer zu sagen, wer mehr Freude an ihr hatte, Herr Tsing oder ich.

So verliefen die ersten Tage zu dritt in voller Harmonie, was ich um so höher schätzte, als ich damit nicht einmal in meinen kühnsten Träumen gerechnet hatte.

Zu Beginn des neuen Schuljahres stellte sich Juliette ihrer Schulleiterin vor. Wir verabredeten, daß meine Tochter zwar in der untersten Klasse anfangen, aber in jedem Trimester in die nächsthöhere Klasse aufrücken würde, sofern ihre Fortschritte im Französischen das zuließen. So dauerte es gar nicht lange, bis sie mit Gleichaltrigen die Schulbank drückte.

Die Kinder bekamen ihr Mittagessen in der Schule, so daß ich mich tagsüber ganz meinem Geschäft widmen konnte. Es war – wer hätte das gedacht! – Herr Tsing, der sich um Juliette sorgte, der Angst hatte, die langen Schultage könnten sie entmutigen oder zu sehr ermüden. Aber Juliette klagte nicht und machte täglich Fortschritte. Sie nahm für ihre Schulaufgaben nie Hilfe in Anspruch, sondern setzte ihren Ehrgeiz darein, mit allen Schwierigkeiten allein fertig zu werden. Diese beherzte Art, das Leben zu meistern, gefiel Herrn Tsing sehr, und ich merkte, daß er eine tiefe Zuneigung zu diesem intelligenten, eigenwilligen Kind faßte.

Leider aber schien ihm etwas zu fehlen, wenn er nicht streiten konnte, wie er es früher so oft getan hatte, und so kam es bald wieder zu einer häßlichen Szene.

In den französischen Zeitungen waren besorgniserregende Meldungen aus China erschienen. Wir lasen von Übergriffen der Kulturrevolution, von den Leiden der Wohlhabenden und der Bürger, die ihrer letzten Habe beraubt und aufs äußerste gedemütigt wurden. Ich träumte jeden Tag von meinen Eltern und sah meinen Vater im Todeskampf liegen. Unvorsichtigerweise sprach ich darüber mit Herrn

Tsing und erklärte ihm, ich würde meinen Eltern, um ihnen ein wenig unter die Arme zu greifen, regelmäßig etwas Geld schicken. Ich hatte zunächst an zweihundert Francs monatlich gedacht.

Herr Tsing bekam einen seiner Wutanfälle, die er so virtuos beherrschte und die in keinem Verhältnis zu den meist geringfügigen Anlässen standen. Wir lebten in ehelicher Gütergemeinschaft, tobte er, fassungslos vor Empörung, und ich hätte nicht das Recht, allein über unser Geld zu verfügen, auch wenn es für meine Kinder oder meine Eltern gedacht war. Für Juliette, schränkte er sofort ein, täte es ihm nicht leid um sein Geld, denn er habe die Kleine sehr lieb und würde sie ebenso liebhaben, wenn sie nicht meine Tochter wäre, aber meinen Eltern dürfe ich keinen Sou schicken, das seien ja schließlich völlig fremde Leute für ihn.

Ich war so entsetzt über diese Neuauflage unserer alten Streitereien, daß ich mich wortlos ins Badezimmer zurückzog und mich mit der Wäsche beschäftigte. Juliette folgte mir. Sie war ganz verstört, denn sie hatte Herrn Tsing noch nie in diesem Zustand erlebt. Während ich die Schüsseln zwischen Dusche und Bad hin- und herschleppte, gab mir meine Tochter zärtliche kleine Küsse auf Rücken, Arme, Nacken – wo sie mich gerade zu fassen bekam. Auch ich küßte sie und versuchte, sie zu trösten. Herr Tsing, sagte ich, habe leider ein etwas aufbrausendes Naturell, sei aber im Grunde genommen ein guter Mensch und habe sie sehr lieb.

Meine Tochter schüttelte den Kopf. »Wer wird sich denn wegen zweihundert Francs derart aufregen«, sagte sie betrübt. »Wenn man sich so aufführt, wird man nie glücklich sein und niemals ein großer Mensch werden. Ein großer Mensch weiß sich zu beherrschen.« Und dann zitierte sie mit tiefernstem Gesicht ein chinesisches Sprichwort: »Ein Mann, der seine Frau nicht fürchtet, wird niemals reich sein.«

Das bedeutet, daß im Haus die Frau das Element der Vernunft, der Voraussicht vertritt. »Der Mann, der seine Frau nicht fürchtet«, weigert sich, auf die Stimme der Vernunft zu hören, läuft Gefahr, sich bei Prostituierten, im Wirtshaus oder beim Spiel zu ruinieren und sich hemmungslos dem Laster hinzugeben, womit er die Zukunft der ganzen Familie gefährdet. Ich mußte trotz meines Kummers lachen. Es war zu lustig, meine kleine Juliette mit ihrem frischen Gesichtchen reden zu hören wie eine leiderfahrene Greisin.

In dem gleichen vernünftigen Ton fügte sie hinzu: »Aber mach dir keine Sorgen, Mama, du kannst Großvater trotzdem Geld schicken. Hier, nimm.«

Und damit reichte sie mir zu meinem größten Erstaunen einen Hundert-Dollar-Schein.

Ich protestierte: »Nein, mein Kleines, ich kann Großvater nicht das Geld schicken, das du von deinem anderen Großvater geschenkt bekommen hast.«

»Das Geld ist aber nicht von ihm«, widersprach sie. »Es ist von meinem Neujahrsgeld, ich habe bisher noch nichts davon verbraucht.«

Das Neujahrsfest wird in China bei Neumond im ersten Monat des Jahres begangen. Wie in Europa tauscht man an diesem Tag untereinander Glückwünsche aus, und in der Provinz Ning-Po, aus der meine Schwiegereltern stammen und deren Sitten und Gebräuche in unserer Familie beibehalten worden sind, steht – das gilt übrigens für ganz China – der Wohlstand bei diesen Glückwünschen ganz obenan. Denkt man dabei an die Zeiten schrecklicher Not, die immer wieder das Land heimgesucht haben? Noch vor Glück und Gesundheit wünscht man Freunden und Bekannten, es möge ihnen das ganze Jahr über nicht an Nahrung und an Geld fehlen. Vierzehn Tage lang wird gefeiert, mit Besuchen bei Familien, Freunden und Verwandten, mit eßbaren Gaben wie Schinken, Hühnern, Fischen und vielem anderen.

Ab Ende Dezember wird in allen Familien eifrig für die Neujahrsfeiern gekocht. Die Hausfrau wählt sechs besonders schöne Gerichte aus, füllt sie in Schalen und bringt sie dem Schutzgott der Küche dar, dessen Bildnis über dem Herd angebracht ist. Dann werden die sechs Schalen kreisförmig um einen großen Reisbehälter angeordnet. In die Mitte kommt ein roter Umschlag mit Geld. Die Hausfrau erbittet den Segen des Gottes und betet darum, daß der Reistopf stets gefüllt sein möge. Unmittelbar vor dem Essen verneigt sie sich vor den Ahnen, dann nimmt sie die vorbereiteten Gerichte und stellt sie auf einen Tisch.

Das Essen selbst, zu dem sich die ganze Familie zusammenfindet, vollzieht sich in feierlichem Rahmen. Auf dem Tisch, der mit einer bis zum Boden fallenden Decke aus blumenbestickter roter Seide bedeckt ist, stehen Kerzen, die nach Weihrauch duften. Der Hausherr legt ein dunkelblaues chinesisches Gewand mit weiter schwarzer Weste an. Dann tritt er vor den Ahnenschrein. Ein Diener taucht ein Tuch in kochendes Wasser, wringt es aus und reicht es seinem Herrn, dieser reinigt Gesicht und Hände, nimmt drei Räucherstäbchen, zündet sie an, stellt sie in den dazu vorgesehenen Behälter zwischen die Kerzen, kniet nieder und verneigt sich dreimal vor den Ahnen. Wenn die ganze Familie es ihm nachgetan hat, beginnt man mit dem Essen. An diesem Festessen müssen alle Familienmitglieder teilnehmen; daß sich jemand ausschließt, ist gänzlich undenkbar.

Man bedient sich von allen Gerichten, die im übrigen meist noch eine spezielle symbolische Bedeutung haben. So ist die Frühlingsrolle ein Symbol für Gold wegen ihrer goldenen Farbe. Man sagt, daß sie einem Goldbarren ähnelt. Die Fleisch- oder Fischklößchen bedeuten, wenn sie schön rund sind, daß die Familie immer vollständig sein wird. Lange Glasnudeln sind ein Zeichen für langes Leben.

Nach dem Essen verneigen sich die Kinder vor den Eltern: Söhne, Töchter, Schwiegertöchter und Enkel. Vor dem Schlafengehen knien die Kinder vor den Eltern nieder und werfen sich vor ihnen auf die Erde. Und die Eltern überreichen ihnen rote Umschläge mit Geld. Jedes Kind legt seinen Umschlag unters Kopfkissen, und es heißt, dieser Umschlag, zwischen Kopfkissen und Laken gepreßt, bringe Gesundheit und Glück.

Die Hausfrau hat, wie bereits geschildert, sechs Schälchen vor dem Gott der Küche aufgestellt. Sie wartet, bis die ganze Familie schlafengegangen ist – denn was jetzt geschieht, darf niemand beobachten –, und geht dann mit den Schälchen zu dem großen Reistopf. Der Reis wird in chinesischen Familien stets in Mengen gekauft und in einem großen Deckeltopf aufbewahrt, den man ständig nachfüllt, um damit den Wohlstand der Familie zu demonstrieren, der es nie an Reis mangelt. Damit dies auch in Zukunft so bleibt, werden die sechs Schälchen, die man dem Gott der Küche dargebracht hat, in den Reistopf gestellt. In die Mitte legt die Hausfrau einen roten Umschlag mit Geld. Dann entnimmt sie ein Maß Reis, hält es über den großen Topf und bittet den Gott, er möge den Reis segnen und auch fürderhin für einen vollen Reistopf sorgen. Wenn die Schälchen mit dem Umschlag in der Mitte schön in der Runde stehenbleiben, wird es der Familie niemals an Nahrung oder an Geld fehlen. Die Hausfrau wiederholt den Anruf, achtet darauf, daß die Schälchen ordentlich im Kreis stehen, dann deckt sie den großen Topf wieder zu. Mit diesem Gebet zum Gott der Küche endet der Tag.

All diese Bräuche lernte ich unmittelbar nach meiner Heirat kennen. Es gehört zu den Pflichten der Schwiegermutter, ihre Schwiegertochter darin zu unterweisen, damit sie selbst einmal als Hausfrau die Zeremonie übernehmen kann. Paul und Juliette hatten von den zahlreichen Mitgliedern der Familie Liu in den roten Umschlägen ansehnliche Geldsummen geschenkt bekommen. Mein Schwiegervater hatte für beide ein Konto eröffnet. Die bewußten hundert Dollar kamen von Juliettes Konto, mein Schwiegervater hatte sie vor ihrer Abreise aus Hongkong für sie abgehoben.

Diese alten Traditionen werden in Hongkong von älteren Leuten nach wie vor bewahrt. Und wenn ich bedenke, welches Leid, welchen Kummer die Armut mit sich bringt, wundert es mich nicht, daß diese Bräuche trotz der tiefgreifenden Wandlungen, die die Revolution mit sich gebracht hat, bis in unsere Zeit überdauert haben. Die Provinz Ning-Po, in der das geschilderte Zeremoniell entstand, ist für ihre arbeitsame, strebsame Bevölkerung bekannt, die beträchtliches Vermögen zusammengetragen hat. Das Bestreben, immer genug und vielleicht sogar ein bißchen mehr als nötig zum Leben zu haben, kommt in diesen ausgedehnten Feierlichkeiten zum Ausdruck.

Am Tag nach Neujahr, das nach dem europäischen Kalender auf Mitte Februar fällt, grüßen sich morgens nach dem Aufstehen die Familienmitglieder mit vor der Brust gekreuzten Armen – dieser Gruß nennt sich »An shi fa ts'ai« –, und man wünscht sich gegenseitig viel Geld für das kommende Jahr. Die Kinder des Hauses, auch wenn sie bereits erwachsen sind, grüßen ebenfalls in dieser Haltung, werfen sich aber außerdem noch auf die Knie. Wenn man auf der Straße Bekannte trifft, grüßt man sie auch mit dem »An shi fa ts'ai« und wünscht ihnen viel Geld.

In allen Familien werden an diesem Tag von den Dienstboten in einem Topf ein Nierengericht oder Lotusherzen, in einem zweiten Topf Schwalbennester oder kleine Pilze gekocht. Der Diener füllt in eine kleine Schale Schwalbennester, in eine zweite etwas von dem Nierengericht und gießt Tee in eine Tasse, auf deren Deckel er zwei kleine frische Oliven legt. Mit diesen drei Gaben geht er zu seinem Herrn und wünscht ihm, er möge viel Geld verdienen.

Der Hausherr seinerseits überreicht den Dienstboten rote Umschläge mit Geld.

Vom Neujahrstag an besucht man Freunde, um sie mit dem »An shi fa ts'ai« zu begrüßen. Auch den Besuchern sprechen die Dienstboten ihre Glückwünsche aus und erhalten zum Dank dafür weitere Umschläge mit Geld. Die Gäste kosten von den ihnen angebotenen Gerichten, essen die Oliven und trinken den Tee.

Diese Besuche bei Freunden und Verwandten müssen in der Reihenfolge der Bedeutung der Personen absolviert werden, und zwar im Lauf von etwa zehn Tagen.

Da mein Schwiegervater viele Freunde und Bekannte und eine große Familie hat, gehen in seinem Haus in den Neujahrstagen viele Menschen ein und aus, und meinen Kindern hatte das Niederknien vor den Besuchern eine stattliche Zahl roter Umschläge mit Geld eingebracht.

Am fünften Tag, wenn man die Hälfte der Feiertage schon hinter sich hat, nimmt die Zahl der Besucher ab. Am Morgen dieses fünften Tages muß die Hausfrau die in dem großen Reistopf verwahrten sechs Schälchen samt dem roten Umschlag herausholen. Bis zu diesem fünften Tag wird kein Reis entnommen. Was in dieser Zeit gebraucht wird, hat man zuvor beiseite gestellt.

Beim Öffnen des Topfes muß zunächst der Gott des Wohlstandes, am selben Tag und in gleicher Weise auch die anderen Götter, insbesondere der »Gott der fünf Wege«, angerufen werden. Die Gebete zu den Göttern setzen sich fort, bis am fünfzehnten Tag die Feierlichkeiten zu Ende gehen. Dieser Tag ist das »Laternenfest«. Man geht mit Lampions aus Seide oder Papier durch die Straßen und feiert mit diesem Umzug das Ende der Neujahrszeit.

Die Träume, in denen ich meinen Vater krank und unglücklich erblickt hatte, quälten mich. Da bot mir nun Juliette, gutherzig, wie sie war, dieses Geld an. Ich erkannte, wie ernst es ihr damit war, und wußte, es würde ihr nicht leid tun, daß sie mir die hundert Dollar gegeben hatte. Ich erklärte mich bereit, das Geld nach China zu schicken, und sie freute sich sehr.

Auch ich freute mich, daß meine Tochter trotz ihrer Jugend bereits einen ausgeprägten Familiensinn besaß und keinerlei Anzeichen von kindlichem Egoismus oder Leichtsinn erkennen ließ, was ja durchaus verzeihlich gewesen wäre. In diesem Augenblick wurde mir noch klarer, wie eng bei uns die Verbindung zwischen Religion und Familie ist. Die Kontinuität der Generationen, die Einheit von Kindern und Eltern ist gleichzeitig Verpflichtung und Beglückung, von zahlreichen alten Bräuchen geschützt, die uns noch enger miteinander verbinden. Diese alten Bräuche, die sich trotz so vieler Umwälzungen erhalten haben, sind nicht sinnlos, sie entsprechen einem wirklichen Bedürfnis. Juliette hatte ein Gefühl für diese Kontinuität innerhalb der Familie, und alles, was sie mir von Paul erzählte, ließ mich hoffen, daß ich auch in ihm einen starken Verbündeten für meine Bestrebungen haben würde. Wie sehnte ich mich danach, ihn wiederzusehen!

Anfang 1967 brachen Unruhen in Hongkong aus. Der Vorwand war eine Erhöhung des Fahrpreises für die Fähre, die Kowloon mit Hongkong verbindet. Es gab Demonstrationen und zahlreiche Bombenanschläge. Beunruhigt bat ich Paul, seine Abreise zu beschleunigen. Mein Schwiegervater teilte mir mit, daß mein Sohn Ende Februar in der britischen Hauptstadt eintreffen werde. Über Herrn Ma, einen Freund von Herrn Tsing, den ich vor zwei Jahren bei den Yuans kennengelernt hatte, bekam ich die Adresse einer ausgezeichneten Schule in Ipswich, in der ich Paul anmeldete. Das Schulgeld betrug 2700 Francs pro Trimester. Ich besaß alles in allem 3000 Francs selbstverdientes Geld, hatte also genau soviel zur Verfügung, um ein Trimester lang Pauls Schule und den Flug nach London zu bezahlen – aber für ein Hotelzimmer reichte es schon nicht mehr. Mein Schwiegervater hatte es abgelehnt, mir zu helfen. Ich bat Herrn Tsing, wenigstens die Reiseschecks zurückzuerstatten, die mir gehörten und über die er verfügt hatte, aber er weigerte sich. Da fiel mir gerade noch rechtzeitig ein, daß wir eine Cousine in London hatten. Sie hieß Perle. Ich schrieb ihr und fragte an, ob mein Sohn und ich eine Nacht bei ihr schlafen könnten. Sie antwortete umgehend, daß sie sich freuen würde, uns aufzunehmen.

All das ärgerte Herrn Tsing gewaltig, und er überließ sich, wie vor Juliettes Ankunft, Tag und Nacht seinen Wutausbrüchen. Der Gedanke, daß ich für meinen Sohn selbstverdientes Geld ausgab, war ihm unerträglich. Er riß mich aus dem Schlaf, um mir immer wieder zu sagen, daß wir in ehelicher Gütergemeinschaft lebten und daß ich nicht das Recht hätte, Summen, die ich einmal in den Haushalt eingebracht hatte, wieder zu entnehmen.

Dazu kam noch ein weiterer Streitpunkt. Herr Tsing, der, wie schon gesagt, viel für die Urlaubsidee übrig hatte, plante über Pfingsten eine einwöchige Reise nach Deutschland. Mich wollte er mitnehmen, während Juliette ganz allein in Rueil-Malmaison bleiben sollte, was ich natürlich mit aller Entschiedenheit ablehnte. Aber so eindringlich ich ihm auch vorstellte, es sei unmenschlich, absurd, undenkbar, ein kleines Mädchen eine Woche lang in einem fremden Land allein zu lassen, in dem sie keinen Menschen kannte – er war nicht zur Vernunft zu bringen. Wieder einmal fiel er mir mit seinen Streitereien auf die Nerven. Besonders betrübten mich die ewigen Auseinandersetzungen Juliettes wegen, die unter dieser Atmosphäre der Uneinigkeit litt.

Nachdem ich meinen Flug nach London bezahlt hatte, blieb mir nur noch ein bißchen Kleingeld. Herr Tsing aber ließ sich nicht erweichen.

Meine Cousine Perle empfing mich herzlich und voller Rührung. Sie war zu jener Zeit 68 Jahre alt, und ich hatte von ihr als von einer äußerst originellen und bemerkenswerten Persönlichkeit sprechen hören. Sie ließ sich nicht lange bitten, mir ihre Lebensgeschichte zu erzählen.

Ihr Vater, Tsou Ta, hatte sich bereits in jungen Jahren in Shanghai niedergelassen, wo er sein Glück machte. Seine Frau schenkte ihm zunächst neun Söhne, und als sie zum zehnten Male schwanger war, erfuhr Tsou Ta von seinem besten Freund, daß dessen Frau ebenfalls ein Kind erwartete. Tsou Ta und sein Freund verabredeten, ihre beiden Kinder – falls es ein Sohn und eine Tochter werden würden – miteinander zu verheiraten, dadurch ihre Freundschaft noch mehr zu vertiefen und gleichzeitig ihre geschäftlichen Verbindungen zu festigen. So waren die beiden Kinder schon verlobt, als sie zur Welt kamen, was im alten China durchaus nichts Ungewöhnliches war.

Tsou Tas zehntes Kind war ein Mädchen. In dieser reichen Familie, in der es bereits so viele Knaben gab, wurde das kleine Mädchen als eine seltene Perle mit großer Freude begrüßt und deshalb auch Perle genannt. In der befreundeten Familie kam ein Knabe zur Welt. In China ist es Sitte, die Geburt eines Kindes am Ende des betreffenden Monats zu feiern. Die Freunde beschlossen, für die beiden Babys gemeinsam ein großes Fest zu veranstalten, und gaben bei dieser Gelegenheit den zahlreichen Gästen feierlich die Verlobung der beiden Kinder bekannt.

So schien Perles Schicksal bereits festgelegt. Im alten China waren manche Kinder von Geburt an dazu bestimmt, schreckliche körperliche Leiden zu erdulden.

Knaben aus armen Familien wurden nicht selten als Diener an die Frauen des kaiserlichen Palastes verkauft. Mit fünf oder sechs Jahren wurden sie vom eigenen Vater kastriert. Da der Rabenvater ohne jede Betäubung und unter primitivsten hygienischen Bedingungen operierte, infizierte sich die Wunde häufig und verursachte in jedem Fall dem kleinen Jungen unerträgliche Schmerzen. Es war Sitte, den Operierten ganz allein in ein Zimmer einzusperren. Damit meinte man ihn auch vor dem Kontakt mit Bazillen zu schützen. Einige Tage später, wenn man nichts mehr von ihm hörte, wurde die Tür wieder geöffnet. Sofern er dann noch lebte, stand sein weiteres Schicksal fest. Er gehörte in Zukunft zu den Eunuchen, die in der Umgebung der kaiserlichen Mätressen lebten.

Die Tortur, der sich kleine Mädchen zu unterziehen hatten und die sehr viel häufiger angewendet wurde, traf dagegen die Mädchen aus reichen Familien. Ich denke dabei an die Sitte, ihnen die Füße einzubinden.

Man führt diesen grausamen Brauch auf den bösen Kaiser Li aus der Ch'ing-Dynastie zurück. Der Kaiser lebte nur seinem Vergnügen und sah besonders gern die Vorführungen seiner Tänzerinnen. Eines Tages stellte er fest, daß am anmutigsten diejenige tanzte, welche die kleinsten Füße hatte, und er verfügte, in Zukunft müßten alle Tänzerinnen des Hofes winzig kleine Füße haben. Um diesem Wunsch zu entsprechen, wurde eine unmenschliche Technik entwikkelt. Nicht nur die Tänzerinnen, sondern alle Mädchen am Hofe und alle anderen kleinen Mädchen, von denen man annahm, daß sie vielleicht später dort eine Rolle spielen würden, wurden vom dritten Jahr an dieser Behandlung unterworfen. Es kam so weit, daß man normal große Füße häßlich und ordinär fand, so daß auch außerhalb der eigentlichen Hofkreise und noch weit nach dem Tod des Kaisers Li die Sitte, den kleinen Mädchen die Füße einzubinden, in gutsituierten Familien weit verbreitet war.

Um das gewünschte Ergebnis zu erzielen, wurde der Fuß mit einer ätzenden Salbe eingerieben. Dann preßte man die Zehen zusammen und wickelte ein langes Seidenband so fest wie möglich um den gemarterten Fuß. Die Mixtur griff das Fleisch an und weichte die Knochen auf. Jeden Tag wurde ein engerer Verband angelegt. Das dauerte etwa zwei Wochen. Die schmerzenden, blutenden Füße bereiteten den Mädchen unsägliche Qualen. Und dann machte eines Tages die Unglückliche auf ihren nun verkrüppelten Füßen wieder die ersten Schritte. Man war entzückt über ihren neuen Gang, mit dem sie sich vorsichtig, das Körpergewicht auf die Hacken verlagernd, vorwärts bewegte.

Die Männer schätzten diese Sitte sehr, erstens, weil sich darin die Fügsamkeit der Frauen zeigte und ihre Bereitschaft, um der Männer willen Leid zu ertragen, zweitens, weil verkrüppelte Füße als edel galten, denn bei armen Mädchen blieben die Füße im Naturzustand. Außerdem hatten sie damit ein Unterpfand der Treue, denn die derart verstümmelten Frauen wagten es nicht, sich sehr weit von ihrem Zimmer zu entfernen. Schließlich hieß es, durch den neuen Gang würden gewisse Muskeln entwickelt, die den Geschlechtsakt für den Mann besonders angenehm gestalteten. Und letztlich – aber dies klingt für uns heute bizarr – galt, wenn man die Binde abnahm, der Geruch des Fußes, der an gewissen fermentierten Käse erinnerte, als äußerst pikant und wurde von Liebhabern hoch geschätzt.

Der kleinen Perle also, die das Unglück hatte, in einer wohlhabenden Familie zur Welt zu kommen, mußten die Füße eingebunden werden. Zwar hatte bereits die Kaiserin Tz'u Hsi diese Sitte offiziell verboten, aber das Verbot wurde nicht sehr ernst genommen, da kleine Füße nach wie vor beliebt waren.

Als Perle drei Jahre alt war, ging Perles Mutter zu einem Astrologen, um den günstigsten Zeitpunkt für den Beginn der Operation feststellen zu lassen. An diesem Tag gaben die Eltern ein Fest. Eine erfahrene alte Frau rieb die Füße des Kindes mit der ätzenden Salbe ein und band sie trotz der Schmerzensschreie der Kleinen mit einem schönen roten Seidenband zusammen. Die Gäste schenkten dem Kind, um es zu ermutigen, der Sitte gemäß rote Umschläge mit Geld.

Als aber die Gäste fort waren, zerrissen die Tränen ihres Kindes Perles Mutter das Herz. Ihre arme Kleine ging durch ein Martyrium, sie weinte, schluchzte, bettelte. Es war das zehnte Kind, es war zart und schmal. Die Mutter hielt es nicht mehr aus, sie nahm die Binde ab, wusch die Salbe fort, pflegte Perles Füße, die heilten und – immer größer wurden.

Als sie zehn Jahre alt war, erklärten die Eltern von Perles Verlobtem, ein Mädchen mit großen Füßen könne nicht in ihre Familie einheiraten, und die Verlobung wurde gelöst.

Von dem Verlobten zurückgestoßen zu werden war eine Schmach. Wer würde Perle mit ihren großen Füßen und diesem Makel auf ihrer Ehre jetzt noch heiraten?

Die durch zehn Geburten und das Unglück ihrer Tochter

geschwächte Mutter kränkelte schon lange und starb sehr bald nach diesem Schock. Tsou Ta liebte seine Tochter zärtlich, aber seine Geschäfte nahmen ihn derart in Anspruch, daß ihm keine Zeit blieb, sich mit ihr zu beschäftigen. So wuchs Perle ungebunden auf, sie konnte kommen und gehen, wann sie wollte, ganz wie ein Junge, während die anderen Mädchen ihres Alters und ihrer Herkunft mit eingebundenen Füßen brav zu Hause blieben. Sie ließ sich sogar – Gipfel der Exzentrizität – von ihrem Vater, der ihr keinen Wunsch abschlagen konnte, ein Fahrrad schenken. Perle wurde berühmt für ihre Radtouren quer durch die Stadt, bei denen sie sich nicht darum scherte, was die Leute über sie sagten.

Da aber Perle trotz allem verheiratet werden mußte, fand ihr Vater einen dreißig Jahre älteren Ehemann für sie, der angesichts des Vermögens, das sie mit in die Ehe brachte, über die großen Füße, die zu Bruch gegangene Verlobung und das Fahrrad gnädig hinwegsah. Perle brachte eine Tochter zur Welt. Aber ihr neues Dasein langweilte sie. Deshalb ging sie mit ihrer Tochter nach London, wo sie glücklich und zufrieden ein Leben nach ihrem Geschmack führte. Daß sie große Füße hatte, kümmerte hier niemanden mehr.

Diese lange Geschichte hielt Perle und mich bis spät in die Nacht wach. Ich überlegte, wieviel Leid die Frauen im alten China doch hatten erdulden müssen, und bewunderte den Mut unserer Cousine, die ihr Leben so eingerichtet hatte, wie sie es für richtig hielt, und ihre Tochter fern von jenen barbarischen Zwängen aufgezogen hatte, unter denen sie selbst noch gelitten hatte.

Als Perle mir gute Nacht gesagt hatte, konnte ich noch lange nicht einschlafen. Wie würde mein Wiedersehen mit Paul, wie würden die wenigen Stunden verlaufen, die wir miteinander verbringen konnten? Wie würde er die Nachricht von meiner zweiten Ehe aufnehmen, von der er noch nichts wußte?

Am nächsten Morgen holte mich Herr Tchou, der Vertreter der Tung-Gruppe in London, dem Herr Ma mich empfohlen hatte, mit dem Wagen ab und fuhr mich zum Flughafen, wo eine große Menschenmenge auf die Maschine aus Hongkong wartete. Mit klopfendem Herzen versuchte ich, meinen Sohn unter den ersten Passagieren zu erkennen, die das Flugzeug verließen, aber auch ich bin kurzsichtig und konnte die Gesichter nur undeutlich sehen. Schließlich erblickte ich von weitem einen jungen Mann, der allerdings größer war, als ich Paul in Erinnerung hatte, aber es war ja zu erwarten, daß er sich verändert hatte. Er trug einen roten Pullover, hatte sehr kurz geschnittene Haare und trug eine Brille. Er kam auf mich zu, und ich winkte ihm aufgeregt. Er gab den Gruß lächelnd zurück, während mir Tränen über die Wangen liefen. Endlich würde ich meinen Sohn in die Arme schließen können. Die Menge schob sich zwischen uns. Freudig zeigte ich ihn Herrn Tchou: »Dort, im roten Pullover, das ist Paul, das ist mein Sohn.« Herr Tchou machte ein recht erstauntes Gesicht. Gleich darauf fiel der junge Mann einer alten Engländerin um den Hals. Jetzt konnte ich ihn genauer erkennen: Es war ein Eurasier, konnte also gar nicht mein Sohn sein.

Verlegen trocknete ich meine Tränen und wandte mich Herrn Tchou zu, der verständlicherweise überrascht gewesen war, als ich ihm einen Eurasier als meinen Sohn präsentiert hatte. Aber wo war Paul? Jetzt kam ein junger Mann auf mich zu, der mich um Haupteslänge überragte. Er hatte einen kleinen Schnurrbart, eine sehr gepflegte, mit viel Frisiercreme gebändigte Frisur, trug eine Brille und einen weiten Kaschmirmantel. Zuletzt hatte ich meinen Sohn mit einem Bürstenhaarschnitt gesehen. Mit leiser, bewegter Stimme sagte er: »Mama...« War es denn möglich? Eben noch hatte ich mit Tränen in den Augen den kleinen Eurasier in die Arme schließen wollen, jetzt blieben meine Augen trocken, und ich wagte es nicht, diesen großen jungen Mann zu umarmen, der mich fast ein wenig einschüchterte. Ich machte ihn mit Herrn Tchou bekannt, und wir fuhren plaudernd zu unserer Cousine. Langsam erkannte ich nun doch meinen Paul wieder.

Eine Mutter dürfte sich nie so lange von ihren Kindern trennen. Die Jahre, in denen Paul sich so verändert hatte, diese Jahre, in denen er vom kleinen Jungen zu einem jungen Mann von 1,85 m geworden war, die Jahre der Entwicklung, der Reife, der Wandlung waren für mich verloren, und der Gedanke daran legte sich mir schwer aufs Herz und machte mich befangen.

Herr Tchou fuhr uns bis zu Tante Perles Haus, und wir verabredeten uns für den nächsten Tag, an dem er uns nach Ipswich fahren wollte.

Paul zeigte sich als gewandter junger Mann. Beim Abschied von Herrn Tchou allerdings mußte ich mich doch über ihn wundern. Er verbeugte sich tief, trat zurück, verbeugte sich wieder und trieb dieses Spiel so lange, bis er schließlich mit dem Hinterteil an die Hauswand stieß. Ich erkannte darin die veralteten Anstandsregeln meines Schwiegervaters und erklärte meinem Sohn, derart übertriebene Achtungsbezeigungen seien in Europa überflüssig.

Auch seine Kleidung war, wie die von Juliette bei ihrer Ankunft, ein wenig seltsam. Mein Schwiegervater war wohl der Meinung, daß Paul noch erheblich größer werden würde, denn er hatte ihm einen viel zu langen und viel zu weiten Mantel ausgesucht. Überzeugt davon, daß London im Februar ein sehr kalter Ort sein müsse, trug mein Sohn unter dem Mantel eine dicke Steppweste, unter die er noch mehrere Pullover gezogen hatte. Als er sich zumindest teilweise seiner unnützen wollenen Hüllen entledigt hatte, sah man erst, wie schlank er war.

Als wir abends endlich allein waren, hatten wir uns so viel zu sagen, daß an Schlaf vorerst nicht zu denken war. Am nächsten Morgen würde ich Paul zu seiner Schule bringen und nach Paris zurückfliegen. Wie kurz waren sie, diese armseligen gemeinsamen Stunden. Paul machte einen überlegten und sehr reifen Eindruck. Er sah meine Schwierigkeiten sehr klar und machte sich Sorgen deswegen. Ich beruhigte ihn, so gut ich konnte, und erzählte ihm dann von meiner neuen Ehe. Einen Augenblick schwieg er, dann sagte er sehr ernst:

»Ich weiß, Mama, daß du bei deiner ersten Heirat sehr jung warst und sie nur deinen Eltern zu Gefallen geschlossen hast. Sicher hast du es sehr schwer gehabt. Vor allem wünsche ich mir, daß du jetzt glücklich bist. Wenn das der Fall ist, bin ich es auch.«

So brachte mir dieser Augenblick, dem ich mit Bangen entgegengesehen hatte, eine große Beruhigung. Paul trug mir nichts nach. Er hatte sich über die Sitten und Vorurteile hinweggesetzt, die in China von einer anständigen Witwe verlangen, daß sie sich nicht wieder verheiratet, er wollte nur mein Glück, und dafür war ich ihm zutiefst dankbar.

Am nächsten Tag schien mir alles viel zu schnell zu gehen. Herr Tchou fuhr Paul und mich zu seiner Schule. Zum ersten Mal würde mein Sohn in einem fremden Land allein sein. Aber ich konnte Vertrauen zu ihm haben, ich spürte seinen Ernst, seine Charakterstärke, er würde gewiß nicht unnötig Trübsal blasen.

Ich nahm Abschied von Paul und flog mit der nächsten Maschine zurück nach Paris. Die seelischen Belastungen, die Nächte ohne Schlaf hatten mich doch ziemlich mitgenommen. Als ich meinen kleinen Koffer öffnete, fand ich darin zu meiner Überraschung drei nagelneue Büstenhalter und drei Slips. Tante Perle hatte gesehen, in welchem Zustand sich meine Wäsche befand, und ihre Schlüsse daraus gezogen. Diskret und ohne daß ich es merkte, hatte sie mir die Unterwäsche in den Koffer geschmuggelt. Ihr Beispiel sollte mir helfen, alle Schwierigkeiten zu überwinden, und ich habe in den kommenden Jahren oft an sie gedacht, an ihre Unabhängigkeit und Entschlossenheit. Ebenso entschlossen würde auch ich meine Probleme angehen, eins nach dem anderen. Das vordringlichste, das mich im Augenblick am meisten belastete, war die Frage, wie ich Pauls Schulgeld für das nächste Trimester aufbringen sollte. Darauf gab es nur eine Antwort: durch harte Arbeit.

Ich schlief ein im Vertrauen auf diese Arbeit, die uns alle drei retten würde.

7. Kapitel

Endlich: Land in Sicht / Über I-Ching und andere chinesische Wahrsagetechniken / Glänzende, aber kurze Karriere einer nicht zugelassenen Astrologin / Umzug / Herzensreise zur Kanton-Messe / Hongkong, 12. Stock, oder die Heimsuchungen eines früheren Kapitalisten / Wiedersehen mit China / Wird der treue Neffe sprechen?

Eine Woche nach meiner Rückkehr traf ein Brief von Paul ein, der mich sehr ermutigte. Er hatte sich in der Schule schon recht gut eingelebt. Überdies hatte ihm sein Großvater in einem Brief versprochen, ihm die Ausbildung zu finanzieren, wenn er den Abschluß, der in etwa der Mittleren Reife entspricht, mit Erfolg bestand. Diese Prüfung sollte eigentlich erst in drei Jahren stattfinden, aber Paul hoffte, sie früher ablegen zu können, wenn er fleißig war und das geforderte Leistungsniveau in kürzerer Zeit zu erreichen vermochte.

Über diesen Brief freute ich mich sehr. Doch bis zu dem Tag, an dem mein Schwiegervater die Kosten für die Ausbildung meines Sohnes übernahm, würde ich dafür sorgen müssen, daß er auf der Schule bleiben konnte, und das bedeutete, daß ich meine Lage konsolidieren mußte. Überraschend bot sich dazu eine günstige Gelegenheit.

Ich hatte eine reizende Landsmännin, eine Madame Lebeau, kennengelernt, die mit einem Franzosen verheiratet war und mit der ich mich rasch angefreundet hatte. Zu ihren chinesischen Bekannten in Paris gehörte der Besitzer eines kleinen Geschäfts im Quartier Latin, in der Nähe der Sorbonne, der auch zwei Restaurants besaß und daran dachte, sich zur Ruhe zu setzen. Nachdem er sich bereits von einem der Restaurants getrennt hatte, wollte er auch den Laden verkaufen. Seine Kinder besaßen eigene Geschäfte und konnten den Laden nicht übernehmen. Madame Lebeau erzählte mir, daß er einen mäßigen Preis verlange, und ich beschloß, ihn aufzusuchen.

Wir wurden sehr liebenswürdig von der Tochter des Besitzers, Madame Camille, empfangen, die sich aushilfsweise nachmittags um das Geschäft kümmerte, was keine große Belastung darstellte, denn während unseres Besuchs sahen wir keinen einzigen Kunden, und ich hatte auch nicht den Eindruck, daß es sehr viel zu verkaufen gab. Madame Camille, die uns herumführte, erklärte, ihr Vater habe, nachdem er beschlossen hatte, das Geschäft zu verkaufen, sein Lager nicht mehr aufgefüllt. Tatsächlich wirkten Laden und Hinterzimmer etwas vernachlässigt. Trotzdem war das Geschäft natürlich sehr viel mehr als mein Keller zum Empfang von Kunden geeignet, und außerdem war es angenehm, über ein Schaufenster zu verfügen, in dem man Waren ausstellen konnte. Es wäre schon ein großer Fortschritt, dachte ich, wenn ich mich hier niederlassen könnte. So wechselvoll sind die Wege des Schicksals. Ich, die ich durch meine erste Ehe in eine der reichsten Familien Shanghais aufgenommen worden war, die ich ausersehen schien, über ein großes Haus mit zahlreichen Dienstboten zu herrschen, setzte im Augenblick meinen ganzen Ehrgeiz darein, ein bescheidenes, vierzig Quadratmeter großes Lädchen zu erwerben, das in einer wenig bekannten Straße eines alten Pariser Bezirks lag und weit, weltenweit von meiner Heimat entfernt war.

Ich bat Madame Camille, mir ein Gespräch mit ihrem Vater, Herrn Tsao, zu vermitteln.

Er empfing Herrn Tsing und mich in einer Villa bei Paris, in der er die Wochenenden verbrachte.

Der Garten mit den vielen schönen Blumen und die chinesische Ausstattung des Zimmers, in das wir geführt wurden, machten einen günstigen Eindruck auf uns. Unser Gastgeber war ein Mann von siebzig Jahren, sehr aufrecht, sehr distinguiert, sehr höflich. Er sei entzückt, mit uns ins Geschäft zu kommen, sagte er, denn er sähe sehr wohl, daß wir keine gewöhnlichen Krämer seien. Nach dem Austausch einiger Artigkeiten kamen wir zum eigentlichen Thema und erreichten, wie das bei Menschen von Anstand und Manieren auch nicht anders zu erwarten war, eine beide Seiten befriedigende Lösung. Herr Tsao gewährte mir gewisse Zahlungserleichterungen und verlangte nur eine kleine Anzahlung. Eine solche Chance mußte man ergreifen.

Aber so bescheiden das Anfangskapital, das ich brauchte, auch war – ich mußte es erst einmal aufbringen, denn ich selbst besaß nichts. Ich beschloß, mich an Herrn Tsings Freund zu wenden, der mir seinerzeit das Konzert in der Alliance Française ermöglicht hatte. Ich brauchte 20000 Francs, und Herr Tsing und ich wußten, daß es ihm ohne weiteres möglich war, mir diese Summe zu leihen. Tatsächlich ließ sich der Freund, als ich ihn daraufhin ansprach, nicht lange bitten und erklärte, er werde mir die Summe, die ich brauchte, zur Verfügung stellen. In dem gleichen ungezwungen-freundlichen Ton setzte er hinzu, er müsse mich nur bitten, in Gegenwart seines Anwalts einen Schuldschein zu unterschreiben.

Diese Vorsichtsmaßnahme befremdete mich aufs äußerste, ja, ich war so gekränkt, daß ich die 20000 Francs sofort zurückwies. Um diese Reaktion zu verstehen, muß man wissen, daß in China die Geschäfte, insbesondere Geschäfte unter Freunden, meist auf Ehrenwort abgeschlossen werden. Auf schriftliche Festlegungen und die Dienste von Rechtskundigen greifen nur Partner zurück, die einander mißtrauen. Damals war ich mit westlichem Geschäftsgebaren noch nicht vertraut. Später sollte ich viele Papiere unterschreiben und unterschreiben lassen, aber das wußte ich damals noch nicht.

Da mir in der Bekanntschaft soviel Zurückhaltung begegnete, beschloß ich, einen ganz gewöhnlichen Bankkredit zu beantragen, der mir auch ohne weiteres gewährt wurde, und am 13. Juli 1967 konnte ich in *mein* Geschäft einziehen. Den Umzug aus dem Keller in der Rue de Richelieu hatten Juliette und ich gemeinsam bewerkstelligt. Herr Tsao, der sehr viel Verständnis für meine Lage zeigte, hatte mir, als er sah, daß ich nur wenig Ware hatte, seinen Lagerbestand überlassen.

Jetzt, mitten im Sommer, war die Straße ruhig – viel zu ruhig für meinen Geschmack. Auch Juliette, die ihre Ferien im Geschäft verbrachte, machte sich Gedanken darüber. Sie spielte mit zwei kleinen gefalteten Zetteln. Auf den einen hatte sie geschrieben: »Kunde kommt.« Sie warf die beiden Zettel in die Luft und freute sich, wenn sie im Flug den Zettel mit der günstigen Voraussage erhaschte. Wenn tatsächlich ein Kunde zur Tür hereinkam, empfing Juliette ihn so liebenswürdig, daß er nie mit leeren Händen hinausging. Ich freute mich sehr über die Geschäftstüchtigkeit meiner Tochter und über ihren Wunsch, mir zu helfen. So verbrachten wir einen sehr angenehmen, friedlichen Sommer in unserem kleinen Reich, und ich fühlte mich recht einsam, als Juliette im September wieder zur Schule mußte. Die Stunden dehnten sich, wenn kein Kunde kommen wollte.

In diesen Monaten, in denen ich viel Zeit zum Nachdenken hatte, begann ich mir Notizen zu machen mit der Absicht, eines Tages meine Erinnerungen zu schreiben. Hatte ich nicht ein außergewöhnliches Leben gehabt? Ich rief mir die glücklichen und die traurigen Tage, die tragischen Stunden der Vergangenheit ins Gedächtnis zurück. Ich beschrieb viele Blätter mit den vertrauten chinesischen Schriftzeichen. Während ich so in der Einsamkeit wieder zu meiner Muttersprache zurückfand, merkte ich, wie unter meiner Hand die vergangenen Tage zu neuem Leben erwachten, und oft liefen mir Tränen über die Wangen. Ich unterbrach meine Tätigkeit nur, wenn Kunden kamen. Manche, die in der Nachbarschaft wohnten, waren schon fast zu Stammkunden geworden, mit denen ich gern ein wenig plauderte. Ich hatte unter der Stille und der Isolation in Rueil-Malmaison gelitten, als ich nichts anderes zu tun hatte, als auf Herrn Tsing zu warten.

Eine der Kundinnen aus der Nachbarschaft kam gelegentlich, um etwas für ihren zwanzigjährigen Sohn zu kaufen, und erzählte mir dann immer von dem jungen Mann. Sie machte sich Sorgen um ihn, weil er mit seinen wissenschaftlichen Studien nicht weiterkam. Eines Tages brachte sie ihn mit. Ich war betroffen von seiner äußeren Erscheinung. Er hatte blanke, wache Augen, ein schmales Gesicht mit einer spitzen Nase, einen kleinen Mund und ein spitzes Kinn und sah alles in allem ein bißchen aus wie eine Maus. Ich fragte ihn, in welchem Jahr er geboren sei. Er war Jahrgang 1948. Ich rechnete rasch nach. In China ist 1948 das Jahr der Maus. Das war sicher kein Zufall.

Nach dem chinesischen Horoskop entspricht jedes Jahr einem Tiersymbol. Es gibt zwölf solcher Symbole: Maus, Stier, Tiger, Hase, Drache, Schlange, Pferd, Ziege, Affe, Hahn, Hund und Schwein. Wenn man wie eine Maus aussieht und im Jahr der Maus geboren ist, gilt das als ein äußerst günstiges Vorzeichen, das auf eine Harmonie zwischen dem Menschen und der Welt hindeutet. Man muß nur eine Lebensform wählen, die den Begabungen der Maus entspricht.

Ich erklärte deshalb meiner Kundin rundheraus, daß die von ihrem Sohn begonnene Ausbildung ihm mit Sicherheit nicht lag, daß seine Anlagen eher auf eine erfolgreiche Tätigkeit als Geschäftsmann hindeuteten, denn die Maus steht für das Wasser, und Wasser steht für Handel.

Ich hatte, wie mir Mutter und Sohn sofort bestätigten, ins Schwarze getroffen. Ich erfuhr, daß der junge Mann von seinem Taschengeld Antiquitäten zu kaufen pflegte, die er stets mit Gewinn weiterverkaufen konnte. So sehr ihn der Unterricht langweilte, so geschickt zeigte er sich in geschäftlichen Dingen. Es war klar, daß die derzeitige Ausbildung für den armen Kerl reine Zeitverschwendung war. Noch war es für eine kaufmännische Lehre nicht zu spät. Das versuchte ich der Mutter klarzumachen. Ich sagte ihr voraus, daß ihr Sohn einmal ein reicher Mann werden würde. Der Junge war begeistert von dem chinesischen Horoskop und stellte mir tausend Fragen zu den zwölf Tieren und ihrem Symbolgehalt.

Dieses Erlebnis brachte mich auf eine Idee. Warum sollte

ich nicht die freie Zeit, über die ich verfügte, zum Stellen von Horoskopen nutzen? Vielleicht gelang es mir, parallel zu dem Kundenkreis meines Geschäfts einen entsprechenden Kundenkreis zu schaffen, der sich für diese Dinge interessierte. Meine Kunden würden mir weitere Interessenten vermitteln, die wiederum, wenn sie ins Geschäft kamen, um sich ihr Horoskop stellen zu lassen, vielleicht das eine oder andere kaufen würden.

Eines Nachmittags, es war ein trüber, regnerischer Tag, saß ich im Geschäft und schrieb, ganz vertieft in meine Erinnerungen. Plötzlich wurde die Tür aufgerissen, und vor mir stand ein hochgewachsener junger Mann. Ich fuhr zusammen, sein unerwartetes Auftauchen war mir ein wenig unheimlich, aber als er mich ansprach, war ich durch seine Höflichkeit sofort beruhigt. Er erkundigte sich nach dem Preis eines Kimonos, kaufte ihn und verschwand. An den folgenden Tagen kam er regelmäßig wieder. Ich erfuhr, daß er Sportlehrer war und sein Schwiegervater ein Restaurant besaß. Er kaufte Kimonos für seine Schüler, seine Freunde und die Gäste seines Schwiegervaters. War es nicht denkbar, daß jemand, der für Kimonos schwärmte, auch Gefallen an Horoskopen finden würde? Vielleicht hatten die Franzosen Spaß daran, die verschiedenen Methoden der chinesischen Wahrsagekunst kennenzulernen. Ich selbst hatte mich ziemlich intensiv und lange genug mit diesem Gegenstand beschäftigt, um mir zuzutrauen, diese im Westen noch kaum verbreitete Kunst mit Erfolg zu praktizieren.

Angefangen hatte ich damit schon im Alter von acht Jahren. Mein Vater war verreist, und mir schien, daß er endlos lange wegblieb. Eine berühmte Hellseherin nannte mir das genaue Datum seiner Rückkehr. Das machte tiefen Eindruck auf mich. So jung ich auch war, ich spürte dunkel, daß die Ereignisse in unserem Leben nicht zufällig ineinandergreifen, daß es vielmehr Gesetze geben muß, die sie verbinden. Wenn es gelänge, diese Gesetze zu erkennen, das Geheimnis der Beziehungen zwischen den einzelnen Fakten zu lüften, müßte man die Zukunft voraussagen können. Diese Überzeugung sollte später für mich zum Glauben und zur Gewißheit werden. In China achtet man, wie ich schon sagte, sehr aufmerksam auf gewisse Zeichen und Vorbedeutungen, sie sind wie eine göttliche Sprache, die es zu entschlüsseln gilt.

Seit ich in Paris wohnte, wo ich ein aktiveres Leben führte und mich notgedrungen mehr mit materiellen Dingen beschäftigte, wo ich weniger Zeit hatte, zu beten und mich zu sammeln, begegneten mir solche Zeichen und Vorbedeutungen weniger häufig als in China, aber meine frühere Anlage und das Wissen, das ich mir in meiner Heimat durch Lektüre und viele Gespräche mit Berufswahrsagern angeeignet hatte, war nach wie vor vorhanden.

Ernsthaft hatte ich begonnen, mich mit diesem Thema zu beschäftigen, als ich mit vierzehn Jahren meinen Sohn erwartete. Mein Gesundheitszustand war nicht der beste. Ich war noch ein halbes Kind und sollte schon Mutter werden. Der Hausarzt der Familie hatte mir bis zum fünften Schwangerschaftsmonat strenge Bettruhe verordnet. Diese langen Monate der erzwungenen Untätigkeit regten mich zum Nachdenken an, und ich bat meinen Mann, mir Bücher über das chinesische Horoskop und die verschiedenen Wahrsagemethoden zu bringen. Die Lektüre war oft schwierig und setzte gelegentlich philosophische Kenntnisse voraus, die ich nicht besaß, aber das, was ich verstehen konnte, hatte ich sehr gut behalten. Ich hatte mich mit dem I-Ching vertraut gemacht, das jetzt auch allmählich in Frankreich bekannt wird.

Im I-Ching, dem Buch der Wandlungen, verkörpert sich die sehr alte chinesische Lehre von Yin und Yang, die gemeinsam in jedem Wesen vorhanden sind und deren Zusammensetzung sich ständig ändert – daher die Bezeichnung »Wandlungen«. Nach chinesischer Auffassung hängen, da der Mensch einem ständigen Austausch mit der

Außenwelt unterliegt, Weisheit und Glück davon ab, ob das Innen und das Außen sich in voller Harmonie befinden. Yin und Yang sind Gegensätze wie Trägheit und Energie, das weibliche und das männliche Prinzip, Ruhe und Bewegung, Kälte und Hitze, Nacht und Tag. Wer das I-Ching konsultieren will, nimmt dazu entweder Münzen, die man wie Würfel benutzt, oder Stäbchen. Die zweite Methode ist die kompliziertere. Aus jedem Wurf der Münzen oder der Stäbchen ergibt sich ein durchgehender oder unterbrochener Strich. Sechs Striche bilden eine der 64 Figuren des I-Ching. Diese bezeichnen die Lage des Ratsuchenden sowie die Möglichkeiten, diese Lage zu ändern. Beschrieben wird das in einer bilderreichen, poetischen, oft mystischen Sprache.

Eins der 64 Hexagramme zu bilden lernt man schnell. Die große Schwierigkeit besteht darin, den dazugehörigen Text je nach den persönlichen Umständen des Ratsuchenden zu deuten, dazu ist eine lange Ausbildung erforderlich.

Wenn man sich im I-Ching gut auskennt, kann man nicht nur das Schicksal eines Menschen, sondern auch eines Gegenstandes voraussagen. Das zeigt die Geschichte von dem Chinesen, der eine sehr schöne alte Vase besaß, die einen großen Wert darstellte. Er entnimmt dem I-Ching, daß die Vase an dem und dem Tag zu der und der Zeit zerbrechen wird. Jetzt weiß ich, woran ich bin, sagt er sich, und kann meine Vase schützen. An dem bezeichneten Tag setzt er sich frühmorgens an einen Tisch, stellt die Vase darauf und bleibt so stundenlang sitzen, ohne daß außer ihm jemand die Vase berührt. Dann kommt die vorausgesagte Stunde, und plötzlich trifft ein heftiger Steinwurf die Vase, die sofort zerbricht. Den Stein hatte seine Frau geworfen. Als sie ihn stundenlang in Kontemplation versunken vor der Vase gesehen hatte, auf der – das muß noch gesagt werden – zwei schöne Mädchen abgebildet waren, dachte sie, er sei verrückt geworden, weil er sich bei der Betrachtung von zwei gemalten Schönen derart erregen konnte. Er ist besessen, sagte sie sich. Wenn er sich jetzt schon so benimmt, wie wird er sich erst verhalten, wenn er fremde Frauen auf der Straße sieht? Aus Rache hatte sie den Stein nach ihm geworfen und dabei die Vase getroffen, die der Mann danach in seiner Wut in tausend Stücke schlug. Diese Geschichte zeigt die Macht des Schicksals und beweist, daß man ihm trotz aller Vorsicht nicht entgehen kann. Was in den Sternen steht, wird geschehen, und der Mensch kann nichts dagegen tun.

Nach meiner Schwangerschaft habe ich oft Wahrsager befragt, die man in China auf offener Straße konsultieren kann. Die Blinden machen auf ihre Anwesenheit aufmerksam, indem sie auf ihren primitiven Saiten- oder Schlaginstrumenten spielen. Andere betätigen sich gleichzeitig als öffentliche Schreiber und helfen Leuten, die nicht lesen und schreiben können, beim Lesen und Beantworten ihrer Post. Meist sind sie alt und manchmal sehr gelehrt, alle aber sind arm und tragen dicke Brillen. Angesehene Wahrsager üben ihr Gewerbe natürlich nicht auf der Straße, sondern behaglich im eigenen Heim aus. Auch solche hatte ich kennengelernt. Der Beruf des öffentlichen Schreibers ist zwar nach Einführung der allgemeinen Schulpflicht im Aussterben begriffen, aber Wahrsager, wie ich sie schon in meiner Jugend aufsuchte, findet man noch häufig auf den Straßen.

Damals hatte ich mich für die Lehre von den fünf Elementen – Metall, Holz, Wasser, Feuer und Erde – begeistert, die sich auf verschiedene Art untereinander ergänzen, woraus sich Harmonie oder Disharmonie von Charakteren und Schicksalen erklären läßt. Aus Spaß erstellte ich für Leute aus meinem Bekanntenkreis Horoskope, wobei ich von den folgenden Grundsätzen ausging: Dem Frühjahr entspricht das Holz, dem Sommer das Feuer, dem Herbst das Metall, dem Winter das Wasser, und die Erde dominiert am Ende jeder Jahreszeit. Kennt man den Geburtstag eines Menschen, so kann man einen Überblick über seine Tendenzen, Gaben, schwachen Punkte erstellen. Die traditionelle chinesische Medizin stützt sich zum Teil auf diese Daten.

Aufgabe des Arztes ist es, das Gleichgewicht des Patienten wiederherzustellen, indem er sein Inneres – jene aus seinem Horoskop ablesbaren angeborenen Gaben – mit seinen Beziehungen nach außen – d. h. Nahrung, Gesundheitspflege, Beruf und Ehe – in Einklang bringt.

Ich hatte mich nicht nur praktisch durch die Erstellung von Horoskopen für Freunde und Bekannte geübt, sondern hatte das auch oft für Unbekannte getan, von denen man mir das Geburtsdatum gab, und immer hatte man mir versichert, daß meine Darstellungen und Voraussagen zutrafen.

Warum hatte ich eigentlich nicht früher daran gedacht, diese chinesische Wissenschaft, mit der ich mich bisher nur zu meinem Vergnügen beschäftigt hatte, nutzbringend anzuwenden?

Als dann eines Tages der Sportlehrer wiederkam, der mir so fleißig Kimonos abkaufte, legte ich ihm meinen Plan vor. Da die Sache nicht nur für mich, sondern auch für ihn vorteilhaft sein sollte, schlug ich ihm vor, er solle mir Kunden bringen. Ich würde 50 Francs für ein Horoskop berechnen und ihm 10 Francs Vermittlungsgebühr zahlen.

Erst war er Feuer und Flamme, dann kamen ihm Bedenken ob meiner Qualifikation. Es half nichts, daß ich versicherte, jeder unzufriedene Kunde bekäme sein Geld zurück, ich merkte deutlich, daß er nicht ganz überzeugt war.

Ein paar Tage später kam er wieder und sagte, daß er mich auf die Probe stellen wolle. Er brachte mir die Geburtsdaten einer jungen Frau – seiner Ehefrau, wie er hinzusetzte – und forderte mich auf, mich zu ihrem Charakter und ihrer Zukunft zu äußern. Ich war gern bereit, mich in seinem Beisein an die Arbeit zu machen. Als ich aber begann, mich mit dem Fall der jungen Frau zu befassen, war ich es, die Bedenken bekam, und zwar in noch höherem Maße, als es bei ihm der Fall gewesen war. Denn diese Geburtsdaten entsprachen ganz gewiß nicht dem Bild der idealen Ehefrau. Bei dieser Frau beherrschte das Wasser die anderen Elemente so stark, daß ihr Charakter und ihr Schicksal völlig unausgeglichen waren. Ich sah nur Gleichgültigkeit, Egoismus, Untreue, Faulheit, Unordnung und Koketterie. Je mehr ich in Einzelheiten ging, desto düsterer erschien mir das Bild. Aber konnte man dem Ehemann ein solches Bild von seiner Frau zeichnen?

Wenn ich offen mit ihm sprach, würde ich ganz gewiß einen guten Kunden verlieren. Und ich riskierte noch Schlimmeres. Ein chinesischer Ehemann duldet es nicht, daß man die Tugend seiner Frau in Zweifel zieht. Würde er wie ein Chinese reagieren? Dann war damit zu rechnen, daß er wütend werden, schreien, vielleicht mich beleidigen, mich schlagen würde. Darauf wollte ich es natürlich nicht ankommen lassen.

Doch er beobachtete mich mit großer Spannung, und ich konnte nicht mehr lange schweigen. Vorsichtig begann ich, er möge sich nicht ärgern, ich sei nicht schuld an dem, was in dem Horoskop der Dame stehe. Dann versicherte ich ihm, diese Frau sei nicht zur Ehe geschaffen. Da er mir aufmerksam zuhörte und ich nicht den Eindruck hatte, daß er sich ärgerte, sagte ich ihm nun alles, was ich von der jungen Frau wußte, in deren Leben viele Männer eine Rolle gespielt hatten und noch spielen würden und die offenbar das Geld dieser Herren höher schätzte als ihre Zuneigung.

Einen Augenblick blieb es still im Raum. War ich zu weit gegangen? Würde mein Kunde jetzt einen Wutanfall bekommen? Plötzlich schlug er mit der Hand auf den Tisch. Ich zuckte zusammen. Würde er jetzt gewalttätig werden? Im Gegenteil, die Bewegung war ein Ausdruck seiner Zufriedenheit. Er war begeistert von der Effektivität meiner Methode. Daß die junge Frau seine Ehefrau sei, hatte er mir nur erzählt, um mir die Aufgabe zu erschweren. In Wirklichkeit handelte es sich um eine Prostituierte, die er nicht mehr unterstützen wollte. Er hatte wissen wollen, ob sie einen anderen Beschützer finden würde.

Sehr zufrieden mit dieser Probe meines Könnens zahlte

mein Sportlehrer die 50 Francs und versprach, mir viele Kunden zu schicken. Ich reichte ihm lächelnd seine 10 Francs Vermittlungsgebühr, und er bat mich, all das, was ich in dem Horoskop gesehen hatte, schriftlich festzuhalten.

Meine mündlichen Kenntnisse der französischen Sprache waren besser als meine schriftlichen. Noch am selben Abend bat ich deshalb Herrn Tsing, mir bei der Abfassung des Textes behilflich zu sein, mit dem ich mich redlich abmühte. Herr Tsing war einigermaßen überrascht über meine Bitte und bedrängte mich mit Fragen. Ich erzählte ihm die ganze Geschichte, woraufhin er laut zu zetern begann und mir streng verbot, mich auf dieses neue Metier zu werfen. Ich hatte keine Zulassung als Wahrsagerin, ich hatte nicht das Recht, neben meinem derzeitigen auch noch diesen Beruf auszuüben, ich sollte meinem einzigen Kunden das Geld zurückgeben, und damit basta. Das war das Ende meiner Karriere als Horoskopstellerin.

Es blieb mir die Hoffnung, eines Tages meine Memoiren zu veröffentlichen. Inzwischen verdoppelte ich meine Bemühungen, mit meinem kleinen Geschäft zu reüssieren. Ich hatte bis auf Juliette, die zu mir kam, sobald sie nichts mehr für die Schule zu arbeiten hatte, keine Hilfe im Laden. Je mehr ich importierte, desto mehr körperliche Arbeit mußte ich leisten. Ich trug und zerrte und schob und schleppte meine Waren umher wie eine Ameise, die sich mit Lasten müht, die größer sind als sie.

Ich erinnere mich an den Tag, als ein Lastwagen vor meiner Tür hielt, der Fahrer zehn Kisten auf dem Gehsteig absetzte und dann, weil er es eilig hatte, gleich weiterfuhr. Umgehend erschien ein Polizist, der mir mit einem Strafzettel drohte, falls ich nicht unverzüglich den Gehsteig freimachte. Wie sollte ich das anstellen? Um die Kisten zu heben, war ich nicht stark genug. Nacheinander schob ich sie in den Laden, keuchend, schwitzend, stöhnend und dabei noch unter Zeitdruck. Ich plagte mich so, daß ein Passant Mitleid mit mir hatte und mir half.

Ich sehe mich im Laden die Eisenbänder abstreifen, welche die Kisten zusammenhielten und von denen eins mich an der Stirn verletzte, sehe mich meine Waren auspakken, im Hinterzimmer die leeren Kisten stapeln. Meine armen Hände, früher weiß, zart, gepflegt, Hände des Müßiggangs, Pianistenhände, waren zu Arbeiterhänden geworden, rauh, rot, frühzeitig gealtert, aber abgehärtet gegen Kälte, Verletzungen, tägliche Mühen. Eines Tages sollte meine Mutter bei ihrem Anblick weinen. Nach acht Jahren der Trennung sagte sie zu mir: »Du brauchst mir nichts von deinen Leiden zu erzählen, meine Tochter, sie haben sich in deine Hände eingegraben.«

Doch waren diese Opfer nicht umsonst, das Geschäft lief gut, meine Kunden gaben meine Adresse an Bekannte weiter, und ich konnte sogar etwas Großhandel betreiben. Juliette war fleißig und brav wie ein Engel und bereitete mir nur Freude. Paul bestand durch doppelte und dreifache Anstrengungen die Mittlere Reife, wie er es sich vorgenommen hatte, bereits 1968. In einem Jahr hatte er das Pensum von drei Jahren absolviert. Mein Schwiegervater hielt sein Versprechen und übernahm von diesem Zeitpunkt an die Kosten für die Ausbildung meines Sohnes. Für mich war das eine große Erleichterung.

Von 1968 bis 1969 absolvierte Paul noch einmal ein Zweijahrespensum in einem Jahr und wurde nach der Abschlußprüfung zur Universität Cambridge zugelassen, wo er sich im Trinity College für Bautechnik einschrieb. Dieser Erfolg beglückte mich sehr. Pauls Direktor schickte mir einen herzlichen Brief, in dem er mir seine Glückwünsche aussprach. Mein Sohn hatte in allen Fächern glänzende Noten, in Mathematik hatte er – etwas ganz Ungewöhnliches – die Höchstzahl aller erreichbaren Punkte erzielt.

Pauls Studium bescherte ihm sehr lange Semesterferien. Diese Zeit konnten wir unmöglich zu viert in der kleinen Wohnung in Rueil-Malmaison verbringen. Armer Herr Tsing! Als Junggesellenwohnung war diese Behausung ideal gewesen, aber dann hatte er sich eine Frau genommen, kurz darauf war ein kleines Mädchen dazugekommen, und jetzt stand ihm noch ein junger Mann ins Haus. Diese drangvolle Enge ließ mich für den Familienfrieden fürchten. Wenn Herr Tsing wieder seine Wutausbrüche bekam, konnte das für alle sehr unangenehm sein.

Da meine Geschäfte sich gut anließen und mein Schwiegervater die Kosten für Pauls Ausbildung übernommen hatte, fand ich, daß ich an einen Umzug denken konnte. Gerade zu dieser Zeit bot sich die Gelegenheit, eine Wohnung zu mieten, die dreimal so groß war wie unsere jetzige. Die derzeitigen Bewohner gingen ins Ausland und waren bereit, uns eine mäßige Miete zu berechnen unter der Bedingung, daß wir die Wohnung nach ihrer Rückkehr in einigen Jahren freimachten. Eine solche Chance durfte man sich nicht entgehen lassen.

Meine erste Amtshandlung bestand darin, für die neue Wohnung getrennte Betten für Herrn Tsing und mich zu erstehen. Meine Haut würde ihn nicht mehr verbrennen, ich würde ihn nicht mehr beim Schlafen stoßen, und für mich würden die nächtlichen Fußtritte aufhören. Paul und Juliette bekamen eigene Zimmer, und Herr Tsing konnte sich nicht mehr darüber beklagen, daß sie ihn störten. Ich verwirklichte einen langgehegten Traum und kaufte auf Kredit einen Flügel fürs Wohnzimmer. Mein Klavier ließ ich in das Hinterzimmer meines Ladens schaffen, um dort gelegentlich zu üben, während ich auf Kunden wartete. Es trat an die Stelle des altehrwürdigen Instrumentes, das ich zwei Jahre zuvor für 160 Francs auf einer Auktion erstanden hatte und das ich fast jeden Tag hatte stimmen müssen.

Anfang 1970 hatten wir uns in unserem neuen Heim schon ganz gut eingerichtet. Es war ein erstaunlicher Weg, den ich seit meiner Ankunft in Paris zurückgelegt hatte. Ich war wieder mit meinen beiden Kindern vereint, ihre Leistungen berechtigten für die Zukunft zu den schönsten Hoffnungen, mein Geschäft begann mir ein Gefühl der Sicherheit zu geben. Trotzdem war ich oft in Gedanken in China, bei meinen Eltern, die alt wurden, ohne daß ich sie umsorgen konnte, und das Heimweh plagte mich wie in meinem ersten Winter im Exil.

Die Ehe mit Herrn Tsing war mir kein Trost. Jede Zärtlichkeit war aus unserer Beziehung verschwunden. Sicher, ich konnte ihm die Nüchternheit, die in seiner Natur lag, nicht zum Vorwurf machen. Aber ohne die Liebe meiner beiden Kinder wäre mein Herz erfroren. Vielleicht standen auch die ungerechten, übersteigerten Worte, die hier und da im Streit gefallen waren, zwischen uns, denn derlei vergißt man nicht, selbst wenn man es gern möchte. Ich hatte mehrfach von Scheidung gesprochen, und gewiß erinnerte sich Herr Tsing daran, so wie ich mich an seine Kränkungen erinnerte.

Er ließ deshalb auch keine Gelegenheit vorübergehen, mir vor Augen zu führen, daß ich ihn immer noch dringend brauchte. Er übernahm die Buchhaltung für mein Geschäft, denn davon verstand ich rein gar nichts. Ohne seine Hilfe, erklärte er, würde ich mich hoffnungslos im Gestrüpp der komplizierten gesetzlichen Vorschriften verheddern und mich mit den verschiedensten Ordnungsstrafen ruinieren, denn ich sei einfach nicht in der Lage, meine Unterlagen in Ordnung zu halten. Wahrscheinlich hatte er damit recht, denn schon das harmloseste Formular flößte mir Angst und Schrecken ein. Ich bin, wie alle chinesischen Frauen meiner Generation, sehr abhängig vom Mann. Ich kann mir nur schwer vorstellen, ohne den Schutz eines Mannes zu leben, der mir sagt, was ich tun soll, selbst wenn ich nicht immer seiner Meinung bin. Ich gestehe diesen scheinbaren Widerspruch in meinem Charakter offen ein. Es ist vielleicht eine natürliche Disposition, hängt aber ganz sicher auch mit meiner Erziehung zusammen. Es ist nicht so leicht, sich von seiner Kindheit zu lösen. Die meine verfolgte mich, und der Wunsch, China wiederzusehen, wurde von Tag zu Tag stärker.

In Kanton finden jedes Jahr zwei große Handelsmessen statt, eine im Frühjahr, die zweite zu Beginn des Winters. Warum sollte ich nicht die Osterferien, in denen Paul sich um das Geschäft kümmern konnte, dazu nutzen, um mit Juliette China zu besuchen? Als Importeurin würde ich mühelos ein Visum bekommen. Wir würden natürlich die Messe besuchen, könnten aber bei dieser Gelegenheit auch meine Eltern und meine Schwiegereltern wiedersehen. Juliette war glückselig und schon ganz aufgeregt in Gedanken an diese Unternehmung, die ich sorgfältig vorbereitete.

Im Frühjahr 1970 war alles für unsere Abreise bereit. Ich hatte den billigsten Flug gewählt, einen Charterflug von London nach Hongkong. Bewegt sah ich mich auf dem Londoner Flughafen um, auf dem ich meinen Paul erwartet und nicht gleich erkannt hatte. Ich hatte viel Zeit für solche Erinnerungen, denn Juliette und ich warteten sechs Stunden stehend, in der Menge eingekeilt, bis es soweit war. Endlich, gegen neun Uhr abends, durften wir einsteigen. Vom Start an machte die Maschine auf uns einen alles andere als vertrauenerweckenden Eindruck. Wir wurden wie in einer Salatschleuder hin- und hergeschwenkt, und Juliette klammerte sich an mich und fragte: »Mama, glaubst du, das Flugzeug wird abstürzen?« Ich beruhigte sie, so gut ich konnte, aber ich muß gestehen, daß ich es ebenso eilig hatte wie sie, wieder festen Boden unter den Füßen zu spüren. An die sechsundzwanzig Stunden, die wir in der Luft verbringen mußten, denke ich nicht gern zurück. Aber was hätten wir nicht alles auf uns genommen, um China wiederzusehen...

Mein Großonkel Ton Shon, der Bruder meines Schwiegervaters, erwartete uns auf dem Flughafen von Kowloon. Er begrüßte uns herzlich und nahm uns mit nach Hause, wo er ein Zimmer für uns vorbereitet hatte, denn wir sollten bei ihm wohnen. Meine Schwiegereltern, erzählte er, wohnten jetzt in recht beengten Verhältnissen bei ihrer zweiten Tochter. Mein Großonkel meinte, wir sollten uns zuerst ein bißchen ausruhen, aber wir hatten es eilig, unsere Lieben wiederzusehen. Ich fragte ihn, ob ich nicht doch gleich mit Juliette einen kurzen Besuch bei ihren Großeltern machen könnte. Mein Großonkel bereitete mich etwas verlegen darauf vor, daß meine Schwiegermutter mich vielleicht nicht sehr herzlich empfangen würde, da sie viel Schlechtes über mich gehört habe. Meine Schwägerinnen hatten nichts anderes im Sinn, als mir zu schaden, und wiederholten ständig, ich sei der Schandfleck der Familie. Meine Schwiegermutter, die ihren Ältesten, meinen lieben Mann, so sehr geliebt und die mir soviel Zuneigung entgegengebracht hatte, zweifelte jetzt an mir und grollte mir um so mehr, als ich ihr Paul und Juliette genommen hatte, ohne die sie ganz in Melancholie und Langeweile versunken war. Was für ein trauriges Alter! Um ihrer Einsamkeit zu entfliehen, hatten die beiden Alten sich entschlossen, zu der Tochter zu ziehen, deren Wohnung nicht sehr groß war, da zwei Zimmer an alleinstehende junge Leute vermietet waren, wie das in Hongkong üblich ist. Daß unter diesen Umständen sich alle gegenseitig auf die Nerven gingen, war einleuchtend. Mein Schwiegervater hatte das ihm verbleibende Vermögen an seine Kinder verteilt und war deshalb jetzt von seiner Tochter abhängig, deren Verhalten sich grundlegend geändert hatte. Früher hatte sie ihn umsorgt und umschmeichelt, jetzt dagegen war sie rüde und ruppig zu ihm. Sie nahm keinerlei Rücksicht mehr auf die alten Leute, von denen sie ja nichts mehr zu erwarten hatte. Dabei zahlte ihr mein Schwiegervater noch einen Zuschuß zum Essen und machte sich in der Wohnung so klein wie möglich. Trotzdem war die Stimmung dort ständig gereizt.

Bekümmert machte ich mich mit Juliette auf den Weg. Wir fuhren mit dem Bus bis zur Price Road, wo meine Schwägerin wohnte. Das Herz wurde mir noch schwerer, als ich sah, wie häßlich und schmutzig das Haus war, in dem die Familie untergebracht war. Mit ihrem Erbteil hätte meine Schwägerin etwas Besseres finden können, aber sie bereitete sich auf die Auswanderung in die USA vor – ihr Sohn lebte bereits dort – und meinte wohl, daß ein Umzug für eine so verhältnismäßig kurze Zeit unnötige Kosten verursachen würde.

Juliette und ich kauften bei einem Obsthändler schöne Wassermelonen, wie mein Schwiegervater sie liebte, um sie ihm bei unserer Ankunft zu überreichen. Es dauerte eine Weile, bis wir den richtigen Eingang gefunden hatten. Die Hausnummern waren schwer zu erkennen, und diese riesigen Wohnblocks ähneln sich wie ein Ei dem anderen. Der Geruch war überwältigend. Es war sehr heiß, und der Gestank nach muffigem Schweiß, der in den schlecht gewarteten Gebäuden hing, drehte mir den Magen um. Wie hatten sich meine Schwiegereltern, an ein Leben in Kultur und Wohlstand gewöhnt, mit diesen neuen Umständen abgefunden? Von Schicksalsschlägen waren sie auch vorher nicht verschont geblieben, aber diesen deprimierenden Schmutz erlebten sie jetzt zum ersten Mal.

Bewegung und Kummer legten sich mir schwer aufs Herz. Ich bereute bitter, daß ich wieder geheiratet hatte, daß ich jetzt ein so ganz anderes Leben führte, daß ich nicht hiergeblieben war, um meinen unglücklichen Schwiegereltern ihre letzten Jahre zu verschönen, so gut es ging.

Endlich standen wir im 12. Stock, und ich drückte den Klingelknopf. Ich zitterte, teils in Erwartung des Wiedersehens, teils aus Reue über meine zweite Ehe. Es war ein Augenblick, den ich nie vergessen werde. Dann hörte ich den vertrauten Schritt meines Schwiegervaters. Er brauchte lange, um die Tür zu öffnen, denn er hatte keine Kraft mehr, und seine Hände zitterten. Ich brachte kein Wort heraus, als er endlich vor mir stand, abgemagert, mit schlohweißem Haar, aber noch immer mit einem Gesicht voller Güte. Ich konnte nur weinen, immer nur weinen über meinen Verrat. Dabei hatte ich einzig das getan, was ich glaubte, tun zu müssen. Und jetzt war ich so unglücklich, kam mir so schlecht vor, weil ich ihn in seinem Alter, seinem Kummer allein gelassen hatte. Das Bewußtsein meiner Treulosigkeit marterte mich. Mein Schwiegervater bat uns herein, und dann kam auch meine Schwägerin, die mir und Juliette die Wassermelonen abnahm und uns gezwungen zulächelte. Noch immer weinend bat ich, meine Schwiegermutter sehen zu dürfen, die wie stets in ihrem Zimmer war. Mein Schwiegervater führte mich durch das Wohnzimmer, das Zimmer eines Untermieters – die Räume waren alle miteinander verbunden – und das Zimmer meiner Schwägerin und ihres Mannes, das durch einen Vorhang geteilt war, denn im selben Raum schlief auch noch ihre zwanzigjährige Tochter. Jetzt standen wir in dem Zimmer, das er mit seiner Frau bewohnte.

Dann sah ich meine Schwiegermutter vor mir, gelähmt und stumm, wie ich sie seinerzeit verlassen hatte. Die Qual drohte mich zu überwältigen. Als sie mich sah, stieß sie einen lauten Wutschrei aus. Ich begriff, daß sie mich nicht sehen wollte, daß sie die Lügengeschichten glaubte, die ihr von ihren Töchtern zugetragen worden waren. Trotzdem trat ich ein paar Schritte auf sie zu. Sie fuchtelte erregt mit den Armen und stieß mich zurück. Doch ich ließ mich nicht abschrecken, ich nahm sie in die Arme, schluchzte: »Mama, Mama, o Mama.« Mein Kummer war tief, meine Tränen brannten heiß. Und dann weinten wir beide. In diesem Augenblick kam mein Schwiegervater zurück und trennte uns. Zu große Erregung hätte der Gesundheit seiner Frau gefährlich werden können.

Er führte mich ins Wohnzimmer und bat mich, einen Augenblick zu warten. Als er wiederkam, hatte er einen europäischen Anzug an. Mit ernstem Gesicht wies er Juliette an hierzubleiben, er würde kurz mit mir weggehen. Ich hatte keine Ahnung, wohin er mit mir gehen wollte, aber ich folgte ihm gehorsam. Im Aufzug sprach er kein Wort, und ich wagte es nicht, ihn anzureden. Er führte mich in ein kleines Café ganz in der Nähe. Ich war sehr überrascht, denn in China ist es nicht üblich, daß Schwiegervater und Schwiegertochter sich in einem Café zusammensetzen. Dort wählte er einen abgelegenen Tisch, bat mich, ich möge mich zu ihm setzen, und sah mich forschend an. »Du bist Buddhistin, und du darfst nicht lügen, Julie«, sagte er zu mir. »Sag mir, ob es mit dem, was man sich erzählt, seine Richtigkeit hat. Bist du wieder verheiratet?«

Es war ein schlimmer Augenblick. Ich durfte in der Tat nicht lügen, aber ebensowenig durfte ich ihm die Wahrheit sagen, sie hätte ihn allzu unglücklich gemacht. Ich konnte ihm ja nicht begreiflich machen, was sich seit meiner Abreise vor acht Jahren zugetragen hatte. Auf seine Frage konnte ich nur mit einer Gegenfrage antworten: Warum haßten meine Schwägerinnen mich so sehr? Was hatte ich ihnen getan? Wenn sie sich so für mein Leben interessierten, mochten sie doch nach Paris kommen, mich besuchen und mein Verhalten aus erster Hand beurteilen, statt von Dingen zu reden, über die sie nichts wußten.

Zu meiner großen Erleichterung wiederholte mein Schwiegervater seine erste Frage nicht, sondern stellte eine zweite:

»Stimmt es, Julie, daß du in Paris ein Kind bekommen hast? Kannst du mir schwören, daß es nicht wahr ist?«

Diesmal konnte ich ihm die gewünschte Antwort geben. Nein, ich hatte keine anderen Kinder außer meinem Paul und meiner Juliette, und ich war bereit, darauf alle heiligen Eide zu schwören.

Mein Schwiegervater glaubte mir aufs Wort. Er schien über das, was er gehört hatte, sehr glücklich zu sein, zahlte und bat mich und Juliette, zum Essen zu bleiben.

Es war ein trauriges Mahl. Meinen Schwiegervater hatte das emotionsgeladene Wiedersehen offensichtlich erschöpft, meine Schwägerin und ihr Mann verhielten sich steif und unnatürlich, und ich war zutiefst schockiert durch eine Bemerkung meiner Schwägerin, die sie in der Küche hatte fallenlassen: »Es lohnt sich nicht, dem Alten Fleisch auf den Teller zu legen, er hat schlechte Zähne und ißt seine Nudeln ohne alles.« Ich fragte mich, um welchen »Alten« es sich wohl handeln mochte, denn ich konnte nicht glauben, daß sie von ihrem eigenen Vater in diesem Ton sprach, einem Mann, der in den Tagen seiner Macht von allen verehrt worden war. Und doch war es so.

Daß meine Schwiegereltern in eine so peinvolle Abhängigkeit geraten waren, daß sie so ganz auf jede Zuneigung und Achtung verzichten mußten, hätte ich mir nie träumen lassen. Unbequemlichkeit, ja, selbst Armut sind erträglich, wenn es denn sein muß, nicht aber der Undank, die Gleichgültigkeit eines Kindes, dem man seine ganze Liebe geschenkt hat. Daß meine Schwägerin zärtlich geliebt worden war, hatte sie offenbar völlig vergessen. Der reiche, mächtige Herr Liu, der seine neun Kinder mit Wohltaten überschüttet hatte, war jetzt »der Alte«. Würdevoll, klaglos aß er seine in Wasser gekochten Nudeln – mit der Abgeklärtheit eines Mannes, der ein hohes Alter erreicht und viele Enttäuschungen erlebt hat und jetzt wie ein Reisender ist, der sich entfernt und keinen Blick zurückwirft.

Ich hielt mich drei Tage in Hongkong auf. Jeden Tag fuhr ich von der Wohnung meines Onkels Ton Shon in die Price Road, um meine Schwiegereltern zu besuchen. Daneben erledigte ich die für die Einreise nach China erforderlichen Formalitäten, denn ich wollte mich mit meinen Eltern in Kanton treffen.

Am vierten Tag ließ ich Juliette in der Obhut meines Onkels zurück und fuhr mit dem Zug zur Grenze.

Wie viele Erinnerungen wurden auf dieser Fahrt wach! Der Zug hielt in Lo-wu, wo ich einst die niederschmetternde Nachricht vom Tod meines Mannes Liu Yu Wang erhalten hatte. Die Landschaft war unverändert. Um so mehr hatte sich die Landschaft meines Lebens gewandelt. Ich überschritt die Grenze in Sen-sen, wo ich beim Überqueren einer großen Eisenbahnbrücke zum ersten Mal seit acht Jahren chinesische Soldaten sah. Ich erkannte die vertrauten Baumwolluniformen, die ebenfalls aus Baumwolle gefertigten Schuhe, und bei diesem Anblick regte sich in mir ein undefinierbares Gefühl, gemischt aus Freude und Trauer um all diese langen, in der Fremde verbrachten Jahre. Gleichzeitig wurde meine Sehnsucht nach den Eltern fast übermächtig. Ich hätte den Zug vorwärts schieben mögen, damit er schneller fuhr. Besorgt fragte ich mich, ob mein Vater und meine Mutter mich, wie verabredet, in Kanton auf dem Bahnhof erwarteten. Wie mochte es ihnen gehen? Ob sie gesund waren? Ob sie sich sehr verändert hatten? Und – hatte ich mich wohl in ihren Augen verändert? Begierig betrachtete ich die Landschaft, die vor meinen Augen vorüberzog, ich erkannte die Erde meines Landes, alles entzückte, betrübte mich, machte mich glücklich und unglücklich zugleich. Die letzten, schwersten Augenblicke einer langen Wartezeit waren gekommen, und ich spürte ganz stark, daß Warten Leben bedeutet. Wer kann leben, ohne auf etwas zu warten?

Endlich verlangsamte der Zug die Fahrt, wir liefen in den Bahnhof ein. Weit aus dem Fenster gebeugt, versuchte ich, meine Eltern zu erspähen. Mein Herz hämmerte, Bewegtheit trübte meinen Blick. Ja, tatsächlich, da standen sie, hielten ebenfalls nach mir Ausschau.

Ich stürzte auf den Bahnsteig, fiel ihnen um den Hals. Beide hatten weiße Haare, obgleich sie kaum sechzig waren. Und wie alt mein Vater geworden war! Welche Trauer, welche unbekannte Müdigkeit stand in seinen Augen. Wie mager er aussah, und wie armselig und abgetragen beider Kleidung war. Ich weinte hemmungslos. Aber nicht nur diese traurigen Gedanken bewegten mich, sondern auch das Glück, hier, bei ihnen zu sein, sie sehen, berühren, küssen zu können, als sei ich noch ein kleines Mädchen.

Mein Vater versuchte, mich zu beruhigen. Freundlich machte er mich darauf aufmerksam, daß ich die anderen Mitglieder der Reisegruppe, mit der ich aus Hongkong gekommen war, warten ließ. Wir wollten zusammen in das Hotel fahren, in dem Zimmer für uns reserviert waren. Sie hatten Verständnis für meine Tränen und warteten geduldig, bis ich mich wieder gefaßt hatte, ohne sich an dem Überschwang meiner Gefühle zu stören.

Wir begaben uns zum Hotel. Meine Eltern hatten einen jungen Mann mitgebracht, den ich zuerst gar nicht erkannt hatte, denn damals, als ich meine Heimat verließ, war er erst zehn Jahre alt gewesen. Es war mein Neffe, der Sohn meiner Schwägerin, der in Shanghai in der Nähe meiner Eltern wohnte. Aus dem kleinen Jungen von damals war ein großer, gutaussehender junger Bursche geworden.

Ich hatte so viele Fragen an meine Eltern, daß ich im Hotel, wo wir Gelegenheit hatten, einander all das zu erzählen, was sich in den letzten acht Jahren zugetragen hatte, gar nicht wußte, wo ich anfangen sollte. Ein- oder zweimal hatte ich den Eindruck, daß sie mir etwas verbargen. Mir schien sogar, als hinderten meine Eltern meinen Neffen am Sprechen. Sobald ich eine Frage stellte, geriet meine Mutter in eine unerklärliche Erregung und zitterte, als wollte sie mich bitten, nicht weiterzusprechen. »Es ist alles in Ordnung, es ist alles in Ordnung«, wiederholte sie mechanisch ein ums andere Mal.

Am nächsten Morgen beschloß ich, mit meinem Neffen einen Spaziergang zu machen. Unter dem Vorwand, ich hätte auf der Messe zu tun, empfahl ich meinen Eltern, sich im Hotel auszuruhen, und bat meinen Neffen, mich zu begleiten.

Ich ging mit ihm zu einem Park unweit der Messe, wir setzten uns ans Flußufer, und ich stellte ihm die Frage, die mir auf den Lippen und im Herzen brannte. Jetzt endlich wollte ich alles über das Leben meiner Eltern seit meiner Abreise wissen.

8. Kapitel

Blick auf die Kulturrevolution / Die wunderbare Geschichte des Kaisers Wu-ti / Legende vom Helden, der gegen die acht Sonnen kämpfte / Unheilvolle Folgen der Heirat von Ching Son / Die Leiden der Zwillinge Lele und Toutou / Der Vater der Schwiegertochter des Chefs spült Spucknäpfe / Eine seltsame Art, Miete einzutreiben / Wo man lügen muß, um das Gesicht zu wahren / Das Testament des Liu Pin San.

Die Schicksalsschläge und Stürme, die in diesen entscheidenden Jahren über meine Familie wie auch über meine Freunde und Lehrer aus dem Konservatorium hinweggingen, waren gewiß nur kleine Wirbel im Vergleich zu den Ereignissen, die seit dem Beginn der sogenannten Kulturrevolution das ganze Land erschütterten.

Der Leser möge mir verzeihen, wenn ich mir hier einen kurzen Rückblick gestatte. Ich möchte auf einige Vorfälle und Episoden zurückkommen, von denen ich in meinem ersten Buch berichtet habe, weil mir dies zum Verständnis der folgenden dramatischen Geschehnisse unerläßlich zu sein scheint.

Ich habe meine Kindheit zwischen zwei Welten verlebt, einer korrumpierten Feudalwelt, die sich unter unseren Augen auflöste, ohne daß uns das recht bewußt wurde, und einer neuen Welt, in der nach fünfundzwanzigjährigem Kampf das Ziel erreicht schien, China seine Würde zurückzugeben und dem Volk den Hunger zu nehmen. Mit dreizehneinhalb Jahren heiratete ich in eine Familie ein, die man wohl mit Fug und Recht als kapitalistisch bezeichnen kann, denn es war eine der reichsten Familien Shanghais. Obgleich mein Schwiegervater, der bedeutende Liu Pin San, in dieser Zeit einigen Ärger bekam und mehr aus Angst denn aus Notwendigkeit nach Hongkong übersiedelte, bezog ich noch jahrelang unter einem kommunistischen Regime Dividenden aus Einkünften seiner Fabriken, auch nachdem sie verstaatlicht worden waren. Mein älterer Bruder, Ching Son, der ein heimlicher Revolutionär gewesen war, bekam innerparteiliche Schwierigkeiten. Ebenso erging es meinem Vater, einem bescheidenen Lehrer, der in der Epoche der Hundert Blumen geglaubt hatte, er könne die Bauern kritisieren, was zumindest ein Irrtum war. Doch diese für den einzelnen schmerzlichen Vorfälle wogen nicht schwer, wenn man den fast unglaublichen Fortschritt in meiner Heimat dagegensetzt.

Ich, deren Großvater ein kümmerlicher Hausierer aus Chao-Chou gewesen war, einer Stadt, die sich auf den Verkauf von Kindern spezialisiert hatte, erlebte beispiellose Veränderungen des Lebensstandards, der hygienischen Verhältnisse – geradezu fassungslos registrierte ich, daß die Fliegen praktisch ausgestorben waren –, der Wohnungsmieten, der Medizin. Ich spreche hier, wohlgemerkt, nur von dem, was mir persönlich anläßlich meiner Reisen aufgefallen ist. Ein Volk hatte sich aus seinem Elend erhoben, es brauchte keine Steuern mehr zu zahlen, vier Prozent des Lohns wurden für Miete einbehalten, die Schulbildung war kostenlos, an Essen und Kleidung bestand kein Mangel, ja, es gab sogar die Möglichkeit, ein wenig Geld auf die hohe Kante zu legen. Ich habe mit angesehen, wie China, der »kranke Mann Asiens«, wie man mein Land nannte, ganz allmählich gesundete. Mein Land, in dem 1940 die Lebenserwartung bei dreißig Jahren lag, hatte den Epidemien und der Tuberkulose erbarmungslos den Kampf angesagt und ein in der Welt einzigartiges Gesundheitssystem eingeführt. Um dem Mangel an Ärzten und Krankenschwestern abzuhelfen, erschienen die berühmt gewordenen »barfüßigen Ärzte« auf der Bildfläche, die in einem halben bis einem Jahr ausgebildet wurden und dann ein oder zwei Jahre Erfahrung in der Zusammenarbeit mit approbierten Ärzten sammelten. Dank dieser Einrichtung war die Medizin bis in die kleinsten Orte vorgedrungen, und auch die einfachsten Leute hatten nun einen Anspruch auf gründliche ärztliche Versorgung.

In einem so großen, so weit in seiner Entwicklung zurückgebliebenen Land kann es bei einer Revolution nicht ohne Zwischenfälle und Irrtümer abgehen. Das hat man während der Zeit der Hundert Blumen und während der Schwierigkeiten des Großen Sprungs nach vorn gesehen.

Mein Neffe, der mir von den Ereignissen der Kulturrevolution berichtete, sah noch nicht alles, was geschehen war, ganz klar, fest aber stand, daß es Mao Tse-tung selbst gewesen war, der beschlossen hatte, den Kampf zu intensivieren und dafür die Masse der Arbeiter, der Bauern, der Studenten, die Armee und die Partei selbst zu mobilisieren. China sollte nicht auf denselben Weg geraten wie 1965 die Sowjetunion unter Chruschtschow; der sogenannte Revisionismus, d. h. eine Rückwendung zum Kapitalismus, sollte unter allen Umständen verhindert werden. Als Präsident Liu Shao-ch'i begann, von einem Vorrang der Wirtschaft zu sprechen und von der Notwendigkeit, gewisse westliche Methoden zu übernehmen, warf man ihm vor, eine rückwärtsgewandte Politik zu betreiben.

1965 und 1966 war es die Angst vor einer Rückkehr zum Kapitalismus – und vielleicht auch die reale Gefahr dieser Möglichkeit –, die jene Wandzeitungs-Kampagnen, die Massendemonstrationen von Millionen junger Leute, der sogenannten Roten Garden, und all jene Dinge auslöste, die die Ausländer so befremdet haben. Die Unordnung, die Schließung der Universitäten – einige blieben jahrelang geschlossen – war zunächst nicht von Belang. 700 Millionen Chinesen machten sich daran, eine neue Welt zu schaffen und die letzten Reste der Bourgeoisie mit Stumpf und Stiel auszurotten. Die »vier schlimmen Dinge« mußten abgeschafft werden: alte Traditionen, alte Sitten, alte Gewohnheiten, alte Gedanken. Zunächst galt es, die Kultur zu verändern, die Intellektuellen zu reformieren und umzuerziehen, die im Geiste noch immer nicht die Kultur des alten China über Bord geworfen hatten. Die anmutig-poetische, bourgeoise Mandarinkultur, die jahrhundertelang das Volk unterdrückt und sich im Müßiggang entwickelt hatte, mußte zerstört werden. Daher wurden viele literarische Werke und Theaterstücke verboten. Was blieb, waren Volkslieder, bäuerliche Folklore und eine sehr begrenzte Zahl von Opern. Die Gedanken Mao Tse-tungs waren der Schlüssel zu all diesen Problemen. Millionenfach wurde sein Rotes Buch gelesen, kommentiert, wie eine Fahne geschwenkt.

Die Roten Garden setzten eine direkte Volksherrschaft ein, die sich die Pariser Kommune zum Vorbild nahm. Sie hatten das Recht, jedermann öffentlich zu kritisieren, bis hinauf zu den Parteikadern und Funktionären in höchster Position. Sie durften sich frei in ganz China bewegen, und die regionalen Behörden waren verpflichtet, ihnen Unterkunft zu gewähren und sie zu verpflegen. 1966 waren 13 Millionen Jugendliche in die Hauptstadt gekommen, um den Großen Steuermann zu sehen. Die Roten Garden waren berechtigt, Verhaftungen vorzunehmen und Verhöre durchzuführen, sie durften überall, wo sie es für richtig hielten, Streiks ausrufen. Millionen Jugendliche ließen diese Flut immer mehr anschwellen, das Land füllte sich mit Roten Garden.

Alle hatten nur ein einziges Herz, und dieses Herz schlug für Mao Tse-tung. Mao erklärte: »Es handelt sich nicht nur darum, eine alte Welt zu zerstören, wir müssen eine neue Welt schaffen, und wir müssen kämpfen, aber ohne Gewalt. Es muß gekämpft werden, um das ganze Land, die ganze Gesellschaft zu verändern. Aber das muß mit Behutsamkeit geschehen.«

Daß es in dieser Zeit mit der Behutsamkeit nicht immer weit her war, ist zur Genüge bekannt. Es gab Zusammenstöße, Gewalttätigkeiten, echte Schlachten. Die Roten Garden machten sich, nachdem sie die bürgerlichen Geschäfte zertrümmert hatten, über die Denkmäler her, die beschädigt und teilweise zerstört wurden, es gab sogar ein – zum Glück nur kurzes – Aufflackern von Fremdenhaß, wobei die Englische Botschaft in Brand gesteckt wurde.

Zu den Intellektuellen und Künstlern, die Opfer dieser Exzesse wurden, gehört auch ein Mann, den ich besonders verehrte, und ich weinte bitterlich, als ich von seinem

Schicksal erfuhr. Ich meine Professor Cheng vom Konservatorium Shanghai, dem ich größten Dank schulde. Er hat mich zur Pianistin und Begleiterin ausgebildet, sein Vertrauen gab mir Mut, seine Freundschaft beglückte mich. Er war ein großer Mensch mit einem edlen Herzen, der nur für seine Schüler lebte. Aber weil er in England studiert hatte, behaupteten die Rotgardisten, er sei ein Spion. Er wurde zusammen mit seiner Frau vor Gericht gestellt, beleidigt und derart brutal geschlagen, daß beide es vorzogen, sich durch einen Sprung vom Balkon selbst zu töten. Dieses schmähliche Ende so wertvoller Menschen habe ich nie verwinden können, und nie kann ich ohne Schmerz das traurige, wunderschöne Klavierkonzert von Wieniawski hören, das wir zusammen erarbeitet hatten, finde ich darin doch das tiefe, reine Gefühl wieder, das ich meinem Lehrer und Freund entgegenbrachte.

Von diesen oft tragischen Geschehnissen, welche die Welt überraschten, kann ich nur das berichten, was ich selbst miterlebt habe oder was meinen Eltern und Verwandten widerfahren ist. Eines Kommentars dazu möchte ich mich enthalten. Die Geschichte wird einst über die letzten Jahre des großen Mao Tse-tung urteilen, der das Geschick eines Viertels der Menschheit gewendet hat. Allmählich wird man die Wahrheit über die berühmt-berüchtigte Viererbande erfahren – die jetzt schon langsam ans Licht kommt –, man wird wissen, welche Rolle die Frau des Vorsitzenden Mao, Chiang Ch'ing, gespielt hat, die als kleine Filmschauspielerin begann und auf den Gipfel der Macht gelangte. Bevor ich jedoch wieder auf die Geschichte meiner Familie zurückkomme, möchte ich meinen Lesern zwei alte Geschichten erzählen, denn im modernen China ist das ewige China stets präsent, und wir kennen viele Erzählungen von alternden Kaisern und von Frauen, die das Schicksal an die Spitze des Reiches trug.

Beginnen möchte ich mit einer Geschichte, die zeigt, was aus einer Frau werden kann. In der ganzen Welt gilt die

Chinesin als unterwürfig, besonders sanft und gehorsam. In Wirklichkeit wurden der Chinesin Sanftheit und Unterwürfigkeit nicht von der Natur geschenkt, sie ergaben sich vielmehr aus dem familiären Druck in einer Feudalgesellschaft, in der das Schicksal der Frau von Geburt an festgelegt war. Die eigene Persönlichkeit aufzugeben, sich bedingungslos unterzuordnen, stets sanftmütig und gehorsam zu sein, das war eine ihr vom Mann aufgezwungene Notwendigkeit. Häufig verbarg sich unter weiblicher Sanftmut und Schwäche eine starke Persönlichkeit, ja, sogar ein ausgeprägter Hang zur Herrschsucht.

So haben in der ganzen chinesischen Geschichte die Schwiegermütter ihre Schwiegertöchter schlecht behandelt, in jeder Generation aufs neue. Doch darf man dabei nicht vergessen, daß diese gestrengen, ja, grausamen Schwiegermütter als Schwiegertöchter ebenso behandelt worden waren. Aus der Gequälten wurde eines Tages selbst eine Quälende, das war das Gesetz dieser Gesellschaft. Gegen diese Gegebenheiten war kein Aufbegehren möglich. Auch der Ehemann unterwarf sich. Wenn er alt geworden war, überließ er seiner Frau die Herrschaft über die Söhne und Schwiegertöchter, und dann war sie, die Ehefrau, das eigentliche Oberhaupt der Familie. Daran sieht man, wie – und die Geschichte meiner Kindheit hat das deutlich gemacht – die so sanfte, so unterwürfige chinesische Frau ihrerseits zur Haustyrannin wurde.

In der Geschichte unserer Kaiserinnen spiegelt sich diese Gesetzmäßigkeit wider. Es gibt darunter gute und schlechte, aber die natürlichen Anlagen spielten bei ihnen immer eine weit geringere Rolle als ihre Erziehung.

Die Tradition schreibt vor, daß der Kaiser von China die Krone an seinen Sohn weitergibt. Wenn der Kaiser früh stirbt und sein Erbe noch ein Kind ist, übernimmt die Mutter des jungen Prinzen die Herrschaft über das Land. In der Geschichte des Reichs der Mitte wimmelt es von Kaiserinnen, die über absolute Macht im Staate verfügten und sich über die Ratschläge der Beamten und Minister hinwegsetzten, bis das Land in Chaos versank und die Dynastie stürzte.

In der glorreichen Han-Dynastie gab es einen Kaiser namens Wu-ti. Er war alt und müde und machte sich große Sorgen um das Reich. Eines Tages nach dem Mittagessen verließ er mit seinem Minister den Palast, um sich zur Ablenkung in den Parks der Umgebung zu ergehen.

Er schritt schweigend dahin, das Wetter war schwül. Plötzlich erblickte er am Himmel eine Wolkenformation in herrlichen Farben. Er machte seinen Minister darauf aufmerksam, und dieser erklärte, die Wolke sei ein Symbol der Freude. Da nun die Wolke jene Freude verkündete, die ihm so fehlte, ließ der Kaiser sogleich zwei Reitpferde satteln, eins für sich und eins für den Minister, und sie ritten der wundersamen goldenen Wolke entgegen.

So kamen sie in ein kleines Dorf, in dem sie nur drei oder vier strohgedeckte Hütten, einen Hund und einige Schweine vorfanden.

Der Kaiser saß ab und ging langsam hin und her. Ein Hund, der den Fremden gewittert hatte, bellte laut, und die Dorfbewohner kamen aus ihren Hütten. Unter ihnen war auch ein alter Mann namens Chao. Als dieser die Gewänder der beiden vornehmen Herren sah, wich er erschrocken zurück. Durch die Tür seiner Hütte sah der Kaiser Menschen mit sorgenvollen Gesichtern. Seine Tochter sei krank, erklärte Chao. Da sagte der Minister, der Kaiser selbst sei es, an den er, der Alte, soeben das Wort gerichtet habe. Bei dieser Nachricht verwandelte sich die Angst der Dorfbewohner in helle Aufregung.

Der Kaiser fragte Chao, wo seine Tochter sei. Sha-hu, antwortete der Alte, befände sich im Haus. Er führte den Kaiser in seine Hütte, und dort sah er ein junges Mädchen von großer Schönheit und mit ganz heller Haut im Bett liegen. Sein Herz füllte sich mit tiefem Mitleid. Wie konnte ein so schönes, zerbrechliches Geschöpf in einer so elenden Hütte leben?

Der Kaiser nahm die kleinen weißen Hände des Mädchens in die seinen und sah, daß es wirklich krank war. Sha-hu ihrerseits betrachtete den Kaiser mit ihrem schönen, reinen Lächeln. Sie hatte noch nie so große Männerhände gesehen, und noch nie hatte ein so vornehmer Mann ihre Hände in den seinen gehalten. Ihr Lächeln war so scheu, so leuchtend, daß sie aussah wie von Licht umflossen und sich bei dem Kaiser die Jugend plötzlich wieder regte. Eine brennende Leidenschaft erfüllte ihn wie einen jungen Mann, der Liebe geben möchte und selbst Liebe braucht. Er nahm das Mädchen in die Arme und brachte es in seinen Palast.

Dort wurde Sha-hu so aufopfernd gepflegt, daß sie in Kürze genas und noch hundertmal schöner war als vorher. Der Kaiser hatte sich indessen unsterblich in sie verliebt. All meine Ehefrauen und all meine Konkubinen mit ihren kunstgerecht geschminkten Gesichtern, so dachte er bei sich, kommen nicht an die unvergleichliche Schönheit und Würde der Sha-hu heran, die aussieht wie eine weiße Blume.

Der Kaiser ließ einen Palast für seine Geliebte bauen, und Sha-hu schenkte dem Kaiser einen schönen, klugen Sohn. Sie lebte glücklich und zufrieden mit dem Kaiser und ihrem Sohn zusammen.

Doch eines Tages verschlechterte sich der Gesundheitszustand des Kaisers. Er war genötigt, an die Zukunft, an seinen nahenden Tod zu denken. Sha-hu war sehr jung, ihr Sohn noch ein Kind. Keiner der Söhne, die ihm die anderen Frauen geschenkt hatten, war würdig, sein Nachfolger zu werden. Also mußte er die Krone an Sha-hus Sohn weitergeben. Wenn er jetzt starb, würde sein Sohn ein sehr junger Kaiser sein, und Sha-hu mit ihrer Intelligenz und ihren außergewöhnlichen Gaben würde die Macht übernehmen, das Reich würde von der Kaiserinmutter regiert werden. Doch Sha-hu war von einfacher Herkunft. Um zu verhindern, daß die Macht der großen, illustren Dynastie in die

Hand dieser Frau und ihrer Familie fiel und dadurch Unebenbürtigen den Zugang zur Macht und zur Regierung ermöglicht wurde, gab der Kaiser Wu-ti seinen Sohn in die Obhut seiner getreuen Minister und beschloß, Sha-hu zu bitten, sie möge sich töten, noch ehe er selbst den Geist aufgegeben hatte.

Aber er liebte diese Frau so sehr, daß es ihm unendlich schwer fiel, ihr diesen Befehl zu geben. Eines Tages bemerkte Sha-hu, die glücklich und vergnügt war wie immer, daß der Kaiser nicht viel Appetit hatte. Ein fröhliches Lied trällernd, bereitete sie ihm eine Tasse Suppe und ging auf ihn zu, um sie ihm darzubieten.

Als der Kaiser sie auf sich zukommen sah, fragte er sich beunruhigt, wie er ihr zu verstehen geben sollte, daß sie sich töten mußte. Während er noch überlegte, richtete er einen drohenden Blick auf sie, in dem plötzlich die Lust am Töten, aber zugleich tiefe Liebe stand. Als Sha-hu diesen Blick sah, erfaßte sie große Angst. Zum ersten Mal sah sie diesen Ausdruck auf dem Antlitz des Kaisers, der ihr bisher nur Liebe erwiesen hatte. Womit hatte sie diesen schrecklichen Blick ihres Herrn und Geliebten verdient? Ihre Angst war so groß, daß sie die Tasse fallen ließ, die Suppe schwappte heraus, und die Tasse zerbrach.

Für den Kaiser war das ein willkommener Anlaß, ihr heftige Vorwürfe zu machen. Behandelt man so seinen Kaiser? Es ist ein Zeichen von Nichtachtung, seinen Herrn und Meister so nachlässig zu bedienen. Und er gab den Befehl, sie zu töten. Unmittelbar danach starb er, so sehr hatte er sich ihren Tod zu Herzen genommen.

Ich habe diese berühmte Geschichte erzählt, weil in ihr der einzige Kaiser der chinesischen Geschichte vorgestellt wird, der sich und seine persönlichen Gefühle dem Wohl des Landes zum Opfer brachte.

Meine zweite Geschichte ist eine alte Legende, die von der Mondzeremonie handelt.

Zu Anbeginn der Welt regierte der Himmelskaiser als

weiser und absoluter Herrscher. Er hatte neun Söhne, neun Sonnen, deren Aufgabe es war, abwechselnd über die Erde zu herrschen. Bis zum Tod des alten Kaisers ging alles gut, dann gerieten seine neun Kinder über die Nachfolgefrage in Streit. Da sie alle gleich stark waren, gab es keinen Sieger. Neun Sonnen leuchteten über der Erde. Es kam eine Zeit der Katastrophen: Die Erde trocknete aus und wurde unfruchtbar, die Flußbetten leerten sich, Durst und Hunger plagten die Menschen, und viele starben. Doch da nahte ein Retter, ein tapferer junger Mann, der es nicht ertragen konnte, dem allgemeinen Unglück tatenlos zuzusehen. Er schoß die acht unerwünschten Sonnen mit einem Pfeil ab und ließ nur eine weiterleuchten. Diese Sonne war der älteste Sohn des verstorbenen Kaisers und damit der legitime Nachfolger. Nachdem auf diese Weise die Ordnung wiederhergestellt war, rief das dankbare Volk den jungen Helden zum Kaiser der Erde aus. Er wurde mit Ehren überhäuft und nahm sich eine junge Frau, die ebenso klug wie schön war.

Doch die absolute Macht ist eine bedrohliche Last auf den Schultern des Mannes, dem sie gegeben ist, und auch der Edelste wird von ihr niedergedrückt. Der Held, der ausgeführt hatte, was kein anderer auch nur versucht hätte, der sein Leben aufs Spiel gesetzt hatte, um die Menschheit zu retten, wurde mit der Zeit so tyrannisch, so egoistisch, wie seine früheren Feinde es gewesen waren. Er konnte den Gedanken nicht ertragen, daß eines Tages auch seine Herrschaft zu Ende gehen würde. Daß er alt werden und sterben sollte wie alle Menschen, erbitterte ihn. In seinem Wunsch nach Unsterblichkeit wurde er von der Kaiserin, seiner Frau, nachdrücklich unterstützt, die noch mehr als er von dem Gedanken gequält wurde, alt und häßlich zu werden und schließlich sterben zu müssen. Da hörte er von einer seltenen Pflanze, der man nachsagte, daß sie Unsterblichkeit verleihe, und er befahl seinem Volk, alles andere stehen- und liegenzulassen und sich auf die Suche nach der

Wunderpflanze zu machen. Erbarmungslos ließ er alle hinrichten, die bei dieser Suche nicht genug Eifer zeigten. Und das Volk begann seinen einstigen Retter zu hassen. Eines Tages erschien im kaiserlichen Palast ein Mann, der das Glück gehabt hatte, nicht nur eine, sondern zwei dieser Wunderpflanzen zu finden. Der Tyrann versteckte sie in einem geheimen Wandschrank und behielt sich den Tag vor, an dem er und seine Frau feierlich diese Garanten der Unsterblichkeit zu sich nehmen würden.

Doch die Kaiserin, deren Charakter sich nicht verändert hatte wie der ihres Mannes, beweinte das Elend der Menschen. Mußte man nicht fürchten, daß die Not der Völker nie ein Ende haben würde, wenn ihr Mann Unsterblichkeit erlangte? Zitternd öffnete sie die Tür zu dem geheimen Schrank. Ihr Mann überraschte sie mit beiden Pflanzen in der Hand, als sie sich gerade daranmachte, sie zu vernichten. Er geriet in große Wut. Auf frischer Tat ertappt, verzehrte die Ärmste in ihrer Angst beide Pflanzen auf einmal. Doch diese Dosis war zu stark. Als die Kaiserin versuchte, der Wut ihres Mannes zu entkommen, wurde sie plötzlich leicht, ganz leicht und flog aus dem Fenster bis zum Mond. Dort kann man sie manchmal sehen, besonders am 15. August, zusammen mit dem kleinen Kaninchen und dem tausendjährigen Baum, die schon lange vor ihr dort waren. In klaren Nächten sind die drei ganz deutlich zu erkennen.

Diese Legende lehrt uns, wie gut es ist, daß alle Menschen sterben müssen, sogar und vielleicht vor allem jene, deren Leistungen das Volk gerettet haben und die die Macht in Händen halten, denn der Stolz kann aus diesen früheren Helden schändliche Tyrannen machen. Daß wir alle alt werden und sterben müssen, ist ein gutes Gesetz, und niemand kann auf eine Ausnahme hoffen. Man muß der klugen Kaiserin dankbar dafür sein, daß sie für immer ihren Wohnsitz auf dem Mond genommen und aus Liebe zu ihrem Volk, das immer Veränderungen braucht und brauchen wird, dem irdischen Leben entsagt hat.

Meine Leser haben über diesen Geschichten hoffentlich nicht vergessen, daß ich an jenem Apriltag im Jahr 1970 in einem Park von Kanton am Flußufer saß und meinen Neffen gebeten hatte, mir von meinen lieben Eltern zu erzählen, die mir so verändert, so gealtert vorkamen. Was war ihnen in den acht Jahren meiner Abwesenheit widerfahren?

In Zeiten großer geschichtlicher Umwälzungen kann sich der einzelne nicht vor dem allgemeinen Sturm in Sicherheit bringen, und das tägliche Leben aller Bürger, bis in die kleinsten Einzelheiten hinein, wird von den Ereignissen beeinflußt, die im weitesten Sinn des Wortes Geschichte machen.

So hatte sich auch die Wandlung Chinas mit tiefen Falten in den geliebten Gesichtern meiner Eltern eingegraben.

Als sie mir ihre beruhigenden Briefe schrieben, die ich immer mit soviel Ungeduld in Paris erwartete, als sie immer wieder beteuerten, bei ihnen sei alles in Ordnung, sie seien gesund, und es gehe ihnen gut, hätte ich ihnen nicht glauben dürfen, denn sie schrieben mir nicht die Wahrheit. Manchmal belügt man gerade die Menschen, die man liebt, und oft sind solche Lügen ein äußerster Liebesbeweis.

Wenn die Familie sich einig ist, sind sogar Notzeiten besser zu ertragen, denn im Familienkreis ist gegenseitige Hilfe selbstverständlich. Aber leider entsteht immer wieder auch Zwietracht gerade unter den Menschen, die sich am nächsten stehen, und dann gibt es nirgends mehr Sicherheit, denn dann ist der Feind in den innersten Kreis eingedrungen.

Genau dazu kam es in unserer Familie nach der verhängnisvollen Heirat meines Bruders Ching Son.

Er hatte 1955 eine gefühlskalte Frau geheiratet, deren schrankenloser Ehrgeiz sich in einer politischen Haltung äußerte, der keine echte Überzeugung zugrunde lag. Yun Fen war nichts weiter als eine kurzsichtige Opportunistin, die vor allem das durchsetzte, was ihr persönlich zugute kommen konnte. Eine solche Heuchelei und Skrupellosigkeit mußte die schlimmsten Folgen für ihre ganze Umgebung haben.

Kaum verheiratet, bemühte sie sich, meinen Bruder von unseren Eltern zu trennen. Sie weigerte sich, mit ihnen zusammenzuleben, wie das in ganz China üblich war, und zog mit ihrem Mann nach Peking, wo sie beide, fern von ihren Familien, Arbeit fanden.

Sie brachte Zwillinge zur Welt, einen Jungen und ein Mädchen, und da sie keine Lust hatte, sich mit den Kindern zu belasten, brachte sie die Kleinen zu meiner Mutter und führte weiter ein sorgloses Leben in Peking.

Schon ein Kleinkind macht viel Arbeit, von zweien gar nicht zu reden. Meine arme Mutter, die nicht sehr kräftig war und bereits eigene Kinder großgezogen hatte, kam gesundheitlich rasch herunter und wurde schließlich schwer krank. 1957 gab sie die Kinder an die Mutter zurück. Daß Yun Fen so wenig Zuneigung für die Kleinen zeigte, machte ihr große Sorgen. Sie hoffte aber, daß auch bei ihr noch mütterliche Gefühle erwachen würden, wenn sie nun täglich mit den Kindern zusammen war und verfolgen konnte, wie sie wuchsen und gediehen.

Aber daraus wurde nichts. Yun Fen erklärte rundheraus, die unschuldigen Zwillinge seien bürgerlicher Herkunft, und es sei ihr einfach nicht möglich, den Abkömmlingen dieser entehrten Familie, die zu ihren Mitgliedern eine verabscheuungswürdige Kapitalistin (mich nämlich) zählte, Liebe entgegenzubringen. Ihre politische Reife versuchte sie dadurch zu demonstrieren, daß sie sich gegen meinen Bruder wandte, der, wie sie behauptete, weniger fortschrittlich sei als sie. Nicht genug damit, daß sie sich ihrem eigenen Mann gegenüber boshaft und widerwärtig benahm, sie schreckte auch nicht davor zurück, die Kinder zu mißhandeln, die als Zwei- und Dreijährige häufig grundlos geschlagen wurden.

An einem sehr kalten Tag (die Winter sind hart in Peking) sah abends eine Nachbarin die Kleinen frierend vor dem

Haus kauern. Meine Schwägerin hatte sie zur Strafe für irgendeinen harmlosen Streich unerbittlich vor die Tür gesetzt.

Es gab einen kleinen Skandal. Die mitleidige Nachbarin nahm die Kinder zu sich, wärmte und tröstete sie, dann besorgte sie sich die Adresse meiner Eltern, erzählte ihnen von dem elenden Leben, das die armen Kinder führten, und bat sie, sich einzuschalten.

Meine Mutter war noch nicht ganz wiederhergestellt. Trotzdem bot sie Yun Fen an, für das kleine Mädchen, Lele, zu sorgen. Toutou sollte bei seinen Eltern in Peking bleiben. Vielleicht, sagte sich meine Mutter, war Yun Fen mit nur einem Kind nicht so überfordert und weniger nervös. Das kleine Mädchen wollte sie deshalb zu sich nehmen, weil es heißt, daß chinesische Mütter stets ihre Söhne den Töchtern vorziehen. Vielleicht würde Yun Fen sich doch mit der Zeit für ihren Sohn erwärmen.

Doch auch das war eine vergebliche Hoffnung. Yun Fen sagte sich hitzig von der angeheirateten Familie los und sprach von Scheidung, nach wie vor unter dem Vorwand, die Chow, deren Namen sie trug, seien durch ihre Verbindung mit der reichen Familie Liu entehrt. Das war tatsächlich alles, was sie meinem Bruder, einem guten und geduldigen Ehemann, vorwerfen konnte.

Zu einer Scheidung braucht man triftige Gründe. In China bemüht man sich um Geduld, man versucht, sich gegenseitig Zugeständnisse zu machen, um nicht leichtfertig eine Familie zu zerstören und die Kinder nicht unnötig leiden zu lassen. Die Partei war klug genug, Yun Fen die Genehmigung zur Scheidung zu verweigern. Sie riet ihr vielmehr, ihrem Mann politisch weiterzuhelfen, wenn er tatsächlich, wie sie behauptete, noch nicht so fortschrittlich sei wie sie selbst. Im Lauf der nächsten Jahre wiederholte sie ihren Antrag mehrmals, bekam aber jedesmal den gleichen Bescheid. Nach Mao Tse-tungs Wunsch soll die Partei denjenigen, die Fehler begangen haben, Gelegenheit geben, sie wiedergutzumachen, und Verwandte sollen einander helfen, es besser zu machen, statt sich zu zerstreiten.

Natürlich war der politische Eifer meiner Schwägerin durchaus nicht uneigennützig. Sie hatte am Konservatorium nur durchschnittlichen Erfolg gehabt – sie hatte Sängerin werden wollen, war aber nur als Musiklehrerin an einer Mittelschule angekommen, wo sie den Kindern Liedchen beibrachte. Diese Tätigkeit entsprach nicht ihren ehrgeizigen Vorstellungen. Mein Bruder indessen, ein hervorragender Anglist, war in der Lehrerfortbildung tätig und hatte viel Freude an seinem Beruf. Neidisch, wie sie war, hatte Yun Fen sich gedacht, sie könnte den Ruf ihres Mannes zerstören und auf den Trümmern ihre eigene politische Karriere aufbauen. Ob diese Rechnung aufgehen würde? Die Auswüchse der Kulturrevolution ließen sie hoffen, und sie intrigierte mit beispielloser Bosheit gegen meinen Bruder.

Da sie mit ihrem Sohn nichts anfangen konnte, gab sie ihn zu ihrer Mutter. Diese Person demütigte das Kind Tag für Tag mit dem Vorwurf, es gehöre einer entehrten Familie an. Mit zehn Jahren lief der arme Toutou fort und schlug sich zu Fuß bis zu meinen Eltern durch. Dort warf er sich bitterlich weinend meiner Mutter in die Arme und flehte sie an, ihn zu behalten. Meine Mutter, die noch recht schwach war, begann ebenfalls zu weinen. Sie beschloß, dem Kind seinen Wunsch zu erfüllen, und die Zwillinge wuchsen nun in der liebevollen Atmosphäre einer intakten Familie auf.

Was wurde aus meinem armen Bruder, dem man die Kinder genommen hatte und der dem Haß einer Furie ausgesetzt war? Schwerkrank wurde er in ein Pekinger Krankenhaus eingeliefert, wo die Ärzte eine akute Gallenentzündung feststellten. Eine sofortige Operation war erforderlich, zu der es der Einwilligung eines Angehörigen bedurfte. Meine Schwägerin weigerte sich rundheraus, diese Einwilligung zu unterschreiben, obwohl man ihr klarmachte, was für Folgen ihre Weigerung haben konnte. Die Leiterin der Schule, in der Yun Fen unterrichtete, schaltete sich persönlich ein, aber auch sie konnte meine Schwägerin nicht dazu bewegen, die Unterschrift zu leisten. Ich kann nicht glauben, daß Yun Fen wirklich den Tod ihres Mannes wünschte, aber sie hätte nicht anders handeln können, wenn das ihr erklärtes Ziel gewesen wäre. Endlich gelang es, meine jüngere Schwester, Ching Lin, zu erreichen. Sie unterschrieb die Einwilligung, und Ching Son konnte gerettet werden.

Man kann sich den Kummer meiner Eltern und ihre entsetzliche Unruhe vorstellen, als sie davon erfuhren. Da sie mich mit ihren Sorgen nicht auch noch belasten wollten, schrieben sie in diesen schweren Tagen regelmäßig, es sei alles in Ordnung, und alle seien bei bester Gesundheit. Was hätte ich, selbst wenn ich die Wahrheit gewußt hätte, von Paris aus machen können? Praktisch konnte ich ihnen nicht helfen, aber ich hätte in Gedanken bei meinen Lieben sein, hätte ihnen durch inbrünstige Gebete zur Seite stehen können.

Als sei durch die Bosheit Yun Fens meine Familie noch nicht genug gestraft, trafen sie noch weitere Schicksalsschläge, an denen ich nicht ganz unschuldig war.

Meine Eltern bewohnten in Shanghai das Haus, das zu der Zeit, als mein Schwiegervater noch Besitzer des ganzen Viertels gewesen war, ihm gehört hatte. Obgleich mein Vater als Lehrer im Ruhestand selbst der Arbeiterklasse angehörte – Angehörige der Lehrberufe galten als Arbeiter –, zog er sich dadurch, daß er in einem Haus wohnte, das dem Schwiegervater seiner Tochter gehört hatte, die Feindschaft der Roten Garden zu. Eines Tages drang ein entfesselter Mob bei meinen Eltern ein und begann vor ihren entsetzten Augen alles durcheinanderzuwerfen. Die Roten Garden nahmen mit, was sie fanden, Schmuck, Kleidung, Einrichtungsgegenstände aller Art. Nach diesem Blitzbesuch verlor mein Vater alles Geld, das er noch auf der Bank gehabt hatte. Es wurde kurzerhand beschlagnahmt. Meine Mutter war gezwungen, nach und nach die wenigen wertlosen Sachen zu verkaufen, die von den Rotgardisten verschmäht worden waren, damit die Familie wenigstens etwas zu essen hatte.

Es war eine Gemeinheit, meinen Vater so zu behandeln, immerhin war ihm zu seiner Pensionierung die Arbeitermedaille verliehen worden, und er war alles andere als ein Ausbeuter, sondern ein ehrlicher, anständiger Mensch. Aber es wäre sinnlos gewesen, sich vor einer wütenden Meute zu rechtfertigen, man hätte ihn gar nicht angehört. So stand er jetzt also völlig mittellos da und mußte nicht nur für sich und seine Frau, sondern auch noch für zwei Enkelkinder sorgen. Wie sollte er die Miete für das Haus, in dem er wohnte und das meinem Schwiegervater Liu Pin San gehört hatte, an den Staat abführen?

Doch damit hatten meine Eltern noch nicht genug für das Verbrechen gebüßt, das ich mit meiner Einheirat in die Familie Liu begangen hatte.

Als mein Schwiegervater 1959 China den Rücken gekehrt und sich in Hongkong niedergelassen hatte, war sein ganzes Vermögen von ihm auf meinen Gatten Liu Yu Wang überschrieben worden. Nach dessen Tod galt ich als seine Erbin, als Herrin über die Fabriken, als Besitzerin der Häuser – ich, die ich gegen meinen Willen, nur meiner Familie zuliebe und noch als halbes Kind, in diese Familie gekommen war.

Von diesen Begleitumständen wußten natürlich die Arbeiter nichts. Für sie war ich die unsichtbare, allmächtige Kapitalistin, die über dieses ungeheure Vermögen geherrscht und die Arbeiter geknechtet hatte, um möglichst viel Profit aus ihnen zu schlagen.

Und so erschien eines Tages eine erregte Delegation aus einer Textilfabrik vor dem Haus meiner Eltern und rief in drohendem Ton meinen Namen: »Chow Ching Lie, Chow Ching Lie, dreckige Kapitalistin, Ausbeuterin, komm heraus, verantworte dich.« Zitternd vor Angst hatten sich im Haus meine Eltern, mein Neffe und meine Nichte zusammengedrängt. Draußen wurde der Lärm immer schlimmer: »Wenn du nicht rauskommst, Chow Ching Lie, wirst du das teuer bezahlen.«

Mein Vater öffnete die Tür und zeigte sich den Arbeitern. »Chow Ching Lie ist nicht hier, sie ist zur Zeit in Frankreich.« Der Anführer der Delegation schrie meinen Vater an: »Wer bist du denn?« »Chow Ching Lie ist meine Tochter«, antwortete er. Die Arbeiter berieten untereinander. Mein Vater wartete äußerlich ruhig auf ihre Entscheidung, aber sein krankes Herz machte ihm zu schaffen. Dann stand sein Schicksal fest: Er sollte an meiner Stelle die Demütigungen erdulden, die mir zugedacht waren. Er wurde in die Fabrik bestellt und mit den schrecklichsten Strafen bedroht für den Fall, daß er nicht am festgesetzten Tag, zur festgesetzten Stunde dort erschien. Mein Vater erhob keinen Einspruch und versprach, pünktlich zu sein.

Tatsächlich stellte er sich am festgesetzten Tag in der Fabrik ein, trotz der Tränen meiner Mutter, die sich besorgt fragte, was dort wohl geschehen werde und ob er diese neuen Heimsuchungen heil überstehen würde.

In der Fabrik wies man meinen Vater an, den Boden zu scheuern und die Spucknäpfe und Toiletten zu säubern. Die Arbeiter behandelten ihn mit tiefer Verachtung, sie sagten, er habe noch Glück gehabt, denn wenn man die wahren Herren erwischte, würde man sie schlagen und ihnen ins Gesicht spucken. »So würden wir deine Tochter behandeln, wenn sie hier wäre.« Und mein Vater war trotz seiner Erschöpfung froh und glücklich, daß ich in Frankreich war und so dieser schmachvollen Behandlung entging.

Doch die Arbeiter waren sich untereinander nicht einig, waren in zwei Lager gespalten. Die Rebellen, die meinen Vater in die Fabrik bestellt hatten, waren die erste Gruppe. Ein Mitglied der zweiten Gruppe, der Roten Verteidigung, stellte meinen Vater nach einigen Tagen zur Rede: »Dich habe ich hier noch nie gesehen, was machst du hier?« Mein Vater versuchte, ihm klarzumachen, daß er der Vater der

Schwiegertochter des Chefs sei, und erzählte ihm von dem Besuch der Rotgardisten. Sein Gesprächspartner, der zur Geschäftsleitung gehörte, war empört über dieses Vorgehen und bat ihn, schleunigst nach Hause zu gehen. Als mein Vater zögerte, da er mögliche Konsequenzen fürchtete, sagte der Vertreter der Roten Verteidigung, er solle sich keine Sorgen machen, die Verantwortung würde er übernehmen. So kam es, daß mein Vater von einer Minute auf die andere wieder ein freier Mann war. Natürlich war er froh, daß er so glimpflich davongekommen war – er hatte mit noch Schlimmerem gerechnet –, fürchtete aber für seinen Retter, der sich für seine Entscheidung bei der gegnerischen Seite würde verantworten müssen und dem zweifellos heftige Auseinandersetzungen nicht erspart bleiben würden. Wie dankbar war mein Vater diesem tapferen Mann!

All diese Aufregungen waren Gift für die anfällige Gesundheit meines Vaters. Doch seine Leiden waren noch nicht zu Ende.

Drei Monate nach dem denkwürdigen Besuch der Rotgardisten, die meinen Eltern ihre letzte Habe genommen hatten, erschienen vier Männer bei ihnen und erklärten, sie seien beauftragt, die Miete zu kassieren. Mein Vater war mit der Miete im Rückstand, denn er hatte kein Geld mehr. Er entschuldigte sich bei den Besuchern und erklärte, daß er seit dem Eingreifen der Roten Garden mittellos sei.

Diese Erklärung versetzte die vier Mieteintreiber sogleich in heftigen Zorn. »Du wagst es, die Roten Garden zu kritisieren?« schrien sie. Einer schlug sogar auf den Tisch, um dem Vorwurf mehr Nachdruck zu verleihen. »Los, du mußt zahlen, und zwar sofort. Raus mit dem Geld.« »Drekkiger Bourgeois«, sagte ein anderer, »du willst wohl noch den Staat ausnutzen, was?« Meinem Vater war der Schweiß ausgebrochen, er schwieg, und sein Herz schmerzte unerträglich. Meine Mutter rang weinend die Hände. »Ich flehe Sie an, lassen Sie ihn in Ruhe, haben Sie Mitleid. Er ist krank. Wir werden uns etwas leihen, wir bezahlen bestimmt, nur lassen Sie uns noch ein bißchen Zeit.«

Aber von diesen Männern war kein Mitleid zu erwarten. Der eine stieß meine Mutter zurück, während die anderen meinen Vater auf die Straße zerrten, wo der Wind den Schnee in dicken Flocken durch die Luft wirbelte. Mein Vater, dunkelrot im Gesicht, stand kurz vor dem Zusammenbruch, aber das kümmerte sie nicht. Sie trieben ihn vorwärts und machten dabei einen solchen Lärm, daß die Nachbarn aus den Häusern gelaufen kamen, um zu sehen, was da los sei. Die vier schrien das Verbrechen meines Vaters – daß er seit einem Vierteljahr die Miete schuldig geblieben war – laut heraus. Der Unglückliche machte einen letzten Versuch, vor all den Leuten das Gesicht zu wahren, und setzte nochmals zu der Erklärung an, daß die Roten Garden ihm nichts gelassen hatten. Es war verlorene Liebesmüh, seine Stimme wurde von dem Gebrüll seiner Peiniger übertönt.

Meine Mutter, die mühsam, bei jedem Schritt im Schnee ausrutschend, der kleinen Gruppe gefolgt war, flehte und weinte vergebens. Man zwang meinen Vater niederzuknien, zog ihm die wattierte Weste und die Wolljacke aus, und zu den Kränkungen hagelte es jetzt auch noch Schläge. »Drekkiger Kapitalist« war der Ausdruck, der am häufigsten wiederkehrte.

Der Unglückliche, von Schweiß und Schnee durchnäßt, vor den versammelten Nachbarn geohrfeigt, spürte einen heftigen Schmerz in der Brust und fiel vornüber auf die Straße. Eine Herzattacke, die meine Mutter mit tiefer Sorge hatte kommen sehen, hatte ihn hingestreckt.

An dieser Stelle bat ich meinen Neffen, nicht weiterzusprechen. Ich konnte nichts mehr hören, hätte mich am liebsten übergeben, mir wurde schwarz vor Augen, unerträglicher Schmerz, Mitleid, Zärtlichkeit, Wut, das Bewußtsein des an meinem Vater begangenen Unrechts bedrängten mich. Am liebsten hätte ich laut losgeschrien, die Brust war mir wie zugeschnürt, mein Herz hämmerte. In meiner Verwirrung, meinem Gram versuchte ich zu beten, um meine Ruhe wiederzufinden. Es gibt keine Tränen, kein Wort für solches Leid.

Mein Neffe nahm Rücksicht auf mein Schweigen und meinen Schmerz. Daß ich heute noch auf die Messe gehen, Geschäfte machen würde, kam für mich nicht mehr in Frage. Mühsam schleppte ich mich ins Hotel, schloß mich in meinem Zimmer ein, versuchte, mich zu fassen und genug innere Kraft zu finden, um in Zukunft mit einer Lüge zu leben.

Denn daß ich meine Eltern belügen mußte, stand für mich fest. Nie durften sie erfahren, daß ich informiert war. Damit mein Vater sein Gesicht nicht verlor, mußte ich so tun, als wüßte ich nicht, daß er geohrfeigt, beleidigt, durch die Straßen geschleift worden war wie ein Verbrecher, er, der immer so stolz und würdevoll gewesen war. Wie qualvoll ist es, sich zum Lächeln zu zwingen, wenn hinter diesem Lächeln so tiefer Kummer steht.

Mein Neffe erzählte mir noch, daß meine Eltern und ihre Enkel jetzt ein einziges, nur neun Quadratmeter großes Zimmer bewohnten. Alle anderen Zimmer waren gesperrt, meiner Familie war das Wohnrecht entzogen worden.

Ich war untröstlich bei dem Gedanken, daß all dies Unglück auf mich zurückging. Ich war es, die man eigentlich hatte treffen wollen, meinetwegen hatten meine Eltern so leiden müssen. Und warum das alles? Ich war niemals an meinem Vaterland zur Verräterin geworden. Wo lag meine Schuld? Wie sollte ich mich rechtfertigen? Wie konnte ich jemals beweisen, daß ich diesen Haß, der in meiner Abwesenheit die Meinen getroffen hatte, nicht verdiente? Ich war als Kind verheiratet worden, ein Opfer der alten chinesischen Sitten, man hatte mir meine Kindheit geraubt, meinen Mann hatte ich verloren, ich hatte hart gearbeitet, hatte einsam und ohne Trost in der Fremde gesessen, hatte um meine Kinder gekämpft – und mein Land brachte mir nicht etwa Liebe und Verständnis entgegen, sondern behandelte mich wie eine »gefährliche« Feindin. Meinetwegen waren Menschen, die ich liebte, beleidigt, eingeschüchtert, in tiefstes Elend gestürzt worden.

Mir war klar, daß ich den ungezwungenen Plauderton meinen Eltern gegenüber nicht lange würde durchhalten können. Ich fürchtete, mich zu verraten, sobald ich in ihre armen Gesichter blickte. Stets hatte ich ein starres Lächeln auf den Lippen, ich wußte gar nicht mehr, wie man aufrichtig lächelt.

Unter dem Vorwand, Juliette dürfe nicht so lange der Schule fernbleiben, reiste ich ab. Weinend verließ ich meine Eltern. Die Trennung gab mir das Recht, endlich meine Tränen zu zeigen.

In Hongkong buchte ich gleich unseren Rückflug. Die mir dort verbleibende Zeit nutzte ich dazu, so oft wie möglich meine Schwiegereltern zu besuchen. Am letzten Tag winkte mich mein Schwiegervater in sein Zimmer, schloß feierlich die Tür und nahm eine Kassette zur Hand. »Ich bin schon alt«, sagte er, »und fühle mich wie eine Kerze im Wind. Wenn ich heute abend meine Schuhe ablege, weiß ich nicht, ob ich sie morgen früh wieder anziehen werde. Und deshalb will ich vor meinem Tod alles in Ordnung bringen.«

Mit diesen Worten öffnete er die Kassette und reichte sie mir. Ich sah, daß sie Schmuck enthielt, Jade und Brillanten. All das war für Paul bestimmt. Juliette bekam als symbolische Gabe einen Ring, was eine besondere Gunst und ein Zeichen der Zuneigung war, denn in China erbt der Sohn den Löwenanteil des Vermögens, während die Tochter fast leer ausgeht und Enkelinnen eigentlich überhaupt nichts zu erwarten haben. Außerdem bekam ich für Paul eine stattliche Geldsumme. Ich wollte erst nichts nehmen, aber mein Schwiegervater erklärte, all seine anderen Kinder hätten die Erbschaft angenommen, und es läge ihm sehr viel an einer gerechten Teilung. Er werde erst dann seinen Frieden finden, wenn diese Dinge geregelt seien. Also stimmte ich seinem Wunsch zu.

Jetzt wurde mir erst so richtig der Sinn unseres Gesprächs klar, das wir am Tag meiner Ankunft in dem kleinen Café geführt hatten. Mein Schwiegervater hatte wissen wollen, ob ich wieder verheiratet sei, mehr noch aber interessierte ihn, ob ich ein drittes Kind hatte. Ehe er mir Pauls Anteil übergab, wollte er sich vergewissern, ob ich nicht der Versuchung erliegen würde, etwas davon für ein Kind abzuzweigen, das nicht den Namen Liu trug. Ich begriff jetzt auch, weshalb er sich geweigert hatte, das Schulgeld für meine Kinder zu zahlen – nicht etwa aus Geiz, denn er war nur zu glücklich, seinen Nachkommen schon zu Lebzeiten etwas zukommen zu lassen, sondern weil er gehofft hatte, ich könne die Kosten nicht aufbringen und er würde auf diese Weise den Enkel, eine der letzten Freuden seines Lebens, noch etwas länger bei sich behalten können.

Es braucht viel Zeit, ehe die Menschen einander verstehen, selbst wenn sie sich lieben und schätzen. Ich war sehr froh, daß es noch nicht zu spät war, meinen Schwiegervater zu verstehen, und daß ich ihn bis zu dem Tag, als auch er mir zeigte, wie sehr er meine Kinder liebte, nicht bekümmert oder verletzt hatte. Dabei war es gerade diese Liebe gewesen, die uns entzweit hatte, weil ich wünschte, daß er mir die Kinder schickte, und er sie hatte behalten wollen. Liebevoll verabschiedete ich mich von ihm.

9. Kapitel

Ein großer Plan entsteht / Konzert »Der Gelbe Fluß« / Ein warnender Traum / Trauerbräuche im alten China / Achtzehn Höllen und dreiunddreißig Paradiese / Geheimnisse unserer Reinkarnation / Ein Hauch von Yin.

Während des Rückflugs hatte ich viel Zeit, über die Dinge nachzudenken, die ich aus dem Bericht meines Neffen am Flußufer erfahren hatte. Immer wird dieser Park von Kanton mit seinen für mich so schmerzlichen Worten verbunden bleiben. Wie konnte ich meinen Eltern helfen, ihre Schwierigkeiten zu lösen? Ich drehte und wendete das Problem hin und her, ohne eine Antwort zu finden.

Unser Charterflug endete in London, und von dort kehrten wir sofort nach Paris zurück, wo uns Herr Tsing erwartete.

Er hatte sich nicht geändert. Als er Juliette mit einer Gitarre in der Hand erblickte, die ich ihr in Hongkong gekauft hatte, geriet er sofort in Wut und machte mir, ohne mich richtig zu begrüßen, heftige Vorwürfe, weil ich nach seinen Worten das Geld zum Fenster hinauswarf. Die Reise sei schon teuer genug gewesen, und jetzt hatte ich zu allem Überfluß auch noch eine Gitarre gekauft.

Ich schluckte den Vorwurf betrübt und voller Überdruß, unterbrach dann aber Herrn Tsings Tiraden, um ihm zu erzählen, was mein Schwiegervater für die Kinder getan hatte. Ihm blieb vor Staunen buchstäblich der Mund offenstehen. Eine derartige Großzügigkeit war in seinen Augen wohl heller Wahnsinn.

Das Leben ging – zumindest äußerlich – in gewohnter Weise weiter. Ich zerbrach mir den Kopf darüber, wie ich das Mißverständnis aus der Welt schaffen könnte, welches dazu geführt hatte, daß meine Eltern meinetwegen bestraft worden waren. Wie konnte ich meine Treue, meine aufrichtige Liebe zu meinem Vaterland beweisen?

Und dann hatte ich plötzlich die Antwort. Es war die

einfachste Lösung von der Welt, aber bekanntlich sieht man in solchen Fällen ja oft den Wald vor Bäumen nicht.

Ich wollte einem Gefühl Ausdruck geben, das mich sehr tief berührte. Was war die beste Ausdrucksmöglichkeit, die mir zur Verfügung stand, eine Ausdrucksmöglichkeit, die ich beherrschte, mit der ich bereits Erfolg gehabt hatte? Die Musik. Ich würde mich mit Hilfe meines Flügels ausdrükken, und zwar öffentlich: Ich würde ein Konzert, ein möglichst publikumswirksames Konzert geben. Motto der Veranstaltung sollte meine Liebe zu China sein, also würde ich chinesische Musik spielen und sie damit in Paris bekanntmachen.

Der Plan ließ mein Herz höher schlagen. Seine Verwirklichung würde mir viel abverlangen, aber wenn ich mein Leben überblickte, schien es mir, daß mir immer das Schwierigste am meisten Freude gemacht hatte.

Der erste Schritt zur Durchführung des Projekts bestand darin, eine Glocke an meiner Ladentür anzubringen. Jedes große Unternehmen hat einmal klein angefangen. Die Glocke würde mir Kunden melden, und in der Zwischenzeit konnte ich mich ans Klavier setzen, das ich, wie meine Leser wissen, in das Hinterzimmer meines Geschäfts hatte bringen lassen, und für das geplante Konzert üben. Ich mußte mir die Technik, die ich an der Académie Marguerite Long erworben hatte, erst wieder erarbeiten, nein, ich mußte mich noch verbessern, denn ich hatte für mein Konzert ein besonders schwieriges Werk ausgewählt, das Konzert für Klavier und Orchester »Der Gelbe Fluß« von Shi Hsin-hai. Es gelang mir nie, mit einer schwierigen Passage zu Ende zu kommen, ohne daß die Ladenglocke mich störte. Wenn kein Kunde den Laden betrat, kam ganz gewiß eine Lieferung, und dann durften die Pianistenhände nicht mehr über die Tasten gleiten, sondern mußten sich mit den gelieferten Kisten abmühen.

Weiter galt es, einen Saal und ein Orchester zu finden und das nötige Geld zur Deckung der Kosten aufzutreiben. All das ließ sich nicht von heute auf morgen bewerkstelligen, denn ich wollte in allem möglichst sichergehen, so wenig wie möglich dem Zufall überlassen. Ich wußte sehr wohl, daß ich mir, wenn meine künstlerische Aussage Gewicht haben sollte, keine Mittelmäßigkeit leisten durfte. Von nun an lebte ich in der Angst, es könnte mir nicht gelingen, das erforderliche Geld zusammenzubekommen, und ich könnte vor der Pariser Kritik das Gesicht verlieren.

Nach reiflicher Überlegung beschloß ich, den Saal des Théâtre des Champs-Elysées zu mieten, das über ein Orchester mit 68 Musikern verfügte. Das Konzert sollte im Dezember 1973 stattfinden – Zeit genug, um bei sorgfältiger Vorbereitung den gewünschten Erfolg sicherzustellen. Ich machte mich sofort an die Arbeit.

Das Konzert »Der Gelbe Fluß« ist eine hochinteressante Begegnung zwischen chinesischer Musik und westlichen Instrumenten. Dem Klavier, das als Erbe der fremden, bourgeoisen Kulturen einige Zeit in der Volksrepublik China als suspekt galt, kommt hier eine ganz besondere Rolle zu, denn es dient einer authentisch chinesischen Inspiration. Diese virile Musik erfordert Kraft und Können, und daß ich gerade dieses Stück wählte, war für mich fast wie eine Herausforderung. Mit aller Energie machte ich mich an die langwierige Vorbereitung, getragen von dem Wunsch, ein Loblied auf China zu singen und meine Familie zu ehren, die meinetwillen so gelitten hatte. Das Gefühl, auf meine Weise eine Brücke zwischen der westlichen und der chinesischen Kultur zu schlagen, erfüllte mich mit Stolz, und mir war klar, daß ich damit dem Publikum gegenüber, das zu meiner Darbietung kommen würde, eine große Verantwortung trug. Ich scheute die Gefahr nicht.

So war mein Leben mit geschäftlichen Sorgen, häuslichen Verpflichtungen und der Vorbereitung meines Konzerts mehr als ausgefüllt, und die Tage bis zum Jahresende vergingen schnell. Paul und Juliette halfen mir nach besten Kräften, soweit Schule und Studium das zuließen.

Mitten in die angestrengte Arbeit hinein wurde mir ein geheimnisvoller Traum gesandt.

Nie werde ich den 30. Dezember 1971 vergessen. Die übliche Hektik der letzten Tage des Jahres war auf dem Höhepunkt angelangt, und der Laden stand nie leer. Den ganzen Tag hatten die Kinder mir geholfen, die Kunden zu bedienen und ihre Einkäufe in Geschenkpapier zu wickeln. Wir waren alle drei so müde, daß wir uns gleich nach dem Abendessen schlafen legten.

Ich schlief sofort ein und hatte einen jener lebendigen Träume von glasklarer Deutlichkeit, die einen am Morgen mit einem tiefen Mißbehagen erwachen lassen, als sei man unfreiwillig einem Geheimnis auf die Spur gekommen.

Meine Schwiegermutter lag, von unserer ganzen Familie umringt, auf dem Bett und betrachtete mich unverwandt. Tränen rannen ihr übers Gesicht, und ich war plötzlich von einer namenlosen Trauer erfüllt. »Dies ist das Ende«, sagte meine Schwägerin. »Mama wird gleich sterben.«

Meine Erschütterung war so groß, daß ich davon erwachte. Es ist nur ein Alptraum, sagte ich mir, du bist einfach überanstrengt. Ich schlief wieder ein.

Am 31. Dezember stand ich zeitig auf, wie gewöhnlich, aber es gelang mir nicht, die beklemmende Erinnerung an diese Nacht abzuschütteln. Paul und Juliette gingen mit mir ins Geschäft, wo uns sicher soviel Arbeit erwartete wie am Vortag.

Dort lag das Telegramm. Der Anblick schnürte mir die Kehle zu, denn in China versteht man sich nur in ganz ernsten Fällen darauf, ein Telegramm zu schicken. Meine Schwiegermutter war tot.

Schon kam der erste Kunde, und ich flüchtete ins Hinterzimmer. Eine große Verwirrung hatte mich erfaßt, denn mir war, als zögen in rascher Folge alle Erinnerungen an jene Frau, die ich nun nie wiedersehen würde, an meinem geistigen Auge vorüber. Ich erinnerte mich an unser Wiedersehen in Hongkong, wo sie zwar gelähmt, aber doch soweit bei guter Gesundheit gewesen war, daß noch ein langes Leben vor ihr zu liegen schien. Ich erinnerte mich daran, wie ich mit dreizehn Jahren als die Frau ihres Sohnes in die Familie aufgenommen worden war und mich ihre Strenge so tief beeindruckt hatte. Sie war hart zu mir gewesen, gewiß, aber nicht härter als jede chinesische Schwiegermutter, die immer ein wenig neidisch auf ihre Schwiegertochter ist und wohl auch ein bißchen versucht, der jungen Frau einen Eindruck von dem zu geben, was sie selbst in ihrer Jugend ertragen mußte. Sie hatte mich in einem schwierigen Alter geformt und erzogen, sie hatte mich Takt und gute Manieren gelehrt, ich schuldete ihr viel, sie hatte mich mit der strengen, aber auch liebevollen Hand einer Mutter geführt. Besonders lebhaft erinnerte ich mich an sie in ihrem Schmerz beim Tode von Liu Yu Wang, der mein Mann und ihr Lieblingssohn gewesen war. Wie bitterlich hatten wir zusammen geweint.

In diesem tiefen gemeinsamen Schmerz war ich wahrhaft zu ihrer Tochter geworden. Ja, sie liebte mich wie ihr eigenes Kind. Und sie hatte meinetwegen Tränen vergossen – meine Schwägerinnen hatten nicht versäumt, es mir immer wieder zu erzählen. Sie war sehr unglücklich gewesen, als man ihr Gerüchte von meiner zweiten Eheschließung zugetragen hatte.

Jetzt war es an mir, bittere Tränen zu vergießen über den Kummer, den ich ihr bereitet hatte.

Doch das war nun einmal geschehen, und ich durfte mich nicht tatenloser Verzweiflung hingeben. Die Seele der Toten brauchte all jene, die sie geliebt hatten. So schnell wie möglich mußten wir beginnen, mit unseren Gebeten der Seele beizustehen, die soeben unsere irdische Welt verlassen und ihre große Reise angetreten hatte.

Ich rief sofort meinen Schwiegervater an. Als er mir von den letzten Augenblicken der Sterbenden erzählte, begriff ich, daß sie, kaum tot, mich im Traum besucht hatte. Wenn Menschen sehr eng miteinander verbunden sind, kann auch räumliche Entfernung sie nicht trennen. Das wußte ich bereits, und der Traum vom 30. Dezember bestätigte es mir noch einmal. Ich flehte meinen völlig gebrochenen Schwiegervater an, sich nicht ganz seinem Kummer zu überlassen, und versprach ihm, daß Paul, Juliette und ich noch am selben Tag anfangen würden, für seine Frau zu beten.

Meiner älteren Schwägerin schickte ich Geld für die traditionellen Buddha-Zeremonien und bat sie, in meinem Namen alles Notwendige zu erledigen.

Dies war erst der Anfang der Liebesdienste, die ich meiner verstorbenen Schwiegermutter tun wollte. Doch so inbrünstig meine Gebete auch sein mochten, so gewissenhaft ich alle Trauerriten beachtete – meine Dankesschuld würde ich nie ganz abtragen können, ebensowenig wie ich es an Kindesliebe meinem verstorbenen Mann, Liu Yu Wang, hatte gleichtun können.

Bei ihrem ersten Schlaganfall im Jahr 1961, als man für das Leben meiner Schwiegermutter fürchtete, brachte ihr Sohn ein erhabenes Opfer. Er erklärte sich bereit, zehn Jahre seines eigenen Lebens für das seiner Mutter zu geben. Ich hatte geweint, als ich von dieser für mich harten Entscheidung hörte, hatte aber nicht aufbegehrt, denn mein Mann hatte gute Gründe für seine Entscheidung ins Feld geführt. Ich konnte ihn für diesen außergewöhnlichen Beweis der Entsagung und des Mitgefühls nur noch mehr lieben und bewundern.

Für mich bestand kein Zweifel daran, daß Buddha ein so aufrichtiges Opfer annehmen würde. Und tatsächlich: Liu Yu Wang war gestorben, während seiner Mutter noch zehn lange Lebensjahre geschenkt worden waren.

Mein Mann hatte nur diese Möglichkeit der Wiedergutmachung für den Kummer gefunden, den er, wie er glaubte, seiner Mutter seit seiner Geburt gemacht hatte. Er warf sich vor, daß er, der stets Kränkliche, ihr mehr Grund zur Sorge als zum Stolz gegeben hatte. Er hatte sich in keinem Beruf besonders ausgezeichnet, hatte es in keiner Ausbildung, die einige Stetigkeit erforderte, weit gebracht, und der Anblick der sich besorgt über sein Bett beugenden Mutter war für ihn seit seiner Kindheit ein vertrautes Bild, das ihn mit Schuldgefühlen erfüllte.

Liu Yu Wangs bewundernswertes Opfer ist nicht einmalig in China. Dreierlei ist wichtig für uns: Geburt, Hochzeit und Tod. Für die Chinesen ist der Tod nicht das Ende des Daseins, sondern ein Aufbruch und der Beginn einer Wandlung. Unser ganzes Leben lang bereiten wir uns auf dieses Ereignis vor, denn wir wissen, daß dieses Leben nur eine Durchgangsstation zwischen der Welt vor der Geburt und jener nach der Trennung unserer Seele von dem uns geliehenen vergänglichen Körper ist. Die reisende Seele des Weisen hat keine Angst, nach einigen Jahrzehnten des Aufenthalts auf dieser Erde wieder auf Reisen zu gehen.

In der reichen Familie Liu wie auch bei den Allerärmsten wurde auf die Vorbereitung der Trauerzeremonien ebensoviel Sorgfalt verwandt wie auf die Vorbereitungen zur Hochzeit. Üppig mit Gold- und Silberfäden bestickte Seiden- und Satinstoffe hüllten in alter Zeit die Leiche in ihrem Sarg ein. Der spätere Träger dieser sogenannten »Gewänder der Langlebigkeit« wählte sie bereits zu Lebzeiten aus, und zwar schon im besten Mannesalter. Mit dem Nähen wurde erst begonnen, wenn mit Hilfe des Horoskops ein günstiger Tag dafür gefunden war. Auch die günstigste Stelle für die Bestattung bestimmte das Horoskop.

Dieses Gewand, mit Seide abgesteppt, war dazu bestimmt, die Feuchtigkeit des sich zersetzenden Körpers aufzunehmen. Auch die Seidendecken und Polsterkissen, die von den Trauergästen zur Beerdigung mitgebracht wurden wie in anderen Ländern Blumen, sollten dafür sorgen, daß der Körper sauber und vor Nässe geschützt blieb.

So sorgten Freunde, Eltern und Bekannte für den Körper, den die Seele verlassen hatte. Aber im wesentlichen ging es bei den mit einem Trauerfall verbundenen Sitten und Gebräuchen um die Zukunft der Seele.

Überzeugte Buddhisten halten es für falsch zu klagen, wenn ein geliebtes Wesen gestorben ist. Wir vermeiden möglichst, unseren Schmerz öffentlich zur Schau zu stellen, wie es in manchen Ländern die Klageweiber tun, die laut schreien, sich die Haare raufen und die Hände ringen.

Die Seele des Verstorbenen ist noch ganz verwirrt, verstört, sie weiß nicht, was mit ihr geschehen wird, sie hatte vielleicht Angst vor dem Tod. Wenn die Familie, die Freunde mit lautem Geschrei nach ihr rufen, wird sie Sehnsucht bekommen, wird wieder zurückwollen, wird nur daran denken, so schnell wie möglich wieder in die Welt hineingeboren zu werden, die sie gerade verlassen hat.

Nein, um der Seele zu helfen, sich von ihrem früheren Leben zu trennen, muß man ihr inbrünstig den Namen Buddhas zurufen, man muß die Götter bitten, sie zu sich zu nehmen, damit sie sich von der Vergangenheit abwendet und einer besseren Zukunft entgegengehen kann.

Die Tage nach dem Ableben, wenn die Seele noch nicht wiedergeboren ist, wenn ihre nächste Wohnung noch nicht feststeht, sind von entscheidender Bedeutung. In dieser Zeit ist es möglich, durch Trauerriten und Gebete die Gunst der Götter zu erlangen. Wenn die ganze Familie und alle Freunde ehrlichen Herzens die Sünden der soeben Verstorbenen sühnen, kann man hoffen, daß die Seele erlöst und in eins der Paradiese aufgenommen wird, die immer schöner werden, je näher sie dem 33. Paradies, der »Welt der Höchsten Freude«, kommen, in der sich Buddha selbst aufhält.

Es gibt viele Geschichten über diese 33 Paradiese und ihre Wonnen, die Blumen, die Vögel, die Musik, die prächtigen Gärten. Aber noch mehr Geschichten gibt es über die 18 Höllen, und sie enthalten schreckliche Einzelheiten über die Qualen, welche die Sünder in der Unterwelt erwarten. Dort gibt es nur Haken, Klammern, Folterwerkzeuge, siedendes Öl und eisige Wassergüsse, schreckliche Ungeheuer, die mit scharfen Zähnen die verdammten Seelen zerfleischen. Zungen werden herausgerissen, Bäuche aufgeschlitzt, Gurgeln zusammengedrückt, sämtliche Glieder einzeln abgerissen, und die Schreie der Gemarterten erfüllen die stinkende Luft. Die unterste, die achtzehnte Hölle ist so abscheulich, daß jeden, der sie auch nur erwähnt, eine Gänsehaut überläuft.

In den Gebeten Buddhas heißt es, daß sich im Osten ein Berg befindet, den man die »Eiserne Schranke« nennt. Hinter dieser Schranke liegt ein erstes großes Meer aus kochendem Wasser, dessen Wellen sich ohne Unterlaß bewegen. In den aufgewühlten Fluten schwimmen grauenhafte Tiere mit metallenem Körper herum und quälen die Sünder, die in die Hölle geworfen wurden.

Diese Teufel haben schreckliche Augen, viele Hände, furchtbare Köpfe und Zähne, die so scharf sind wie Messer und Säbel. Von allen Seiten jagen sie die armen Sünder und fressen sie auf.

Östlich von diesem ersten Meer liegt ein zweites, in dem das Leiden der Verdammten doppelt so groß ist, und östlich von diesem wiederum gibt es ein drittes, in dem dreimal soviel gelitten wird.

Von den vielen Höllen ist die achtzehnte die größte, die man kennt. Sie ist achtzigtausend Kilometer lang und zehntausend Meter hoch.

In dieser Hölle gibt es 46 Abteilungen. Man sieht dort Ochsen, welche die Sünder an der Zunge hinter sich herschleifen, Teufel, die Herzen öffnen, und andere, welche die Sünder mit kochendem Wasser übergießen.

Es gibt Unglückliche, deren Körper an glühende Bronzesäulen gefesselt sind, andere, die man eisigen Frösten aussetzt, wieder andere, die in Ströme von Exkrementen geworfen und dort von herausragenden Säbeln aufgespießt werden, und noch andere, um die sich Schlangen winden und sie langsam erdrücken.

Eiserne Hunde und Tausende von Teufeln beißen und kratzen die Sünder, bronzene Adler hacken ihnen die

Augen aus. Diese Hölle heißt Wu-hsing, dort hören die Qualen Tag und Nacht nicht auf.

Wenn diese Leiden und Qualen überstanden sind, darf die Seele die Hölle verlassen und betritt den Raum zwischen Hölle und Paradies, wo sie der Yang-Welt am nächsten ist und wo täglich Menschen und Tiere gebären. Hier erfolgt die Wiedergeburt der Seelen je nach der Schwere ihrer Sünden. Manche werden zu unreinen Tieren wie Schweinen oder Schlangen und müssen weiter leiden. Eine Seele, die kein so sündiges Leben geführt hat, kehrt wieder in ein menschliches Wesen zurück und wird je nach ihren früheren Sünden mit allen möglichen Leiden bestraft.

Wer Lebewesen getötet hat, wird selbst ein kurzes Leben haben und von Krankheiten gequält werden.

Wer gestohlen hat, wird sein ganzes Leben lang arm sein.

Wer einen liederlichen Lebenswandel geführt hat, wird als Taube, Katze oder Ente wiedergeboren.

Wer andere verflucht hat, wird selbst verflucht werden.

Wer üble Nachreden verbreitet hat, wird ein Leben voller Unfrieden führen, und in seiner Familie wird die Zwietracht herrschen.

Wer andere beleidigt hat, wird einen kranken Mund haben und daran sterben.

Wer jähzornig war und durch böse Worte anderen Leid zugefügt hat, wird taub und stumm sein.

Wer sich mit der Jagd auf Tiere die Zeit vertrieben hat, wird unter entsetzlichen Ängsten eines gewaltsamen Todes sterben.

Wer schlecht zu seinen Eltern war, wird vom Himmel und der Erde bestraft werden.

Wer kleine Tiere getötet hat, wird von jenen getrennt werden, die er liebt.

Wer die Götter beleidigt hat, wird blind, stumm oder taub werden.

Wer die Kinder Gottes – die Priester und die Mönche – beleidigt hat, wird als Tier wiedergeboren werden.

Wer andere verachtet hat, wird dazu verdammt sein, in der untersten Gesellschaftsschicht zu leben.

Deshalb werden die Menschen nicht gleich geboren. Ob schön oder häßlich, reich oder arm, genial oder dumm, jedem wird sein Schicksal nach Maßgabe seiner früheren Leben zugeteilt. Je würdiger man sich der Aufnahme in eins der Paradiese erweist, desto mehr wird man vom Glück begünstigt. So wird man in der letzten Inkarnation immer in eine reiche und mächtige Familie hineingeboren. Es ist völlig sinnlos, gegen das Schicksal aufzubegehren. Wir sind verdientermaßen das, was wir sind. Auch wenn ich jetzt manchmal Grund zur Klage hätte, beklage ich mich nicht. Hat mir nicht eine Wahrsagerin kundgetan, daß ich in meinem vorigen Leben meinen Mann und meine Kinder verlassen habe? Ich war siebzehn, als die weise Alte mir dieses Verbrechen aus einem anderen Leben enthüllte und mir auch erzählte, daß ich in jenem Leben versuchte, dafür zu sühnen, indem ich einen ganzen Buddha Kuan Yin mit einem Herzen aus Goldfaden stickte. Aufgrund dieser Arbeit dürfte ich in meinem jetzigen Leben auf Erfolg hoffen, den ich mir aber stets hart würde erarbeiten müssen.

Kehren wir noch einmal ins Jenseits zurück.

Es gibt eine zweite Kategorie von Menschen, die weder Gutes noch Böses tun, weder Tugenden noch Sünden haben. Nach dem Tod gelangen sie weder in die Hölle noch ins Paradies. Sie bleiben in jenem Raum, welcher der Yang-Welt am nächsten ist, und dürfen sich dort frei und ohne Einschränkung bewegen. Sie irren umher, bis sie in eine belanglose Familie hineingeboren werden, um wieder ein belangloses Leben zu führen.

Der dritten Kategorie sind jene Menschen zuzurechnen, die sich geopfert haben, um anderen Gutes zu tun. Sie haben nicht nur selbst ein sündenfreies Leben geführt, sondern haben auch anderen zu einem einwandfreien Lebenswandel verholfen. Dies sind die Priester, die Mönche.

Nach ihren Tod kommen sie – je nach der Zahl ihrer guten Taten – in eins der Paradiese.

Es gibt dreiunddreißig Paradies-Etagen, und je höher man kommt, desto schöner werden sie. Nach einer gewissen Zeit kehren diese Menschen auf die Erde zurück. Wer sich weiter gut führt und auch seinen Mitmenschen hilft, kann nach dem Tod im Paradies höher steigen und von einer Reinkarnation zur anderen schließlich in das dreiunddreißigste Paradies kommen, wo er dann für immer bei den Göttern bleiben darf wie ein Buddha.

Solche Menschen werden vor ihrer letzten Inkarnation zum Buddha immer in eine reiche und einflußreiche Familie hineingeboren. Das sind dann die Kaiser, Staatsoberhäupter, großen Weisen, die Gelehrten oder Menschen, die über ein großes Vermögen verfügen.

Jede Inkarnation bietet die Chance, die früheren Fehler zu tilgen. Bei jeder Rückkehr auf die Erde muß man sich durch gutes Betragen und durch die vier Leiden, denen niemand entgehen kann – Geburt, Alter, Krankheit und Tod –, von seinen Sünden reinigen. Erst wenn alle Sünden getilgt sind, ist die Seele rein und wird in das höchste, das dreiunddreißigste Paradies aufgenommen: die »Welt der Höchsten Freude«, die im Westen liegt. Hier wohnt der Gott O-mi-t'o mit den anderen Göttern. In der »Welt der Höchsten Freude« gibt es kein Leid, keinen Schmerz und kein Unglück.

Nach den Gebeten zu O-mi-t'o ist dieses Paradies von Brüstungen aus Jade umgeben. Es gibt Teiche darin, die voller Edelsteine in reinem, klarem Wasser sind und über denen leuchtende Wolken aus Goldstaub hängen. Alles ist aus Gold und Silber, geschmückt mit Bernstein, Onyx, Perlen, Rubinen und Smaragden.

In den Gärten blühen Blumen in verschwenderischer Fülle. Die Lotusblüten auf den Teichen sind groß wie Wagenräder, sie blühen in allen Farben, blau, gelb, rot und weiß, und haben einen ganz herrlichen Duft. Tausende wunderschöner Vögel mit buntem Gefieder erfüllen die Luft mit ihrem Gesang. Der Wind weht durch die Bäume, und man hört eine geheimnisvolle Musik, die einen an Buddha denken läßt.

Dies ist der letzte Wohnsitz der von allen Sünden gereinigten Seele. Aber was muß sie durchmachen, ehe sie dorthin gelangt!

Obwohl wir jedesmal die Erinnerung an unser früheres Leben verloren haben, bleiben wir doch durch geheimnisvolle Bande mit ihm verbunden. Dies ist der Grund für das seltsame Gefühl des »déjà vu«, das uns manchmal zu schaffen macht, und erklärt auch die scheinbar grundlose Sympathie, den scheinbar grundlosen Haß gegenüber Menschen, von denen wir gar nichts wissen.

Seelen, die sich früher einmal liebten, erkennen einander auf den ersten Blick und werden unwiderstehlich voneinander angezogen, als sei die alte Liebe bereit, neu zu erstehen, wie auch der Geliebte jetzt aussehen mag.

Der westliche Leser mit seinem rationalen Denken lächelt jetzt vielleicht über unsere Anschauungen. Eigentlich wäre es aber eher an uns zu lächeln. Es gibt so vieles auf dieser Welt, was sich rational nicht erklären läßt. Verachten wir Denkweisen nicht, die uns fremd sind, achten wir vielmehr die verschiedenen Formen der Frömmigkeit, die alle auf ihre Art an der ewigen Wahrheit teilhaben und die alle Ausdruck eines gemeinsamen menschlichen Bedürfnisses sind, denn immer und überall war und ist es das Bestreben des Menschen, die großen Geheimnisse des Lebens und des Todes zu begreifen.

Neunundvierzig Tage dauern die Gebete, die wir für die verblichene Seele zu den Göttern sprechen. In diese Zeit fallen verschiedene Zeremonien. Die bedeutendste findet am fünfunddreißigsten Tag statt. An diesem Tag, so heißt es, darf die dahingeschiedene Seele ihren Lieben einen letzten Besuch abstatten. Ihre Anwesenheit gibt sie den Lebenden durch ungewöhnliche Zeichen und Geräusche zu erkennen, auf die es zu achten gilt, manchmal sind auch Gegenstände, die dem oder der Verstorbenen gehört haben, an eine andere Stelle gerückt. Es ist wie ein Lebewohl der Seele, ehe sie ganz jenes Leben vergißt, das sie verlassen hat.

Noch am selben Tag legten Juliette, Paul und ich Trauer an und begannen, wie ich es meinem Schwiegervater versprochen hatte, die rituellen Gebete.

Aus weißer Wolle flocht ich drei Armbänder, für jeden von uns eins, aus weißem Stoff schnitt ich eine Blume, die ich mir ins Haar steckte, und an Pauls Ärmel befestigte ich eine Armbinde aus schwarzem Flor.

Es war der Silvesterabend. Wir zogen uns festlich an und traten vor den Tisch, auf dem vor den Buddhas Kuan Yin und Ti-tsang die Räucherstäbchen brannten. Ich begann, für den Buddha Kuan Yin das Lange Gebet des O-mi-t'o zu lesen, auf daß die Seele meiner Schwiegermutter ins Paradies des Westens, in die »Welt der Höchsten Freude« aufgenommen werde. Dann las ich ein weiteres langes Gebet für den Buddha Ti-tsang, auf daß die Sünden der Toten getilgt und vergeben würden. Ich kannte dieses Gebet gut, trotzdem brauchte ich nicht weniger als eineinhalb Stunden dazu. Danach begleitete ich erst Juliette, dann Paul beim Lesen der Gebete, zu denen beide Kinder zwei Stunden brauchten. Zuletzt beteten wir zu dritt kniend zu Ti-tsang.

Es war spät geworden. Ich spürte einen Hauch von Yin, eine Empfindung aus dem Jenseits, wie ein eisiges Fluidum, das mich bis auf die Knochen durchkältete.

Ich fröstelte, von einem seltsamen Gefühl ergriffen. Doch das war nur ein Vorgeschmack auf die übernatürlichen Erscheinungen, die sich während unserer Trauerzeit zeigen sollten.

10. Kapitel

Die Erscheinung und der Ingenieur / Pauls Traum / Herr Tsing und der Dämon der Eifersucht / Vertrauliche Mitteilungen aus unglücklichen Ehen / Ein teuer bezahlter Fehltritt / Stimme der Leidenschaft / Ich werde – nackt unter dem Mantel – entführt / Wiedersehen mit Shanghai / Großmutter lernt boxen / Heller und dunkler Ginseng / Tragischer Tod eines Dicken.

So las ich denn jeden Abend die langen Gebete für den Buddha Kuan Yin, auf daß meine Schwiegermutter von den Göttern aufgenommen werde, und für den Buddha Titsang, auf daß ihr die Sünden ihres letzten Lebens vergeben würden. Auch Paul und Juliette lasen die Gebete voller Inbrunst, ohne auch nur eine Silbe auszulassen.

Wenn wir kniend das letzte Gebet beendet hatten, spürte ich jedesmal, wie am Abend des 31. Dezember, um mich herum und in mir jenen Hauch von Yin, der mich frösteln ließ.

Wir kamen in dieser Zeit spät ins Bett, und tagsüber machte der Schlafmangel sich bemerkbar, aber um keinen Preis hätten wir auf diese Nachtwachen verzichtet. Wir schuldeten sie der Seele der Toten.

Herr Tsing enthielt sich jeden Kommentars. Ich wußte wohl, daß ihn insgeheim alles, was mit der Familie meiner Schwiegereltern zusammenhing, ärgerte, denn es erinnerte ihn an meinen ersten Mann, auf den er nach wie vor eifersüchtig war.

Ich war deshalb sehr erstaunt, als er eines Tages mit einer höchst unerwarteten Frage über meine Schwiegermutter herausrückte. Es war Samstagmittag, und wir saßen im Hinterzimmer meines Geschäfts beim Essen zusammen. Er war eine Weile ungewohnt schweigsam, dann fragte er mich unvermittelt: »Hatte deine Schwiegermutter auffallend leuchtende Augen und einen durchdringenden Blick?«

Genau das war tatsächlich jedem sofort an ihr aufgefallen. Ich bestätigte es Herrn Tsing. »Warum fragst du?« wollte ich wissen.

Aber er fuhr fort: »Hatte sie eine breite Stirn? Ein kleines spitzes Kinn und einen großen, straff gebundenen Knoten?«

Auch das traf zu.

»Hast du ein Photo deiner Schwiegermutter?« fragte Herr Tsing schließlich.

Ich kramte in meiner Handtasche und fand eine kleine Amateuraufnahme, die kunstlos gemacht, aber ähnlich war. Ich reichte sie ihm, und er nickte. »Ja, das ist die Frau, die ich gesehen habe«, sagte er.

Mit verständlicher Ungeduld bat ich um eine nähere Erklärung, und er erzählte mir folgendes:

»Ich war schon lange im Bett, als ich gestern nacht hörte, wie du, nachdem du mit Paul und Juliette gebetet hattest, in unser Zimmer kamst und dich ins Bett legtest. Ich schlief dann gleich ein und schlummerte, wie ich meinte, tief und traumlos. Plötzlich spürte ich, wie jemand mein Gesicht berührte. Es war, als habe jemand die Hand auf meine Lider gelegt. Ich bemühte mich aufzuwachen, und schließlich gelang es mir, die Augen zu öffnen. Im Halbdunkel unseres Zimmers stand eine unbewegliche Gestalt am Fußende deines Bettes. Meine Augen gewöhnten sich langsam an das schwache Licht, ich versuchte, meine Schlaftrunkenheit abzuschütteln. Jetzt konnte ich die Frau, die dich im Schlaf betrachtete, ganz deutlich erkennen. Sie sah so aus, wie ich sie dir beschrieben habe, sie trug ein chinesisches Gewand von dunkler Farbe, hatte eine hohe Stirn, einen straffen Knoten, ein spitzes Kinn, und besonders auffallend waren die leuchtenden Augen und der durchdringende Blick. Ich war wie versteinert, unfähig, mich zu bewegen oder zu sprechen. Die Frau schien meine Erregung zu spüren. Sie wandte sich mir zu, lächelte sanft, dann verschmolz sie, ohne dich zu wecken, langsam mit den Schatten und war schließlich ganz verschwunden.«

Was mir Herr Tsing erzählte, erschütterte mich sehr. So hatte sich also die Seele meiner Schwiegermutter ihm gezeigt und nicht mir, die ich so innig für sie gebetet hatte. Sicher hatte sie Angst gehabt, mich zu erschrecken. Sie mußte damit gerechnet haben, daß Herr Tsing mir von diesem Besuch aus dem Jenseits erzählen würde, der wohl zu meiner Beruhigung gedacht war. Wenn die Götter meiner Schwiegermutter erlaubt hatten, mich so weit von ihrer Sterbestätte entfernt zu besuchen, konnten ihre Sünden nicht schwer gewogen haben – oder aber unsere Gebete hatten sie getilgt. Daß sie mir hatte erscheinen dürfen, war für sie die Gewähr, daß ihr ein besseres Leben bevorstand. Ihr Lächeln konnte man als Vertrauen zu ihrem künftigen Leben, als Zuneigung zu uns, vielleicht auch als Dank für unsere Gebete deuten. Alles in allem handelte es sich um ein äußerst günstiges Vorzeichen.

Ich bedankte mich bei Herrn Tsing und wunderte mich insgeheim noch immer, daß meine Schwiegermutter sich gerade diesen doch so ganz verwestlichten Ingenieur als Botschafter der Yin-Welt, in der die Toten wohnen, gewählt hatte. Er habe auf die Uhr gesehen, als die Erscheinung verschwunden war, setzte er noch hinzu. Es war drei Uhr morgens gewesen.

Nach diesem geheimnisvollen Besuch spürte ich nie mehr das eisige Frösteln, den Hauch von Yin, der mich in der ersten Trauerzeit so mitgenommen hatte. Wahrscheinlich hatte meine Schwiegermutter an den Abenden, als mich der Hauch von Yin gestreift hatte, ohne daß ich sonst etwas wahrnahm, versucht, sich mit mir in Verbindung zu setzen. Nach ihrer nächtlichen Erscheinung hat sie nie mehr den Versuch gemacht, zu mir zu gelangen.

Aber Paul sah sie im Traum.

Am nächsten Morgen erzählte er uns, daß er in der Nacht seine Großmutter gesehen und gehört habe. Sie hatte ihm feierlich drei Ratschläge gegeben. Die ersten beiden hatte mein Sohn leider vergessen, obgleich er den ganzen Tag versuchte, sich daran zu erinnern. Der dritte Rat aber war ihm deutlich im Gedächtnis geblieben: Er solle abends rechtzeitig ins Bett gehen.

Paul hatte es nie eilig mit dem Schlafengehen. Er sei nicht

müde, sagte er und hatte, wenn es soweit war, immer noch tausend Dinge zu erledigen. Wenn er dann am nächsten Morgen früh aufstehen mußte, fiel es ihm vormittags schwer, gegen den Schlaf anzukämpfen, und öfter, als ihm lieb war, schlief er während des Unterrichts ein, was seine Mitschüler amüsierte, aber seinen Lehrern ganz und gar nicht gefiel. Er wurde nie dafür bestraft, weil seine Leistungen trotzdem ausgezeichnet waren, aber er fiel auf, und es wurde über ihn gelacht, wenn er wieder einmal mit nickendem Kopf eingedöst war.

Meine Schwiegermutter hatte sich also Gedanken um Paul gemacht und war eigens aus weiter Ferne gekommen, um ihm zu raten, er möge früher schlafen gehen. Leider hat ihr Rat nichts genutzt. In Cambridge, ja, selbst in Harvard ist es ihm mehr als einmal passiert, daß er während der Vorlesungen süß entschlummerte. Die beiden anderen Ratschläge dieser Nacht sind ihm nie wieder eingefallen.

Die Erscheinungen meiner Schwiegermutter während der Trauerzeit sind ein Beweis dafür, daß die Yin-Welt und die Yang-Welt nicht hermetisch voneinander abgeschlossen sind. Zwischen Leben und Tod gibt es, wie zwischen Licht und Schatten, ständige Wechselbeziehungen. Die Seele der Verstorbenen und meine Seele waren so eng miteinander verbunden, daß eine Kommunikation möglich war.

Tatsächlich tröstete mich die gütige Botschaft unserer lieben Verstorbenen in meinem Kummer. Aber der Schock des Traums vom 30. Dezember, der mir den Trauerfall angekündigt hatte, die anstrengenden Nachtwachen und vor allem wohl auch der Ansturm der zärtlich-qualvollen Erinnerungen, dazu noch die Hektik im Geschäft vor den Feiertagen – das alles hatte wieder meine Gesundheit erschüttert. Ich fühlte mich matt, nervös, war oft den Tränen nahe. Schließlich konsultierte ich wieder einmal den Arzt, der mich immer so gut beraten hatte. Ich nahm mir vor, die Tabletten, die er mir verschrieb, gewissenhaft einzunehmen, denn ich hatte großes Vertrauen zu ihm.

Die Behandlung zielte im wesentlichen darauf ab, mein hormonelles Gleichgewicht wiederherzustellen. Herr Tsing studierte aufmerksam die Beipackzettel zu meinen diversen Pillendöschen. Bei einem stutzte er. Das Medikament, das gegen Zyklusstörungen verschrieben worden war, hatte unglücklicherweise auch kontrazeptive Eigenschaften. Prompt packte Herrn Tsing rasende Eifersucht. Noch am selben Tag stellte er mich mit beispielloser Heftigkeit zur Rede und wollte den Namen meines Liebhabers aus mir herausbekommen. Er war davon überzeugt, daß ich das Mittel nur um seiner empfängnisverhütenden Wirkung willen nahm. Tatsächlich befand ich mich in einer Protestphase und sehnte mich nach Befreiung, so daß wir schon länger gewissermaßen auf Abstand lebten. Mit wem also, wollte er wissen, traf ich mich heimlich?

Es kam so weit, daß Herr Tsing mir den ganzen Tag nachspionierte, um mich dann Abend für Abend aufs gröbste zu beleidigen. Zehn-, fünfzehnmal am Tag rief er mich im Geschäft an – was mich nicht nur störte, sondern auch verletzte –, in der Hoffnung (oder Furcht?), mich dort nicht vorzufinden. Wo, wann, wie sollte ich ihm wohl seiner Meinung nach untreu geworden sein?

Ich schämte mich vor Juliette dieser täglichen Szenen, die meiner mütterlichen Würde wenig zuträglich waren, und war unglücklich, weil ich sah, wie sie mit mir litt.

Mit Worten kann man nicht beschreiben, wie nah meine Tochter und ich uns sind. Wer die eine verletzt, verletzt auch die andere. Wir sind Mutter und Tochter, sind Schwestern, Freundinnen und Gefährtinnen im Unglück. Wir haben Seite an Seite gekämpft, unser Vertrauen zueinander ist grenzenlos.

Juliette, intelligent und sensibel, weit über ihre Jahre hinaus gereift, verstand nur zu gut, was sich zwischen Herrn Tsing und mir abspielte. Dabei hing sie an ihm wie er an ihr. Gewiß, er war oft schwierig, aber er schätzte und liebte sie, soweit ein Mensch wie er überhaupt der Liebe fähig ist.

Das arme Kind war hin- und hergerissen zwischen der zärtlich geliebten Mutter und dem Mann, der ihr ein wenig den verstorbenen Vater ersetzte.

Eifersüchtigen sollte dieser dunkle Abschnitt meines Lebens eine Lehre sein. Es ist sehr unvorsichtig, einen Unschuldigen mit falschen Anschuldigungen und ungerechten Vorwürfen zu überhäufen. Ein derart unverdient Angegriffener wird es früher oder später aufgeben, die geschmähte Unschuld zu verteidigen. So kam es leider auch in meinem Fall. Herr Tsing brachte es mit seinen ständigen Vorwürfen schließlich so weit, daß ich sie verdiente.

Daß ich schuldig geworden bin, steht außer Zweifel, und es liegt mir fern, diese Schuld zu verschweigen, mich besser zu machen, als ich bin. Zudem sollte man wohl über das Scheitern einer Ehe nicht wie über ein Verbrechen urteilen. In unserem Falle gab es ja nicht einen Schuldigen auf der einen, ein Opfer auf der anderen Seite, vielmehr waren Mann und Frau zugleich Schuldige und Opfer ihrer verfehlten Wahl. Wir hätten einander nie heiraten dürfen.

Als Geschäftsfrau kommt man mit vielen Leuten zusammen. Schon 1966, als ich mein erstes kleines Warenlager in dem Keller der Rue de Richelieu einrichtete, hatte ich in Fräulein Lins Restaurant zwei Damen kennengelernt, die sich für meine perlenbestickten Westen aus Hongkong interessierten.

Sie kauften mir einige Stücke für ihren Modesalon ab. Wir trafen uns häufig, und sie stellten mir bald ihren Kommanditisten Alain H. vor, den Ehemann der einen und Bruder der anderen mir bekannten Dame.

Nun möge man nicht glauben, daß sich bei dieser ersten Begegnung schon Anzeichen einer großen Leidenschaft zeigten. Alain war mir weder sympathisch noch unsympathisch. Er entsprach ganz und gar nicht dem, was ich mir unter einem verführerischen Mann vorstellte. Und ich glaube, er hat auch gar keinen Versuch gemacht, sich diesen Anschein zu geben.

Vielleicht sind den Frauen die Männer am gefährlichsten, die ihnen nur mäßig gefallen. Lassen wir einmal meine erste Ehe außer acht, bei der ich keinerlei Mitspracherecht hatte; aber wer hätte gedacht, daß ich Herrn Tsing heiraten würde?

Ebensowenig hätte ich mir bei unserer ersten Begegnung träumen lassen, daß dieser Alain mein Leben durcheinanderbringen, daß ich seinetwegen noch viele Tränen vergießen würde. Für mich war er zunächst nur ein guter Kerl, ein wenig schwach vielleicht, mit dem ich mich ohne jeden Argwohn anfreundete. Ich schätzte seine Intelligenz und seine Kultur – er kam aus einer sehr guten Familie.

Seine Frau (nennen wir sie Michelle), mit der ich ja geschäftlich zu tun hatte, sprach mit mir oft über Alain. Auch er sprach mit mir über Michelle. Ich wurde so etwas wie eine Vertraute für beide und bemühte mich, soweit das möglich war, ohne eine Indiskretion zu begehen, die häufigen Streitigkeiten zwischen ihnen zu schlichten.

Alain beklagte sich bitter über Michelles Seitensprünge, von denen er, nachdem er Verdacht geschöpft hatte, durch den von ihm engagierten Privatdetektiv erfahren hatte. Es kam zu Szenen zwischen den Eheleuten. Da Michelle sich weigerte, ihrer großen Liebe zu entsagen, und Alain weiterhin an seiner Frau hing, sah man sie oft zu dritt. Sie gingen zusammen zum Essen, dann trennte man sich, Alain ging allein nach Hause, während Michelle die Nacht mit ihrem jungen Liebhaber verbrachte.

Alain klagte mir sein Leid, sie erzählte mir von der unwiderstehlichen Anziehungskraft jenes jungen Mannes, den sie zu verlieren fürchtete.

Für mich, eine Chinesin, schien eine solche Situation unmöglich. In jedem Fall wäre sie in meinem Land, in dem noch strenge Grundsätze galten, die Ehefrauen gehorchten und die Männer argwöhnisch waren, unvorstellbar gewesen.

Ich kam wohl wirklich aus einem zu unterschiedlichen Kulturkreis, um Verständnis für westliche Sitten aufzubringen. Was mich schockierte, mochte hier ganz natürlich, ja üblich sein. Daher ließ ich auch keinerlei Entrüstung erkennen, sondern mahnte soweit wie möglich zur Versöhnung, zu gegenseitigen Zugeständnissen, Toleranz und Liebe.

Damit sie nicht glaubten, sie seien vom Schicksal als einzige so geschlagen, vertraute ich ihnen meine eigenen Ehesorgen an, erzählte von Herrn Tsings grundloser Eifersucht, den Szenen, die er mir bei jeder Gelegenheit und ohne jeden Anlaß machte.

So wurde es uns zur lieben Gewohnheit, uns in einer Art brüderlich-schwesterlicher Schicksalsgemeinschaft gegenseitig etwas vorzujammern.

Und dann kam der Tag, an dem ich eine kurze Reise nach Südfrankreich antreten mußte. Ich hatte zahlreiche Aufträge von der Côte d'Azur bekommen und wollte mit diesen Kunden gern näheren Kontakt aufnehmen. Paul und Juliette, die mir nach besten Kräften halfen, hatten Ferien und erklärten sich bereit, ein paar Tage das Geschäft allein zu führen.

Michelle war zu jener Zeit in Antibes, Alain wollte sich dort mit ihr treffen und erbot sich, mich mitzunehmen. Herr Tsing, den ich um seine Meinung bat, hielt das für eine ausgezeichnete Idee. Alain war der einzige Mann, auf den er offenbar nicht eifersüchtig war.

Die Straßen waren verstopft, der Wagen wollte nicht so, wie wir wollten, vielleicht hatten wir uns auch schon bei der Abfahrt in Paris etwas verspätet – jedenfalls waren wir bei Anbruch der Dunkelheit noch weit von unserem Ziel entfernt. Nach dem langen, heißen Tag hatten wir Hunger und waren müde.

Alain machte sich auf die Suche nach einem Hotel mit zwei freien Einzelzimmern, konnte aber schließlich nur ein Doppelzimmer bekommen. Ich hatte nichts dagegen, mit ihm in einem Zimmer zu schlafen, erstens, weil ich zu ihm als Freund volles Vertrauen hatte, zweitens, weil er mir, wie schon gesagt, gar nicht besonders gefiel.

Und so fanden wir uns denn, müde von der Fahrt und vom vielen Reden, in dem tristen, nüchternen Zimmer eines Mittelklassehotels wieder. Alains Gutenachtwunsch fiel derart zärtlich aus, daß ich ihn mit Entschiedenheit zurückwies. Wir schliefen beide verärgert ein – ich, weil ich über seine Kühnheit schockiert war, er, weil ich ihn so schnöde abgewiesen hatte.

Morgens gegen vier wurde ich davon wach, daß mir jemand sanft übers Haar strich, ich sah ein Augenpaar zärtlich auf mich gerichtet. Die Liebkosung, das tiefe Gefühl, das ich in Alains Augen zu lesen glaubte, ließen mich erzittern. Die Liebkosung drang mir bis auf den Grund der Seele, es war mein verwundetes Herz, das er streichelte, sein Blick hüllte mich in Wärme ein. Eine Schwäche überkam mich, ich hatte keinerlei Erfahrungen darin, Zärtlichkeiten dieser Art zu widerstehen, denn so war ich noch nie geliebt worden, und eben diese Zärtlichkeit war es, die eigentlich meinen Empfindungen entsprach. Ja, ich wurde schwach, und schwach, wie ich war, fiel ich ihm in die Arme. Was hatte ich mir damit eingebrockt!

Man kann sich mein Befremden vorstellen, als sich Alain am nächsten Morgen im Auto bitterlich wie eh und je über die Grausamkeit seiner Frau beklagte, die er, wie er sagte, noch immer heiß und innig liebte.

Ich schwieg und starrte blicklos auf die vorüberziehende Landschaft. Doch in mir tobte die Wut. Durch meine Dummheit, meine Hingabe hatte ich diese Strafe wohl verdient. Ich, die Stolze, wurde behandelt wie ein belangloses Spielzeug, ein Lustobjekt, das man einmal nimmt und dann vergißt. Und waren Alains Klagelieder, die ich inzwischen schon fast auswendig kannte, wirklich an mich gerichtet, oder sprach er nicht vielmehr, besessen von seinem Unglück, laut mit sich selbst?

Als wir nach kurzer Abwesenheit wieder in Paris waren – ich hätte besser daran getan, mich in dieser Zeit ausschließlich den Geschäften zu widmen –, bemühte ich mich, nicht mehr an das zu denken, was zwischen Alain und mir vorgefallen war. Aber das sollte mir nicht gelingen. Er rief oft an, sobald jedoch seine Frau das Zimmer betrat, in dem er telefonierte, brach er das Gespräch ab, was mich sehr erbitterte.

Dazu kamen die Auseinandersetzungen mit Herrn Tsing und seine rasende Eifersucht, die kaum mehr auszuhalten war. Auch meine Reaktionen auf diese Szenen hatten sich geändert. Statt die Ruhe zu bewahren, wenn er wieder einmal Streit anfangen wollte, gab ich scharfe Antworten, ich erhob, wie er, die Stimme, und am Ende warfen wir uns, wie die Wahnsinnigen schreiend, gegenseitig Beleidigungen an den Kopf.

Diese Auftritte waren schrecklich und ordinär, sie waren meiner unwürdig und unerträglich für Juliette, die ohnmächtig zusehen mußte, wie wir uns zerfleischten. Ich denke an diese Phase meines Lebens nur mit Grauen zurück.

Ich nahm es Herrn Tsing übel, daß er mir Liebhaber andichtete, die es überhaupt nicht gab – insbesondere verdächtigte er einen seiner Freunde, einen alten Herrn, der mein Vater hätte sein können. Aber ich glaube, daß ich ihm noch mehr deswegen grollte, weil er mich allein mit Alain auf die Reise geschickt hatte. Darf ein Ehemann so etwas zulassen? Letztlich trug er die Mitschuld an dem, was mir zugestoßen war, an den Schwierigkeiten, in denen ich jetzt steckte.

Denn wenn ich zu Hause nur Streit und Ärger hatte, so ging es mir bei Alain nicht besser. Seine Frau hatte von unserem Abenteuer erfahren und hatte mich, obgleich sie selbst kein Unschuldslamm war, telefonisch bedroht und beleidigt. Als ich daraufhin mit Alain brechen wollte, erpreßte er mich mit seinen Tränen und seinen schönen Redensarten und fing damit mein Herz wieder ein. Sobald ich aber wieder begann, an unsere Liebe zu glauben und von einer gemeinsamen Zukunft zu träumen, erzählte er mir ungerührt, seine größte Sorge sei es, seiner geliebten Michelle nicht zu mißfallen und sie nicht gegen sich aufzubringen.

Und so litten wir bei jeder Bewegung, beide gebunden, ohne Hoffnung auf Befreiung, wie aneinandergekettete Sträflinge.

Ich will dem Leser die Einzelheiten unseres Leidenswegs ersparen. Jeder Tag brachte sein Teil an Verdruß und Enttäuschungen. Ich hatte die Streitereien zwischen Alain und seiner Frau satt. Ich wollte nichts mehr davon hören und ging nicht mehr ans Telefon.

Eines Abends – ich saß gerade in der Badewanne – stürzte Juliette ins Badezimmer. Alain stand mit seinem Wagen vor der Haustür und hupte wie ein Verrückter. Das arme Kind war völlig außer sich und flehte mich an, zu Alain hinunterzugehen, ehe Herr Tsing, der friedlich im Bett lag und las, auf den Spektakel aufmerksam wurde.

Ich stieg schnellstens aus dem Bad, zog mir einen Mantel über und lief die Treppe hinunter. Alain hupte munter weiter. Die Tür zum Beifahrersitz stand offen. Als ich mich zu ihm hineinbeugte, um ihn zum Wegfahren zu bewegen, zog er mich in den Wagen und brauste los. Trotz meiner Proteste brachte er mich in seine Wohnung, die ich erst am nächsten Morgen – nackt unter meinem Mantel – verlassen konnte.

Man kann sich vorstellen, was für einen Empfang mir Herr Tsing bereitete.

Ich hätte mich lieber in Stücke reißen lassen, als ihm zu sagen, woher ich kam. Aber meine nächtliche Abwesenheit, mein unziemlicher Aufzug bestätigten Herrn Tsings schlimmste Befürchtungen. Er konnte meinen Anblick nicht mehr ertragen, was im übrigen ganz auf Gegenseitigkeit beruhte. Früher hatten wir uns oft aneinander gerieben, weil wir vom Charakter einfach zu unterschiedlich waren. Jetzt standen ernste Zerwürfnisse zwischen uns, der Bruch war irreparabel, eine Scheidung würde sich nicht mehr vermeiden lassen.

Ich glaubte, den Verstand zu verlieren, als am selben Vormittag Michelle anrief. Ich zitterte noch nach der Szene mit Herrn Tsing, und Michelle machte alles nur noch schlimmer, überschüttete mich mit Beleidigungen und verächtlichen Äußerungen. Ihr Mann, erklärte sie mir, dächte wie sie, und dann kam, um das Maß voll zu machen, Alain an den Apparat und bestätigte stockend und kraftlos, daß seine Frau, wie immer, recht habe.

Nach der vergangenen Nacht und den gewalttätigen Ereignissen dieses Vormittags trafen mich seine Schwäche, seine Lügen schwer. Mir schien, daß die ganze Welt sich gegen mich verschworen hatte. Die einzige, die noch zu mir hielt, meine Juliette, litt sehr unter den Folgen meines Unglücks und den Verwirrungen meines Lebens. Noch wußte ich nicht, wie tief diese Ereignisse sie verstört hatten – das sollte meine schlimmste Strafe werden.

Doch die täglichen Pflichten nahmen auf meine privaten Sorgen keine Rücksicht. Nur die Prinzen und Prinzessinnen im Märchen können sich ihren Leidenschaften überlassen. Ich aber hatte mein Geschäft, das den größten Teil meiner Zeit beanspruchte, und ich hatte mein Klavier, denn nicht eine Sekunde lang war ich versucht gewesen, auf die Vorbereitung meines großen Konzerts zu verzichten. Ich kann gewiß von Glück sagen, daß ich in dieser bewegten Phase meines Lebens außer an Liebesglück und Liebesleid auch noch an andere Dinge zu denken hatte. Die Disziplin der Arbeit ist ein vorzügliches Mittel gegen die Unbeständigkeit des Herzens.

So dachte ich daran, im April zum zweiten Mal zur Kanton-Messe zu fahren.

Kurz vor dem für meine Abreise festgesetzten Termin beschloß ich, da das Leben daheim unerträglich geworden war, mich vorläufig mit Paul und Juliette in einem kleinen Hotel einzuquartieren. Während meiner Chinareise würden die Kinder wieder zu Herrn Tsing ziehen, der sich ihnen gegenüber ganz normal verhielt.

Ich hoffte darauf, in der Heimat wieder zu mir selbst zu finden, hoffte, daß sich die Probleme aus einigem Abstand nicht ganz so verworren darstellen und die großen Veränderungen in China, die so viele Schicksale durcheinandergewirbelt hatten, unsere persönlichen Schwierigkeiten auf den ihnen gebührenden, nämlich einen sehr bescheidenen Platz verweisen würden.

Im Augenblick brachte ich es einfach nicht fertig, die schwerwiegenden Entscheidungen zu treffen, die ich eigentlich hätte treffen müssen. Eine Atempause fern von Herrn Tsing und Alain, fern von Michelle und ihren Beleidigungen konnte mir nur guttun.

Am 12. April stieg ich in Hongkong aus dem Flugzeug. Niemand hielt mich mehr in dieser Stadt. Mein Schwiegervater war mit meiner Schwägerin in die USA gegangen, meine Schwiegermutter war tot. Ich reiste unverzüglich nach Shanghai weiter, das ich bei meiner vorigen Reise nicht hatte besuchen können. In Shanghai wohnten meine Eltern, Shanghai war die Stadt meiner Kindheit, meiner prunkvollen Hochzeit und meiner beglückendsten Erinnerungen.

Die Formalitäten waren rasch erledigt. Welche Freude, meine geliebte Landschaft an den Zugfenstern vorüberziehen zu sehen, welche Freude, als der Bahnhof mit der vertrauten wimmelnden Menschenmenge vor mir auftauchte!

Da ich einen französischen Paß hatte, konnte ich den Bahnhof durch den Ausländerausgang verlassen und umging dadurch das ärgste Gedränge. Und dann sah ich meine Eltern. Sie waren von einer Gruppe Unbekannter umgeben, ihren Nachbarn, die an ihrer Freude teilhaben und mit ihnen zusammen die nach langer Abwesenheit aus der Ferne zurückgekehrte Tochter willkommen heißen wollten.

Alle begrüßten mich, riefen meinen Namen, faßten mich am Arm, an der Schulter. Wer nahe genug an diese große Reisende herankam, sie begrüßte, würde vielleicht ein Lächeln, ein Wort von ihr erhaschen.

In China bilden Nachbarn eine große Familie, mit der man Glück und Schmerz teilt. Und so wurde ich gefeiert, als sei ich das Kind des ganzen Viertels. Man eskortierte mich lachend und schwatzend bis zu meinem Hotel, dann zogen sich die Nachbarn diskret zurück, damit ich mich in Gesellschaft meiner Eltern etwas ausruhen konnte. Nur meine Nichte Lele blieb bei uns, die Tochter meines Bruders Ching Son, die inzwischen ein bezauberndes junges Mädchen von sechzehn Jahren geworden war. Ihr Zwillingsbruder Toutou war nach Peking zurückgekehrt. Und da war auch mein fünfzehnjähriger Neffe Sun Lian, der Sohn meiner Schwester Ching Lin. Voller Bewegung schloß ich ihn in die Arme. Sun Lian war so etwas wie mein Adoptivsohn. Ching Lin hatte ihn in meinem Haus zur Welt gebracht, und ich hatte ihn betreut, als er ganz klein war. Ich staunte, wie groß er geworden war, und er war überglücklich, seine kleine Mama wiederzusehen.

Der arme Junge dachte nicht daran, mir zu erzählen – aber ich erfuhr es von anderer Seite –, daß ihm diese Verbindung viel Ärger eingebracht hatte. In der Schule quälte man ihn mit dem Vorwurf, er sei ein »Sohn der dreckigen Kapitalistin Chow Ching Lie«. Man spuckte ihm ins Gesicht, klebte ihm Kaugummi in die Haare. Er leugnete nicht, obwohl er ohne weiteres den Beweis dafür hätte antreten können, daß er gar nicht mein Sohn war. Im Gegenteil, je mehr er meinetwegen leiden mußte, desto stärker fühlte er sich wirklich als mein Kind.

Sun Lian lebte seit zehn Jahren bei meiner Mutter. Als er mich wiedersah, war er so bewegt, daß er ganz eingeschüchtert schien. Er folgte mir wie ein Schatten oder wie ein Hund, der seinen Herrn wiedergefunden hat, er lächelte mir zu, wagte aber kaum, mit mir zu sprechen.

Ich wollte alles über meine Lieben wissen. Mein Bruder Ching Son hatte leider nicht kommen können, da er sich noch nicht wieder von einer Magenoperation erholt hatte. Mein kleiner Bruder Ching Tsen war verheiratet und hatte einen Sohn. Nach Beendigung seiner Ausbildung arbeitete er jetzt in einem wissenschaftlichen Forschungszentrum. Meine jüngere Schwester Ching Lin arbeitete seit der Kulturrevolution in der kleinen Stadt Ho Pei, und die Jüngste, Ching Chin, war nach Beendigung ihrer Ausbildung in Shanghai in einer Chemiefabrik in einem Vorort von Shan-Tung tätig.

Ich freute mich sehr, als mein Vater mir erzählte, er habe an meine Schwestern telegraphiert und ich würde sie bald in die Arme schließen können. Sie hatten beide für den Besuch bei mir Urlaub bekommen.

Da in meinem Hotelzimmer zwei Betten standen, bat ich meine Mutter, die Nacht bei mir zu verbringen. Wir hatten uns ja so viel zu erzählen. Sie willigte gern ein, und mein Vater kehrte abends mit meiner Nichte und meinem Adoptivsohn Sun Lian nach Hause zurück.

Einer Mutter wie der meinen bleibt nichts verborgen. Ich hätte ihr am liebsten gar nichts von meinen Sorgen, von der unvermeidlich gewordenen Scheidung erzählt, aber sie sprach mit mir, als wisse sie dies alles schon.

Gewiß, ich sah schlecht aus, und schon daran konnte man sehen, daß in meinem Leben zur Zeit nicht alles zum besten stand. Aber meine Mutter wußte von meinen Schwierigkeiten, noch ehe sie mich wiedergesehen hatte.

Vor zwei Monaten, so erzählte sie mir, hatte sie mit meinem Vater ein paar Tage Urlaub gemacht und war zum Tempel von Han Kung gepilgert. Wie immer dachten meine Eltern beim Anblick des Buddhas an ihre Tochter in der Ferne mit ihren beiden Kindern. Sie sprachen von mir, beteten und machten sich Gedanken wegen der Schwierigkeiten, mit denen ich zu kämpfen hatte.

Ein Greis hatte ihre Unterhaltung mit angehört und sprach sie jetzt, gerührt von ihren sorgenvollen Worten, an. »Soll ich Ihnen das Horoskop Ihrer Tochter stellen?« fragte er. »Dann wissen Sie gleich, ob wirklich ein Grund zur Sorge vorliegt, und brauchen sich nicht unnötig zu quälen.«

Meine Eltern gaben dem weißhaarigen Alten Datum, Stunde und Ort meiner Geburt an, und er begann mit seinen Berechnungen. Endlich war er fertig und verkündete, daß alles zu einem guten Ende für mich kommen werde, daß ich aber im Augenblick in großer Bedrängnis sei. »Ihr erster Mann ist tot«, erklärte er, »und von dem zweiten wird sie sich scheiden lassen. Sie zappelt wie in einem Spinnennetz, aus dem sie sich nicht befreien kann. Es ist eine schwere Zeit für sie. Allerdings trifft das nur für ihr Gefühlsleben zu. Ihre Geschäfte blühen und gedeihen, und eines Tages wird sie in der ganzen Welt bekannt sein.«

Meine Eltern wußten also, daß ich mich scheiden lassen würde, und es blieb mir zu meiner Erleichterung erspart, ihnen davon zu erzählen. Meine Mutter tröstete mich: »Laß die Sorgen auf dich zukommen, kämpfe nicht unnötig, auch schwere Zeiten gehen einmal vorbei, und dann wird alles wieder gut.«

Es war ein vorzüglicher Rat, aber nicht immer ist ein guter Ratschlag auch leicht zu befolgen. Ich habe einen starken Willen, und manchmal mangelt es mir an Geduld. Ich kann nicht abwarten, bis die schweren Zeiten von selber vorübergehen. Ich muß selbst etwas tun, handeln, Dinge in Bewegung setzen, und wenn ich nicht weiß, in welche Richtung ich sie treiben soll, habe ich Angst, alles nur noch schlimmer zu machen. Deshalb war ich meiner Mutter dankbar für ihre weisen Worte, gleichzeitig aber zog es mich mit aller Macht zurück nach Paris, wo so viele Probleme in der Schwebe waren.

Ich war sehr glücklich, mit meiner Mutter in einem Zimmer schlafen zu können. Nach all den Aufregungen und der anstrengenden Reise schlief ich tief und ruhig.

Morgens um sechs wurde ich jäh durch laute Musik aus dem Schlaf gerissen. Das sei die Gymnastikstunde, erklärte meine Mutter.

Die Regierung hatte nämlich beschlossen, die Gesundheit der Chinesen durch tägliche Gymnastik zu fördern. Und so fand man sich jeden Morgen bei Lautsprechermusik in den Parks, Gärten und Stadien zu Massenturnübungen zusammen. Vom Fenster unseres Hotelzimmers aus sah ich viele Menschen mit großem Eifer turnen. Gymnastik gehörte in Schulen, Unternehmen und Familien neuerdings zur allgemeinen Körperertüchtigung.

Außer diesem Kollektivturnen, erzählte Mama, gab es auch Einzelunterricht, so daß sich jeder auf seine Art üben konnte. Sie selbst lernte zur Zeit boxen.

Während sie sprach, begann meine Mutter, angeregt von der Musik, in unserem Zimmer die Gymnastikübungen der Menge draußen nachzuturnen. Es sei ein vorzügliches Training, sagte sie, und gut für ihre Gesundheit.

Ich war begeistert von ihrer Jugendlichkeit und ihrem Schwung.

Meine Leser werden vielleicht erstaunt sein, daß sich eine Großmutter dem Boxsport widmet. Aber diese Boxart, das sogenannte Schattenboxen, das in China eine lange Tradition hat, ist Frauen, auch nicht mehr ganz jungen Frauen, durchaus zuträglich, weil hier eher Eleganz und Präzision als brutale Kraft gefragt sind.

Dem Schattenboxen liegt die Nachahmung der Bewegungen von fünf Tieren zugrunde. Dem Tiger tut man es mit federnden, kraftvollen Sprüngen gleich, mit denen die Beinmuskeln und -gelenke trainiert werden. Man ahmt den Hirsch nach, indem man über dem Kopf die Form seines Geweihs nachzeichnet. Das ist vorzüglich für Schultern, Arme und Handgelenke. Den Bären und die Spiele der Bärenkinder ahmt man nach, indem man sich ihre langsamen Bewegungen zum Vorbild nimmt, die das Gleichgewicht entwickeln und die Gelassenheit stärken. In der Art des Affen springt man rasch nach rechts und nach links und steigert so Beweglichkeit und Gewandtheit des ganzen Körpers. Den Vogel schließlich macht man nach, indem man die Arme ausbreitet und ausgewogene Bewegungen macht, die den Sinn für Harmonie fördern. So bildet die

Nachahmung der fünf Tiere im Schattenboxen ein ganzes Gymnastikprogramm, das jedem nach seinen Möglichkeiten offensteht.

Im alten China machten sich die Frauen überhaupt keine Bewegung. Daher benutzten auch viele von ihrem vierzigsten Lebensjahr an nach komplizierten Rezepten gebraute Stärkungs- und Beruhigungsmittel im Übermaß. Das Schattenboxen, das keine große Muskelkraft erfordert, ist außerordentlich wirkungsvoll. Mit zwei Fingern kann man einen Koloß umwerfen. Ein Sprichwort sagt: »Verachtet mir die mageren Mönche nicht.« Mit anderen Worten: Noch die magersten Mönche sind, im Schattenboxen geübt, unbesiegbar, ohne daß sich dies in ihrer Figur verrät. Selbst wenn man nicht die Absicht hat, zum Angriff oder zur Verteidigung zu boxen, wirkt sich dieser Sport, der den Gleichgewichtssinn entwickelt und durch geschärfte Aufmerksamkeit die Nerven stärkt, sehr segensreich auf die Gesundheit aus. Mama wußte schon, weshalb sie sich damit beschäftigte.

Wir waren noch bei diesem Thema, als der Portier meinen Vater anmeldete, der von meiner Nichte Lele und meinem Neffen Sun Lian begleitet wurde.

Mein Vater hatte zwei Thermosflaschen bei sich (es war schon davon die Rede, daß in China Thermosflaschen aus dem täglichen Leben nicht wegzudenken sind), die eine mit hellem, die andere mit dunklem Ginseng-Saft gefüllt. Er schenkte die richtige Mischung in ein Glas und gab mir diese Mixtur zu trinken.

Am Abend zuvor hatte er festgestellt, daß ich blaß und mager war und überhaupt schlecht aussah, und deshalb hatte er zu meiner Stärkung diesen Sud bereitet, der mehrere Stunden kochen muß. Ich war sehr gerührt. Aus seiner Fürsorglichkeit ersah ich, daß mein Vater mich noch genauso zärtlich liebte wie früher.

Es gibt verschiedene Sorten der Ginseng-Pflanze, von der man nur die Wurzeln verwendet. Am beliebtesten und seltensten und deshalb natürlich auch am teuersten ist der wilde Ginseng. Je dunkler, trockener und verrunzelter die Wurzel ist, desto älter ist sie, und desto wundersamere Kräfte besitzt sie angeblich. Sterbende, so heißt es, hätten sich dank des wilden Ginseng geheilt von ihrem Lager erhoben. Wer als Gesunder den Ginseng-Saft einnimmt, ist gefeit gegen Krankheiten, bewahrt sich die Jugend und fühlt sich stark und kräftig.

Außer dieser wilden Pflanze gibt es auch noch eine andere Sorte, die lange nicht so kostspielig, aber auch weniger wirksam ist. Dieser Ginseng ist zur Kulturpflanze geworden. Er hat hellere und kräftigere Wurzeln, und man muß größere Mengen davon nehmen.

Mein Vater hatte mir in der einen Flasche dunklen koreanischen und in der anderen Flasche hellen amerikanischen Ginseng mitgebracht. Der dunkle, sehr stärkende Ginseng ist gut für geschwächte oder alte Menschen. Er stärkt die Yang-Seite, wärmt, kräftigt und regt an. Da ich aber jung war und zuviel Yang mich nach Meinung meines Vaters zu sehr erregen und einen erhöhten Blutdruck hervorrufen könnte, hatte er auch etwas von dem hellen Saft des amerikanischen Ginseng mitgebracht, der ihm besser geeignet schien, meine angespannten Nerven zu beruhigen.

Wie alle stark wirkenden Medikamente darf Ginseng nicht leichtsinnig eingenommen werden. Ich selbst kannte einen von seiner Familie sehr verwöhnten Jungen, dem seine Mutter, die einen gesunden, kräftigen Mann aus ihm machen wollte, in großen Mengen wilden Ginseng zu trinken gab – mit dem Ergebnis, daß ein monströser Dickwanst aus ihm wurde.

Als während der Kulturrevolution die Roten Garden die Haustür seiner Eltern aufbrachen und ins Haus eindrangen, fürchtete er sich so sehr, daß er auf der Stelle den Geist aufgab. Ein Tischler mußte einen Sarg nach Maß für ihn schreinern, denn für seinen enormen Körper waren die gängigen Modelle alle zu klein.

Deshalb tat mein Vater gut daran, den hellen und den dunklen Saft für mich zu mischen.

Ich trank dankbar die Mixtur, als erneut das Telefon läutete. Man meldete mir den Besuch von A Ch'ing, der Amme von Paul und Juliette.

Wir wollten gerade zum Mittagessen in den Speisesaal gehen, und meine Mutter bat mich, A Ch'ing zum Essen einzuladen. Ich war überrascht, denn bei uns hatten die Dienstboten nie am Tisch der Familie gegessen.

Aber die Zeiten hatten sich geändert, was sich nicht nur an der Geschichte von A Ch'ing, sondern an der Lebensgeschichte all jener zeigte, die ich in Shanghai wiedersehen sollte.

11. Kapitel

Eine Amme in Wut / Onkel Woo fährt mit dem Rad Kuchen aus / Geschichte der schönen Orchidee Hsiao-lan / Drei Schwestern sehen sich nach zehn Jahren wieder / Die kurzen Haare von Ching Lin / Haus im Sturm / Wohltaten der Akupunktur / Der Minister schickt Ching Lin wieder ans Klavier.

Ich erfuhr, daß A Ch'ing, die Amme meiner Kinder, während der schlimmsten Exzesse der Kulturrevolution vorgeladen worden war, um gegen mich auszusagen. Sie hatte nur eine Beschwerde: Wir hatten sie in der Küche essen lassen (was natürlich der damaligen Sitte entsprach), statt sie an unseren Tisch zu bitten.

Gegen meine Mutter hatte A Ch'ing noch anderes vorzubringen. Es war meine Mutter gewesen, die sie nach Pauls Geburt in einer Stellenvermittlung engagiert hatte. In diesen Büros warteten die Arbeitssuchenden in einer Reihe nebeneinander auf die Arbeitgeber, die unter ihnen in Ruhe ihre Wahl treffen konnten. So saß auch A Ch'ing, die eine Stelle als Amme suchte, mit anderen Frauen auf einer langen Bank, als meine Mutter hereinkam.

Meine Mutter, erzählte A Ch'ing, habe ein sehr entschlossenes Gesicht gemacht und sich die wartenden Bäuerinnen in ihren schwarzen Hosen und einfachen Blusen sehr genau angesehen. Dann sei sie an die erste herangetreten, habe ihr die Bluse hochgehoben, ihre Brüste betastet und in der Hand gewogen und sei zur nächsten gegangen. Schließlich sei sie zu A Ch'ing gekommen, habe sich ihre vollen, prallen Brüste angesehen und die Frau sofort engagiert.

Später wollte meine Mutter sich davon überzeugen, daß A Ch'ings Milch auch nicht versiegte und ihr Enkel gut ernährt wurde. Deshalb hob sie jedesmal, wenn sie A Ch'ing sah, ihre Bluse und betastete ihre Brüste.

Man habe sie wie eine Milchkuh behandelt, beklagte sich A Ch'ing, und nicht wie ein menschliches Wesen.

Eine weitere Beanstandung galt den mit Erdnüssen und ohne Salz gekochten Schweinsfüßen und den salzlos gedünsteten Forellen. Es hieß, daß Ammen durch diese beiden Gerichte viel Milch bekämen, und so setzte man sie ihnen sehr häufig vor. Zuerst freute sich A Ch'ing, die bitter arm war, über die Schweinsfüße und gekochten Forellen, aber bald hatte sie sich diese Gerichte übergegessen, zumal noch andere gute Sachen auf dem Tisch standen, auf die sie, nachdem sie die Pflichtgerichte verspeist hatte, keinen Appetit mehr hatte.

Während der Kulturrevolution hatte sich A Ch'ing dann gerächt, indem sie diese Verstöße meiner Familie öffentlich ankreidete. Es waren im Grunde keine sehr schwerwiegenden Vorwürfe, und ich mochte mich wegen dieser Auseinandersetzung nicht weiter aufregen.

A Ch'ing begrüßte mich mit der gleichen Ehrerbietung wie früher. Ich lud sie ein, mit uns zu essen. Sie bedankte sich sehr, lehnte aber die Einladung mit gewohnter Höflichkeit ab.

Ich fragte sie nach ihrer Familie, und sie antwortete zurückhaltend. A Ch'ings Schicksal war alles andere als beneidenswert. Ihr Mann war ein kleiner Schneider in Chao-Chan, die Kinder waren schon verheiratet. A Ch'ing arbeitete in Shanghai, fern der Heimat, um all ihr Geld an ihre Kinder und ihren Mann zu schicken, obgleich dieser seit langem mit einer Geliebten zusammen lebte. Die arme A Ch'ing hoffte noch immer, daß ihr Mann eines Tages zu ihr zurückkehrte. Im Winter wie im Sommer stand sie noch vor Morgengrauen auf und machte für ein paar Dutzend Familien Botengänge und Besorgungen. Danach arbeitete sie den ganzen Tag als Putzfrau. Sie verdiente mehr als ein Akademiker, trug aber alte, verschlissene Sachen und schien ganz verwahrlost. Seit vielen Jahren arbeitete sie wie ein Lasttier, ohne auch nur das kleinste Zeichen der Zuneigung dafür zu bekommen.

Die arme A Ch'ing war ein Opfer der traditionellen Unterdrückung der chinesischen Frau. Man hatte sie mit einem Mann verheiratet, der eine andere liebte. Diese andere aber war unerreichbar für ihn, da sie mit einem Knaben verlobt worden war, der noch ein Baby war.

A Ch'ing wiederum hatte sich in ihren Mann verliebt und nahm sich vor, hart zu arbeiten, um sich ihm – wenn er sie schon nicht lieben konnte – doch wenigstens unentbehrlich zu machen.

Nach diesem Besuch, der mich gleichzeitig betrübte und erfreute – denn A Ch'ing war aus eigenem Antrieb gekommen, woran man sah, daß sie zu ihren Anschuldigungen nur durch die Umstände gedrängt worden war –, gingen wir wieder auf mein Zimmer. Erneut klingelte das Telefon.

Diesmal war es ein Vetter meiner Mutter, Onkel Woo, der zu Besuch kam.

Es läßt sich denken, daß mich dieser Ansturm schon am ersten Vormittag meines Besuchs in Shanghai rührte und beglückte, ersah ich doch daraus, daß mich die Meinen nicht vergessen hatten. Über Onkel Woos Kommen freute ich mich ganz besonders. Der reiche Juwelier war ein sehr angenehmer Mensch, der anregend zu plaudern wußte. Wir hatten uns immer gut verstanden. Früher hatte er mir oft einen Hinweis gegeben, wenn ihm schöner alter Schmuck angeboten worden war.

Der Mann, der mein Zimmer betrat, hatte so wenig Ähnlichkeit mit Onkel Woo, daß ich einen Augenblick glaubte, ich hätte den Namen am Telefon falsch verstanden.

Statt eines schlanken, eleganten Bourgeois sah ich einen Mann aus dem Volke von fülliger Figur mit wettergegerbter Haut, der einen abgetragenen Anzug aus billigem Stoff trug.

Aber dann kam er auf mich zu, nannte zärtlich meinen Namen – und ich erkannte die Stimme, das Lächeln, den Blick meines Onkels. Meine Verblüffung amüsierte ihn. Er und meine Mutter erklärten mir das Geheimnis seiner Verwandlung.

Er war Teilhaber des Schmuckgeschäftes geworden, dessen Alleinbesitzer er früher gewesen war, und die Geschäfte gingen nicht schlecht. Aber während der Kulturrevolution erlebte er immer wieder, wie frühere Geschäftsinhaber, zu denen ja auch er gehörte, von den Rotgardisten durch die Straßen geschleift, gedemütigt, geschlagen, angeklagt und verurteilt wurden. Wozu soll ich das alles auf mich nehmen? sagte er sich. Er verzichtete spontan auf seinen Anteil an dem Schmuckgeschäft, schenkte das, was ihm geblieben war, dem Staat und bat um irgendeine Beschäftigung.

Der Staat hatte sogleich Arbeit für ihn. Onkel Woo fuhr jetzt mit einem Lieferfahrrad Kuchen für eine Konditorei aus und war mit seinem Schicksal ganz zufrieden. Er kam in der Stadt herum, kräftigte seine Muskeln und führte ein Leben im Freien. Sein Benehmen und seine Sprache hatten sich ebenso auffallend verändert wie seine Figur und sein Gesicht. In seinem neuen Leben war er ein völlig anderer Mensch geworden. Er war sehr froh, daß er den Mißhandlungen der Roten Garden entkommen war, und bedauerte nichts.

Ich fragte ihn nach meiner Tante. Er konnte seine Bewegung nicht verbergen, als er antwortete, daß sie krank sei und unter Depressionen litte. Meine Tante Woo war immer zart gewesen, und ich glaubte zuerst, daß es sich um ihren üblichen Zustand handelte. Aber darin irrte ich. Arme Tante . . .

Zum ersten Mal hatte mein Onkel mit zwanzig Jahren geheiratet – eine jener arrangierten Hochzeiten, die in China soviel Unglück über junge Menschen beiderlei Geschlechts gebracht haben. Seine künftige Frau hatte er vor dem Hochzeitstag noch nie gesehen.

Es wurde schnell deutlich, daß die beiden nicht füreinander geschaffen waren. Onkel Woo war durch sein Juweliergeschäft stark beansprucht. Seine Kunden empfing er, wie das damals unter Geschäftsleuten allgemein üblich war, häufig in öffentlichen Häusern.

In einem dieser Häuser lernte Onkel Woo eine blutjunge Prostituierte kennen, ein sanftes, bezauberndes Mädchen, das vor ihm noch keinen Mann gehabt hatte und in das er sich verliebte. Man nannte sie Hsiao-lan, die schöne Orchidee. Onkel Woo bezahlte viel Geld, damit Hsiao-lan keine anderen Kunden empfing, und besuchte sie so oft wie möglich.

Seine ungeliebte Frau bedrückte das immer mehr. Die chinesische Frau jener Zeit hatte im Leben außer ihrem Mann keine Interessen, und wenn dieser sie vernachlässigte, war das für sie ein schreckliches Unglück. Die Ärmste siechte dahin und starb schließlich. Sie hinterließ einen lieben kleinen Jungen von sechs Jahren.

Onkel Woo heiratete unverzüglich Hsiao-lan und holte sie in sein Haus. Aber Hsiao-lan war viel zu jung, um die Verantwortung für einen Haushalt übernehmen zu können. Den kleinen Jungen, der seine Mutter verloren hatte, liebte sie von Herzen, sie verhätschelte ihn und spielte mit ihm wie eine Schwester, aber sie hatte nicht den wachsamen Blick einer Mutter.

Eines Tages spielte der kleine Junge auf dem Dach mit einem Drachen, er lief leichtsinnig, wie Kinder sind, nach rechts und nach links. Hsiao-lan beachtete ihn nicht, und der Kleine stürzte ab und starb.

Für den Vater war das ein schwerer Schlag, denn er hatte seinen Sohn vergöttert, aber Hsiao-lan war geradezu untröstlich. Nicht genug damit, daß sie ihren kleinen Spielgefährten verloren hatte, dem sie herzlich zugetan war, nein, das Kind wäre auch, wie sie sich immer wieder sagte, nicht ums Leben gekommen, wenn sie besser achtgegeben hätte. Diesen Schmerz hat sie nie ganz überwunden.

Nach einiger Zeit brachte Hsiao-lan selbst einen Knaben zur Welt, der den Namen Lao-ssu (Langes Leben) bekam. Geplagt von der Furcht, auch er könne sterben, weil sie nicht gut genug für ihn sorgte, opferte Hsiao-lan all ihre Zeit ihrem Kind und ließ es nicht aus den Augen. Kälte und Hitze, Bewegung und Stillstand, alles ängstigte sie gleichermaßen um ihres Sohnes willen, alles schien seine Gesundheit, sein Leben zu bedrohen. Um ihm jede Unannehmlichkeit zu ersparen, erfüllte sie ihm bald jeden Wunsch und fand immer Entschuldigungen für seine kindlichen Streiche.

Ich fragte meinen Onkel, wie alt Lao-ssu jetzt sei und wie es um seine Ausbildung stehe.

»Er ist siebzehn«, antwortete mein Onkel traurig. »Und deine Tante ist krank, weil er in ein Umerziehungslager geschickt worden ist. Er hat es wirklich zu arg getrieben.«

Ich sah, daß es Onkel Woo schwer ums Herz war, und fragte nicht weiter.

Er schwieg einen Augenblick, dann sagte er bedrückt, er habe sich schon immer Sorgen um seinen Sohn gemacht, weil Hsiao-lan ihn viel zu sehr verwöhnt habe. Lao-ssu kannte keine Schranken, kein Gesetz. Er war so ichbezogen, daß er meinte, ihm sei alles erlaubt. Und jetzt hatte er sich schwerer Vergehen schuldig gemacht.

Nun begriff ich, daß Hsiao-lan nicht nur unter ihrer üblichen Nervosität litt, sondern daß der Kummer um das Schicksal ihres Sohnes ihr einen schweren Schlag versetzt hatte. Daß man ihn – und offenbar zu Recht – wie einen Verbrecher behandelte, mußte dieser sensiblen, sanften kleinen Seele unerträglich sein.

Ich fühlte von ganzem Herzen mit den armen Eltern. Mein Onkel Woo, der selbst den schwierigsten Situationen immer noch eine gute Seite abzugewinnen vermochte, meinte, er habe zwar seinen Sohn von Herzen lieb, es sei aber vielleicht wirklich besser, daß er jetzt nicht mehr bei seiner Mutter, sondern in der Obhut des Staates sei. Er erzählte mir, wie Hsiao-lan stets versucht habe, seine Dummheiten zu kaschieren, wie sie immer leidenschaftlich für ihn Partei ergriffen habe, wenn sein Vater, seine Lehrer, der Direktor seiner Schule ihm berechtigte Vorhaltungen gemacht hatten. Für seine Mutter sei es schlimm, schloß Onkel Woo. Es werde wohl noch so weit kommen, daß der Sohn ihr in die Brust beißen werde.

Diese chinesische Redensart spielt auf eine alte Legende an. Vor tausend und vielleicht noch einmal tausend Jahren lebte einmal ein schrecklicher Räuber, der seiner Verfolger spottete und ihnen stets entkam. Während man ihn auf der einen Seite suchte, hörte man ihn von der anderen Seite her lachen, während er ehrliche Leute bestahl, beraubte und in Angst und Schrecken versetzte.

Endlich wurde er doch gefaßt, vor Gericht gestellt und zum Tode verurteilt. Schon sieht man ihn in Ketten auf dem Richtplatz knien, die Hände hinter dem Rücken gefesselt. In der ersten Reihe der Zuschauer steht schluchzend und jammernd seine Mutter.

Ehe man ihm den Kopf abschlägt, fragt man ihn, ob er einen letzten Wunsch habe. Er sieht seine schluchzende Mutter an und sagt, er wolle an ihrer Brust saugen.

Kaum hat er diese seltsame Bitte ausgesprochen, welche die Versammelten in höchstes Erstaunen versetzt, eilt die Unglückliche zu ihrem Sohn, hebt ihre Bluse, entblößt die Brust und bietet sie dem Verurteilten. Eine chinesische Frau entblößt nie ihre Brust in der Öffentlichkeit, das gilt als unanständig.

Der gefesselte Sohn spricht traurig zu seiner Mutter: »Was weinst du, Mama? Daß ich hier in Ketten auf den Knien liege, ist deine Schuld. Seit meiner Geburt hast du mir nichts verwehrt, du hast zugelassen, daß ich mich so schlecht aufführte, wie ich wollte, und noch heute, wo ich ein dummes, sinnloses Opfer von dir fordere, entblößt du dich in aller Öffentlichkeit, um einem Mann von dreißig Jahren die Brust zu geben.« Und dann beißt er mit aller Kraft in die Spitze der Brust, die seine Mutter ihm reicht, und erklärt: »Das ist der Lohn für deine grenzenlose und unvernünftige Liebe.«

Onkel Woo hatte wahrscheinlich recht. Sein Sohn war noch jung genug, um sich ändern zu können, aber bei seiner schwachen Mutter hätte sich die einmal begonnene ungünstige Entwicklung nur fortgesetzt. Lao-ssu hatte sich der neuen Situation seines Vaters nicht anpassen können. Als Sohn eines Juweliers hatte sich der junge Mann jeden

Wunsch erfüllen können. Aber jetzt war Onkel Woo ein armer Mann geworden, der mit einem Fahrrad durch die Straßen strampelte, und der Junge, der Einschränkungen nicht ertragen konnte, hatte gestohlen, um seine Wünsche zu befriedigen. Ich versuchte, meinen Onkel davon zu überzeugen, daß sich mit seinem Sohn und mit Hsiao-lan noch alles zum Guten wenden könne, und bat ihn, noch ein bißchen bei uns zu bleiben. Er aß mit uns, verabschiedete sich aber gleich darauf, denn er mußte noch Lieferungen ausfahren.

In Shanghai war jede Mahlzeit für mich wie ein Fest. Da waren sie wieder, unsere alten Rezepte, und alles schien ganz anders zu schmecken als in Paris. Ich war so glücklich über all die Liebe, die mich umgab, daß ich am liebsten gar nicht wieder abgereist wäre. Aber das war natürlich unmöglich, denn Paul und Juliette befanden sich ja noch in der Ausbildung.

Voller Ungeduld wartete ich nun auf meine Schwestern Ching Chin und Ching Lin. Tatsächlich trafen sie im Abstand von wenigen Stunden in meinem Hotel ein.

Als erste kam meine geliebte kleine Ching Chin, die nur vier Jahre älter war als Paul und die noch ein kleines Mädchen gewesen war, als ich China verlassen hatte. Sie wurde mir von meinem Adoptivsohn Sun Lian gemeldet, der aufgeregt in mein Zimmer stürzte und rief: »Da kommt die kleine Tante, die kleine Tante kommt.«

Ich sah sie schon von weitem auf dem Gang. Sie weinte wie ein Kind bei dem Gedanken an unsere lange Trennung, und als ich sie in die Arme nahm, weinte sie noch viel mehr, aber diesmal waren es Freudentränen. Wie hatte sie sich verändert! Ich dachte daran, wie sie mich vor zweiundzwanzig Jahren weinend am Arm festgehalten hatte, als die Familie Liu mich mitnahm. Sie war noch fast ein Baby, und meine Mutter versuchte, sie mit Zärtlichkeiten und Liebkosungen zu trösten. Ching Chin war eine Frau geworden, sie war verheiratet, durfte aber nicht mit ihrem Mann zusammen leben.

Sie hatte drei Jahre Chemie studiert, das vierte und letzte Studienjahr hatte sie nicht beenden können, weil die Roten Garden sie abgeholt hatten und die Universität geschlossen worden war. Danach hatte sie einen jungen Archäologen geheiratet, aber eine Woche nach der Hochzeit war Ching Chin zur Arbeit in eine Chemiefabrik nach Shan-Tung geschickt worden. Zuerst hatte sie unter der Trennung von unseren Eltern, die sie noch nie verlassen hatte, und von ihrem Mann, mit dem sie so glücklich gewesen war, sehr gelitten, aber sie hatte es gelernt, sich in ihr Schicksal zu fügen. Sie hätte die ihr zugewiesene Arbeit ablehnen können, was viele junge Leute getan haben, aber als ich sie bedauerte, hörte sie auf zu weinen und erklärte tapfer, jeder müsse für den Wiederaufbau des Landes Opfer bringen.

Wir waren noch dabei, einander von unseren so andersartig verlaufenen Schicksalen zu erzählen, als mein Herz einen Freudensprung tat. Ich hörte die Stimme meiner Schwester Ching Lin auf dem Gang. Ja, es war die vertraute Stimme – fröhlich, entschlossen, voller Schwung.

Sie kam herein wie ein Wirbelwind, lachend, lebhaft, herzlich, und ich fiel ihr um den Hals. Eine Fülle von Kindheitserinnerungen, frohe und traurige, wurde wach. Dankbar dachte ich an ihren Mut, ihre Entrüstung, als sie um jeden Preis meine erste, in ihren Augen empörende Ehe hatte verhindern wollen. Ich erinnerte mich an den Tag, als sie es gewagt hatte, sich gegen meinen Vater aufzulehnen, der damals zum ersten und einzigen Mal die Hand gegen sie erhoben hatte.

Ching Lin hatte noch immer ihre strahlenden Augen, die einen offen und ehrlich ansahen, aber sonst hatte sie sich sehr verändert. Vor zehn Jahren, nach Abschluß ihrer Ausbildung im Konservatorium, war sie Pianistin bei Radio Peking geworden. Nach der Kulturrevolution galt das Klavier als fremdländisches, bourgeoises Instrument. Ching Lins Karriere war zu Ende. Man war sogar der Meinung, daß sie umerzogen werden müsse, und schickte sie zur

Arbeit aufs Land, in einen armen Ort, weit von jeder Zivilisation. Dieses Leben hatte meine Schwester verwandelt. Ihre früher so helle Haut war von der Sonne und der körperlichen Arbeit gegerbt, ihre Muskeln hatten sich gestrafft, sie sah robust und stramm aus wie eine Bäuerin. Ich fragte sie, warum sie sich von ihrem langen Haar getrennt habe, das früher ihr ganzer Stolz gewesen war. »Es ist praktischer«, sagte sie und sprach schnell von anderen Dingen.

Ich kannte meine kleine Schwester gut und spürte, daß etwas anderes dahintersteckte, was sie mir nicht sagen wollte. Aber ich würde es schon noch herausbekommen.

Sie erzählte mir von dem schweren Leben in ihrem Dorf. Vor der Befreiung Chinas fehlte es den Armen an allem, manchmal sogar an Salz. Epidemien rafften die Bevölkerung dahin, denn die sanitären Verhältnisse waren schlecht, und es gab weder Ärzte noch Medikamente. All das hatte sich gebessert, aber leicht war es nicht gewesen, diese Fortschritte zu erreichen. Die »barfüßigen Ärzte«, jene Freiwilligen, die als Lehrer und Vermittler zwischen den wenigen Ärzten und der Bevölkerung tätig waren, leisteten gute Arbeit, und Ching Lin erzählte stolz, daß auch sie an diesem Werk teil hatte. Sie half dabei, den jungen Müttern hygienische Kenntnisse zu vermitteln, brachte ihnen bei, die Symptome der häufigsten Kinderkrankheiten zu erkennen und selbst erste Hilfe zu leisten. Sie selbst hatte sich Grundkenntnisse in der Akupunktur angeeignet und war froh, daß sie so zumindest einigen von denen, die zu ihr kamen, Erleichterung verschaffen konnte.

Gewiß, meine Schwester war keine echte Akupunkturkundige geworden. Diese alte Kunst, die in China neu aufgelebt ist und jetzt auch vom Westen entdeckt wird, erfordert lange Erfahrung und Meditation, denn ihrer Ausübung liegt eine ganze Philosophie zugrunde. Aber die Ärzte, die sie unterrichtet hatten, hatten ihr soviel beigebracht, daß sie in Fällen von Migräne, Schlaflosigkeit,

Verdauungsbeschwerden oder sexuellen Schwierigkeiten ausgezeichnete Ergebnisse erzielen konnte. Dank ihrer Lehrmeister wußte sie genau, an welchem Punkt des Körpers die Nadel gesetzt werden, wie tief sie eingestochen werden, wie lange sie im Körper bleiben und ob sie gegebenenfalls während der Behandlung leicht hin- und herbewegt werden mußte.

Ching Lin war schon immer ein großherziger Mensch gewesen. Ich begriff, daß sie in dieser neuen Tätigkeit wirkliche Erfüllung gefunden hatte. Aber warum hatte sie sich ihre schönen Haare abgeschnitten? Ich erfuhr es später von einer ihrer Freundinnen.

An einem Sommernachmittag im Jahr 1967 arbeitete Ching Lin in brütender Hitze mit den Bauern auf dem Feld, als ein Rotgardist am Feldrand auftauchte und den Befehl zur Unterbrechung der Arbeit gab, weil auf dem Dorfplatz eine Versammlung stattfinden sollte. Ching Lin folgte den anderen. Auf einem Podium hielt jemand eine Rede, die Bauern standen um das Podium herum und hörten zu, und Ching Lin, die schweißüberströmt war, hatte gegen die Pause nichts einzuwenden. Abschließend verkündete der Redner, man werde jetzt, um ein Exempel zu statuieren, einen großen Volksfeind aburteilen und bestrafen, dessen Vergehen soeben ans Licht gekommen sei.

Jeder fragte sich, wie man unter so armen Leuten wohl einen großen Volksfeind finden wollte und was für Vergehen man ihm vorwerfen würde. Ching Lin stellte sich dieselben Fragen wie die anderen und wartete gelassen.

Doch dann glaubte sie ihren Ohren nicht zu trauen. Der Rotgardist, der zu ihnen aufs Feld gekommen war, rief: »Chow Ching Lin, komm aufs Podium, um dein Urteil entgegenzunehmen.«

Zuerst dachte sie, man habe nur einen ähnlichen Namen gerufen, aber der Rotgardist wiederholte ungeduldig: »Hinauf mit dir, Chow Ching Lin, du wirst uns jetzt die Wahrheit sagen.«

Meine arme Schwester war wie versteinert. Ihre Kameraden, die sie schätzten und liebten, wagten nichts zu sagen und fragten sich voller Angst, was jetzt geschehen würde. Man überließ sie nicht lange ihren Zweifeln. Die Rotgardisten packten sie unsanft und schrien ihr ins Gesicht: »Los, sag die Wahrheit! Heraus mit der Wahrheit!«

Was hatten sie denn nur mit ihrer Wahrheit? Ching Lin hatte ein reines Gewissen. War sie nicht immer gehorsam gewesen? Arbeitete sie nicht mit dem Einsatz all ihrer Kräfte? Auch ihr Mann, der Ingenieur war, hatte seinem Land gewissenhaft gedient. Was konnte man ihr vorwerfen?

Da sie nach wie vor ratlos schwieg, wandte sich einer der Rotgardisten an die Versammelten:

»Chow Ching Lin weigert sich, die Wahrheit zu sagen. Sie hat vor aller Welt verschwiegen, daß ihre Schwester eine Landesverräterin ist. Gib schon zu, daß deine Schwester Chow Ching Lie sich nach Frankreich abgesetzt hat, daß sie eine Spionin ist.«

Ching Lin versuchte zu erklären, daß ich nach dem Tod meines Mannes nach Paris gegangen sei, um mich als Pianistin zu vervollkommnen, sie versicherte, daß ich keinerlei politische Tätigkeit ausgeübt habe – aber es war sinnlos, man hörte ihr nicht zu. Die Rotgardisten überschrien sie einfach. »Du sagst nicht die Wahrheit«, donnerten sie. »Du wirst für deine Lügen bestraft werden.«

Und dann sah sie, daß die Rotgardisten Scheren in der Hand hielten. Sie stürzten sich auf meine Schwester, fuhren mit den scharfen Klingen in ihre Haarpracht, und die schönen, glänzenden Strähnen fielen zu Boden.

Ching Lin war ganz verstört, aber sie rührte sich nicht und versuchte auch nicht mehr, sich zu rechtfertigen. Sie hatte zu große Angst, daß die klappernden Scheren sie verletzen könnten. Ihr war übel, der Schweiß lief ihr in die Augen, Hitze und Geschrei schlugen über ihr zusammen, alles begann sich um sie zu drehen, sie kämpfte gegen eine Ohnmacht an.

In diesem Augenblick gebot ein Mann den Rotgardisten Einhalt, der sich als Vertreter der Roten Verteidigung entpuppte. Energisch erklärte er, es gäbe keinen hinreichenden Beweis dafür, daß Ching Lins Schwester Spionin sei. Es kam zu einem heftigen Streit zwischen ihm und den anderen. Einige schlugen sich auf seine Seite, und meine Schwester merkte erschrocken, daß man sich in Kürze ihretwegen noch prügeln würde. Tatsächlich gerieten Ankläger und Verteidiger von Ching Lin aneinander, doch das sah sie nicht mehr. Sie hatte das Bewußtsein verloren und lag, umgeben von ihrem geopferten Haar, auf dem Podium.

Danach hatte sie sich die Haare nie wieder wachsen lassen. Ihretwegen sollte sich so eine Szene nie wiederholen.

Noch ehe ich die Einzelheiten über diesen für meine arme Schwester so furchtbaren Tag erfahren hatte, wußte ich, daß sie sich ihre neue Frisur nicht selbst ausgesucht hatte. Sie machte ihren Kopf zu rund und stand ihr einfach nicht. Ich kannte inzwischen auch schon den verlegenen Ausdruck von Menschen, die gelitten haben und nicht davon sprechen wollen. Vom Unglück anderer erzählte man bereitwillig, über das eigene schwieg man. Niemand mochte sich beklagen – und am wenigsten bei mir, die ich indirekt die Schuld an diesen Leiden trug. Mein Vater, meine Schwester, mein Neffe waren – wegen meiner Verbindung mit der Familie Liu, wegen meiner Abwesenheit von China – stellvertretend für mich gedemütigt und gequält worden.

Man kann sich vorstellen, wie Wut und Mitleid in meinem Herzen stritten. Ich machte mir Vorwürfe, weil ich mich von den beruhigenden Briefen meiner Angehörigen allzu bereitwillig hatte täuschen lassen. Ständig hatten sie mir versichert, daß es ihnen gutging, und obgleich ich mir große, quälende Sorgen um sie machte, hätte ich mir nie träumen lassen, welche Leiden sie erduldeten.

Daß sie das alles meinetwegen, der »dreckigen Kapitalistin« wegen, hatten auf sich nehmen müssen, war wirklich ein Mißverständnis par excellence. Während man meine

Angehörigen quälte, ging die »dreckige Kapitalistin« in Paris mit Perücken oder Holzschnitzereien von Tür zu Tür, schleppte Kisten, verschuldete sich hoch, um ein kleines Geschäft aufzumachen, und wußte nicht, wie sie das Schulgeld für ihren Sohn zahlen sollte.

Den Vorwurf der Spionage verdiente ich schon gar nicht. Ich hatte mich weder in China noch in Hongkong oder Paris politisch betätigt. Und meine Lebensführung, meine Erziehung konnten keinen Zweifel daran lassen, daß ich eine aufrichtige Patriotin war.

Schweren Herzens betrachtete ich meine so von Grund auf veränderte Schwester Ching Lin. Dann gab ich mir einen Ruck und stellte die Frage, die mir auf den Lippen brannte:

»Die Auswüchse der Kulturrevolution sind jetzt vorbei, die Missetaten der Roten Garden gehören der Vergangenheit an. Sag mir, Ching Lin, warum lebst du noch immer auf dem Land? Warum hast du deine Stellung als Pianistin bei Radio Peking nicht wieder angetreten? Wäre nicht dort dein Platz? Hast du nicht hinreichende Beweise deiner Gutwilligkeit, deines Gehorsams und deines Mutes geliefert? Das Ziel der Umerziehung müßte doch – wenn es überhaupt nötig war, dich umzuerziehen – längst erreicht sein.«

Ching Lin antwortete nicht gleich. Was sie mir zu sagen hatte, wog schwer und ließ sich nicht in zwei Worten abhandeln.

Nach ihrer Ankunft in dem Dorf, in das man sie zur Umerziehung geschickt hatte, war sie sofort mit aufs Feld gegangen. Sie war die schwere körperliche Arbeit nicht gewöhnt und war zuerst nicht sicher, ob sie dem Rhythmus der anderen jemals würde folgen können. Von morgens bis abends arbeitete sie gebückt in sengender Sonne, bis zu den Knien im schlammigen Wasser stehend, von Insekten geplagt. Jeden Morgen schmerzten sie die Glieder mehr, war sie steifer und zerschlagener. Die Insektenstiche infizierten sich in dem schmutzigen Wasser. Aber sie wollte nicht zimperlich erscheinen und versuchte, ihre Schwierigkeiten vor den anderen zu verbergen.

Die Bauern waren bereit, ihr zu helfen, wie auch sie ihnen mit Ratschlägen zur Gesundheitspflege half. Die einfachen Menschen, die dieses harte Leben seit Menschengedenken führten, nahmen sie herzlich auf. Sehr schnell wurden sie Freunde. Ihre Warmherzigkeit ließ sie die Schmerzen leichter ertragen und gab ihr Mut, so daß sie sich von Tag zu Tag ein bißchen besser zurechtfand. Sie wurde kräftiger und härtete sich ab.

Nie hatte sie während ihrer behüteten Kindheit in der Stadt, während ihrer Ausbildung im Konservatorium auch nur geahnt, in welchem Elend die Bauern lebten. Aber neben dem Leid dieser Menschen lernte sie auch ihre spontane gegenseitige Hilfe kennen, eine Solidarität, die aus dem Herzen kam und sie sehr bewegte.

Statt in lautes Jammern über ihr eigenes Unglück, über das Unglück ihrer Familie, die Trennung von ihren Angehörigen und den Verzicht auf ihre geliebte Musik auszubrechen, begann Ching Lin sich ernsthaft Gedanken über ihr neues Leben zu machen und kam zu der Überzeugung, daß es in Zukunft ihre Aufgabe sein würde, ihre ganze Kraft und Zeit jenen Menschen zu widmen, die soviel menschlichen Reichtum besaßen und in so tiefer materieller Not lebten.

Ein dramatisches Ereignis im Winter 1968 öffnete ihr vollends die Augen.

Ching Lin wohnte in einer armseligen Hütte aus Lehm und Schotter, wo sie mit zwei Kameradinnen ein Zimmer teilte. Ihre Betten bestanden aus getrocknetem Schlamm und waren recht unbequem, aber alle drei fielen, wenn der Tag zu Ende war, todmüde auf ihre harte Lagerstatt und sanken in bleiernen Schlummer. Im selben Haus gab es noch ein größeres Zimmer, in dem eine siebenköpfige Bauernfamilie lebte. Abends wurde quer durchs Zimmer eine Decke gezogen, die Männer und Frauen voneinander trennte.

Eines Nachts schreckte Ching Lin aus tiefem Schlaf auf –

den jetzt weder Gliederschmerzen noch Insektenstiche störten –, weil ein Stein von der Decke gefallen war. Das ganze Haus ächzte unter einem heftigen Sturm, der draußen wütete, und weitere Steine fielen herunter.

Ching Lin erhob sich rasch und rüttelte die Kameradinnen wach. »Wir müssen weg«, schrie sie. »Das Haus bricht zusammen!«

Erschrocken eilten alle zur Tür, aber es war schon zu spät – die halb eingestürzte Mauer blockierte den Ausgang.

Man kann sich ihr Entsetzen, ihre Schreie, ihre Rufe in der Nacht vorstellen, während um sie her der Wind tobte und es unheilverkündend in den Mauern knirschte.

Von gegenüber hörten sie aufgeregtes Hin und Her, die Bauernfamilie konnte offenbar noch fliehen. »Rettet uns, zu Hilfe«, riefen die Mädchen. Sie warfen sich gegen die Tür, schlugen mit den Schultern dagegen, aber sie rückte und rührte sich nicht.

Die beiden Söhne ihrer Mitbewohner riefen ihnen zu, sie sollten den Mut nicht verlieren, und mühten sich mit der Tür, die aber auch sie nicht öffnen konnten, dann entfernten sich die Schritte.

Ching Lin und ihre Gefährtinnen sahen dem sicheren Tod entgegen, sie würden in den Trümmern der Hütte lebendig begraben werden. Steine rollten, Schutt rieselte, die Tür ließ sich nach wie vor nicht bewegen, und draußen heulte noch immer der Sturm, als sei das Ende der Welt gekommen.

Ching Lin dachte daran, wie traurig ihre Eltern sein würden, wenn sie von ihrem Tod erführen, und obgleich sie selbst nicht gläubig war, betete sie spontan zum Buddha Kuan Yin. Neben ihr sprach schluchzend eine ihrer Kameradinnen ebenfalls ein Gebet.

In diesem Augenblick, als niemand mehr damit rechnete, traf ein gewaltiger Schlag die Tür und spaltete sie. Die beiden Söhne der Bauernfamilie hatten begriffen, daß es keinen Zweck hatte, weiter an der Tür zu rütteln, weil bei der kleinsten Erschütterung die Decke einstürzen und die Mädchen unter sich begraben konnte. Sie hatten deshalb beschlossen, sich einen schweren Stein zu suchen und ein Loch in die Tür zu schlagen. Unter Lebensgefahr hatten sie diesen Plan rasch und unerschrocken ausgeführt. Eilig vergrößerten sie das Loch in der Tür, die drei Mädchen krochen hindurch, und kaum waren sie draußen, fiel das Haus vollends in sich zusammen. Meine Schwester Ching Lin konnte, als sie von dieser schrecklichen Nacht erzählte, ihre Ergriffenheit nicht verbergen, und mir war klar, daß es nicht so sehr die Erinnerung an die durchlebte Angst war, die sie bewegte, sondern vielmehr die Freude darüber, daß die beiden Jungen sie nicht im Stich gelassen hatten, um ihre eigene Haut zu retten.

Der Mut, mit dem sie, ohne sich zu besinnen, nach einem Stein gesucht hatten, in das schwankende Haus zurückgekehrt waren, sich noch die Zeit genommen hatten, das Loch in der Tür zu erweitern und den drei Frauen beim Heraussteigen zu helfen – diese schlichte Opferbereitschaft, die keinen Dank erwartet, trieb Ching Lin noch in der Erinnerung die Tränen in die Augen.

In dieser Nacht war ihr gewesen, als sei sie in der baufälligen Hütte gestorben und wiedergeboren worden. Das neugeschenkte Leben, beschloß sie, sollte ihren leidenden Mitmenschen gehören, sie wollte sich ebenso bedenkenlos opfern, wie die beiden Bauernjungen es getan hatten. Der eigenen Bequemlichkeit zu leben, nur an sich selbst zu denken, das war für Ching Lin ein armseliges Ziel, dessen sie sich jetzt schämte.

Und deshalb hatte sie, obgleich das Klavier inzwischen rehabilitiert war, keinen Versuch gemacht, ihre musikalische Tätigkeit in Peking wiederaufzunehmen. Ching Lins Kollegen hatten ihre früheren Posten wiederbekommen, während Ching Lin sich endgültig in dem Dorf niedergelassen hatte, wo sie voll und ganz akzeptiert war und in der Krankenpflege ihre Befriedigung gefunden hatte.

Sie konnte mir gar nicht genug von den Wundern der Akupunktur erzählen, erklärte mir, wie man das Gleichgewicht des ganzen Organismus beherrschen könne, wenn man die Schlüsselpunkte, die Meridiane, berühre, deren Stellung allerdings nur der Kenner exakt bestimmen könne.

Es gibt 37 Meridiane auf dem Kopf und im Gesicht, 14 Meridiane auf dem Bauch, 27 auf dem Rücken und an den Nieren, 39 an den Beinen.

Da diese hochempfindlichen Punkte alle miteinander verbunden sind, zeigt sich das Geschick des Akupunkteurs darin, daß er möglichst wenig Nadeln setzt, er weiß genau, welchen Punkt er berühren muß, um auf die anderen einzuwirken, und es kommt vor, daß mit einem einzigen Nadelstich eine Heilung erzielt werden kann. Welche Freude ist es dann zu sehen, wie der Schmerz verfliegt, der Patient wieder Schwung bekommt und das Wohlgefühl eines gesunden Körpers genießt.

Sie führte viele Beispiele solcher Heilungen an, die sie miterlebt oder sogar selbst bewirkt hatte. Die Bauern, die im Gegensatz zu den Stadtbewohnern ihren Organismus nie mit übermäßigem Medikamentenkonsum belastet hatten, reagierten rasch und gut auf das natürliche Heilverfahren der Akupunktur, das keinerlei Nebenwirkungen hat. Akupunktur, Hygiene und richtige Ernährung – das ist das Geheimnis, bis ins hohe Alter jung und fit zu bleiben.

Ich erkannte das enthusiastische Wesen von Ching Lin, die sich schon als kleines Mädchen für Gerechtigkeit begeistert hatte, und ich begriff, daß sie trotz ihres schweren Lebens durchaus nicht unglücklich war, denn sie hatte das Gefühl, nützliche Arbeit zu leisten.

Allerdings muß ich gestehen, daß ich nicht ohne Bedauern und mit einer gewissen Ratlosigkeit an all die Jahre zurückdachte, die Ching Lin dem Musikstudium gewidmet, in denen sie sich als Pianistin vervollkommnet hatte. War es wirklich richtig, daß dies alles brachlag? Die Musik ist eine Wunderwelt, zu der man den Schlüssel nicht von einem Tag auf den anderen findet. Ching Lin besaß diesen Schlüssel, sie hatte ihn sich schwer erarbeitet, und mir schien, daß sie ihn absichtlich, zweifellos aus Bescheidenheit, aber dennoch unbefugt in der Tasche behielt. Hätte sie nicht vielmehr möglichst vielen anderen Menschen diese Welt des Lichts und der Freude öffnen müssen?

Noch Wochen nach meinem Gespräch mit Ching Lin ging mir diese Frage nicht aus dem Kopf. Für den Staat, fand ich, war es ein Verlustgeschäft, eine in jahrelanger Arbeit ausgebildete Pianistin als Landarbeiterin einzusetzen.

Ich schrieb an Minister Chou En-lai und unterbreitete ihm mein Problem. Ich wußte sehr wohl, daß er viele schwerwiegende Entscheidungen zu treffen und wichtigere Dinge zu tun hatte, und wäre nicht erstaunt gewesen, überhaupt keine Antwort zu bekommen.

Aber ich erlebte eine Überraschung. Der Minister prüfte den Fall und traf eine rasche Entscheidung. Ching Lin wurde gebeten, nach Peking zurückzukehren, wo man sie brauchte, denn die Musik ist eine ernste Sache, und Aufgabe meiner Schwester sollte es sein, die große Masse an den Kenntnissen und künstlerischen Erfahrungen teilhaben zu lassen, die sie seit ihrer Jugend erworben hatte.

Ching Lin setzte sich wieder ans Klavier. Zunächst fehlte die Fingerfertigkeit, und ihr Gedächtnis war ein bißchen eingerostet. Aber wenn sie tapfer übt, wird sich auch die Virtuosität wieder einstellen.

Und tapfer, das wissen wir inzwischen, war Ching Lin ja schon immer.

12. Kapitel

Wiedersehen mit der Hong Chiang Road 61, Shanghai / Geiz und Strafe der Frau Tsu / Silbertränen und Fische ohne Gräten / Unerwarteter Besuch des dankbaren Tung Ming / Das Wagnis, eine Frau im Sack zu kaufen / Leben und Leiden der Ah-hua, vom Sack zur Kürbisgasse / Ein Kinderlied und ein Liebesbrief / Alains Blick auf dem Londoner Flughafen.

Die schöne Zeit in Shanghai konnte nicht ewig dauern. Schon war der meinen Schwestern bewilligte Urlaub abgelaufen. Wir hatten uns zärtlich verabschiedet und einander versprochen, uns nie wieder so lange zu trennen. Aber beide rief die Pflicht, und auch ich mußte daran denken, wieder zu den Meinen und all den persönlichen Problemen, die mich in Paris erwarteten, zurückzukehren.

Ich wollte die mir verbliebene Zeit nutzen, um das Haus zu besuchen, in dem ich gelebt hatte und in dem jetzt meine Eltern wohnten.

Shanghai ist eine überbevölkerte Stadt. Früher war es nicht ungewöhnlich, daß ein reicher Mann ein riesiges Haus bewohnte, während arme Familien sich in einem einzigen armseligen Zimmerchen zusammendrängten. Es gab Obdachlose, die in elenden Strohhütten hausten, und andere, die auf alten, ausgedienten Booten schliefen. Wenn ein Sturm kam, gab es immer zahlreiche Todesopfer und viele Obdachlose.

Um dieses Problem zu lösen, begann die Regierung zahlreiche Wohnblocks zu bauen. Jeder sollte, unabhängig von seinen Mitteln, eine menschenwürdige Unterkunft haben. Aber solange das Bauprogramm noch nicht in vollem Umfang verwirklicht war, mußte eine gerechtere Verteilung des vorhandenen Wohnraums vorgenommen werden.

Also wurden unzureichend genutzte Wohnungen zugunsten Wohnungssuchender beschlagnahmt. Familien hatten die Möglichkeit, enger zusammenzurücken, was angenehmer war, als das tägliche Leben mit Fremden in Räumen zu teilen, die dafür nicht gebaut waren.

So hatten 1959 meine Eltern ihr Haus dem Staat überlassen und waren zu mir gezogen. Sie brachten ihre Enkel Sun Lian und Lele mit und richteten sich im Erdgeschoß ein, wo sie auch meine Schwestern aufnahmen, wenn diese auf Urlaub kamen. Mein Mann, meine beiden Kinder und ich bewohnten das erste Stockwerk. Später hatten meine Eltern zunächst das ganze Haus zur Verfügung.

Aber inzwischen war ja einiges geschehen ...

Ich war sehr bewegt, als ich mich mit meiner Mutter der alten Adresse näherte: Hong Chiang Road 61. Vor der Haustür setzte das Taxi uns ab.

Wir begegneten einer Reihe von Leuten, Bekannten und Unbekannten. Einige grüßten mich freundlich, andere sahen mich an, als sei ich ein Gespenst, oder wandten den Blick ab, um mich – wahrscheinlich war das eine Folge der Verleumdungskampagne gegen mich – nicht begrüßen zu müssen.

Der Haupteingang des Hauses war gesperrt. Früher hatte unser Haus – wie es bei reichen Leuten üblich war – zwei Eingänge gehabt. Die Partei hatte 1966 im Zuge der Kulturrevolution die vom Haupteingang abgehenden Räume beschlagnahmt und meinen Vater in ein einziges kleines Zimmer verbannt. Alle Hausbewohner mußten jetzt den Dienstboteneingang benutzen, so daß man von der Straße aus direkt in die Küche kam.

Die Küche kam mir überfüllt vor – zwei Köche machten sich darin zu schaffen und eine Frau, die ich nicht kannte, die sich aber hier zu Hause zu fühlen schien. Meine Eltern zogen mich rasch weiter und führten mich über den Gang in ihr Zimmer, das eher ein Schlafraum war.

Es enthielt ein Bett für meine Eltern, zwei Bretterpritschen für Sun Lian und Lele und diverse auf Brettern aufgebockte Kisten, die als Möbel dienten, denn was an Einrichtungsgegenständen nach dem Besuch der Roten Garden noch vorhanden gewesen war, hatte meine arme Mutter verkaufen müssen.

Es bedrückte mich, daß meine Eltern in derart beengten

Verhältnissen leben mußten. Ich fragte sie nach der Frau, die ich in der Küche gesehen hatte, und sie erzählten mir mit gedämpfter Stimme ihre Geschichte.

Uns gegenüber wohnte früher die reiche Frau Tsu. Als die Regierung sich intensiv für unzureichend genutzte Wohnungen zu interessieren begann, bat Frau Tsu ihre beiden Söhne und deren Frauen, zu ihr zu ziehen. Leider verstand sich Frau Tsus zweite Schwiegertochter nicht mit der Schwiegermutter, und während der Kulturrevolution hatte sie nichts Eiligeres zu tun, als die alte Frau zu denunzieren. Frau Tsu, behauptete sie, habe einen Schatz unter den Dielenbrettern ihres Zimmers versteckt.

Die Roten Garden drangen bei der alten Frau Tsu ein, stemmten die Dielenbretter hoch und entdeckten tatsächlich so viele Banknoten, daß sie mit dem Zählen nicht mehr nachkamen und sie schließlich wogen, sowie kostbaren Schmuck. Frau Tsu, halbtot vor Angst, wurde auf die Straße gezerrt, beleidigt, geschlagen und in ein anderes Stadtviertel verbannt. Ihr Haus wurde beschlagnahmt. Der Schwägerin erlaubte man zum Lohn für die Entdeckung des Schatzes, in unser Haus zu ziehen.

Meine Eltern hatten Angst gehabt, ich könnte vor dieser boshaften Person irgendeine unbedachte Bemerkung machen, und hatten mich deshalb rasch aus der Küche geführt.

Der zweite Sohn von Frau Tsu und die andere Schwiegertochter waren als Komplizen verurteilt worden, weil sie die Mutter nicht denunziert hatten, und schlugen sich mehr schlecht als recht in einem weit entfernten Viertel durch.

Nach dem Besuch der Rotgardisten hatte mein Vater dem Staat die Miete nicht mehr zahlen können, und die beiden größten Zimmer im Erdgeschoß wurden geschlossen. Das vierte kleine Zimmer im Erdgeschoß, mein früheres »Reiszimmer«, in dem ich Vorräte und Geschirr aufbewahrt hatte, bekam die Amme zum Lohn für ihre gute Führung, so daß sie ganz in der Nähe meiner Eltern wohnte. Sie war freundlich zu ihnen, und meine Mutter war ganz zufrieden mit dieser Regelung. Ich stellte wieder einmal fest, daß sich meine Eltern offenbar mit allem abfinden konnten. Mein Vater zeigte mir stolz eine kleine Kommode, die ich nicht kannte, und sagte: »Du siehst, Ching Lie, es geht wieder aufwärts, wir fangen an, uns neu einzurichten.«

Sein Optimismus war so rührend, daß ich ihm zulächelte und so tat, als sei ich auch begeistert über diese bescheidene Anschaffung.

Während ich mich mit meinem Vater, meiner Mutter und der Amme unterhielt, wurden eifrig die Vorbereitungen zum Mittagessen getroffen und der Tisch, bestehend aus Brettern, die auf Blöcken lagen, hübsch gedeckt. Was da in den Töpfen brodelte, roch wie früher; keine Restaurantküche, und sei es die raffinierteste der Welt, kommt an diese Genüsse heran. Das Huhn, in Dampf gekocht, die herrlichen Flußkrebse, die kleinen zarten silbernen Fische ohne jede Gräte – nichts fehlte für das kleine Fest, bei dem alles mit viel Liebe so zubereitet war, wie ich es gern hatte.

Schon als Kind hatte ich gern Fisch gegessen, aber zweimal mußte man mich ins Krankenhaus bringen, weil ich eine Gräte verschluckt hatte, die sich in meiner Kehle querlegte. Meine Eltern hatten große Angst um mich ausgestanden, und nach dem zweiten Unfall dieser Art bekam ich fast nur noch diese kleinen silbernen Fische zu essen, die mich deshalb immer an meine Kindheit erinnern.

Ihr Ursprung geht der Sage nach auf den Bau der Großen Mauer zurück. Dieses außergewöhnliche Bauwerk, das sechstausend Kilometer lang ist und fünf Provinzen durchzieht, hat zahlreiche Menschenleben gefordert. Die Männer, die unter der Aufsicht mitleidloser Vorarbeiter daran bauten, schufteten bis an die Grenze ihrer Kräfte und darüber hinaus, in Sonnenglut und der Kälte der Nacht, ohne Ruhe, ohne Rast. Die ganze Familie weinte, wenn ein Angehöriger zu der riesigen Baustelle geschickt wurde, als habe man einen Unschuldigen zu einem schrecklichen Tod verurteilt.

Man erzählt sich, daß die junge Ma Kiang gerade geheiratet hatte, als ihr Mann zur Arbeit an der Großen Mauer verpflichtet wurde. Der junge Mann war kräftig und voller Selbstvertrauen. Er tröstete seine junge Frau und versicherte ihr, er werde bestimmt wiederkommen.

Der Reigen der Jahreszeiten zog vorbei. Ma Kiang wartete und weinte. Und dann konnte sie eines Tages die Einsamkeit nicht mehr ertragen. Sie wollte ihren Mann wiedersehen und machte sich mutig zu Fuß auf den Weg. Sie wanderte lange, und nur die Hoffnung hielt sie aufrecht, den geliebten Mann wiederzusehen. Nach vielen, vielen Tagen sah sie endlich ein erschreckendes Gewimmel vor sich: Tausende von Männern, die Steine schleppten. Sie sprach einen der Arbeiter an, dann zwei, dann zehn, fragte immer wieder nach ihrem Mann. Aber niemand hatte ihn gesehen. Ma Kiang war entsetzt, wenn sie sah, wie die Steine fielen, Verletzte stöhnten, Männer unter ihrer Last vor Erschöpfung wankten. Endlich sagte ihr einer dieser Unglücklichen, ihr Mann sei längst tot, unter Steinen begraben. Die Große Mauer war ihm, wie vielen anderen vor ihm, zum Grab geworden.

Ma Kiang fing an zu weinen, und ihre Tränen hörten so wenig auf wie die Leiden des armen Volkes. Alle um sie her wurden von Mitleid ergriffen. Die Große Mauer selbst fiel ein von ihrem Kummer, und daher kommt die bei uns sehr bekannte Redensart: »Weinen, daß die Große Mauer einfällt.« Ihre Tränen rannen bis zu den Flüssen und Bächen. Aus jeder silbernen Träne wurde ein Fischchen, und Tausende dieser grätenlosen Fische leben seit jener Zeit in den Gewässern Chinas, als Erinnerung an das große Leid der Ma Kiang und die Abertausende von Toten, die unter dem gigantischen Bauwerk begraben liegen.

Nach dem guten Mahl machte ich mit meinen Eltern einen Spaziergang durch die Stadt. Vieles war unverändert, und ich fühlte mich in alte Zeiten zurückversetzt. Ziemlich früh kehrte ich ins Hotel zurück.

Kaum hatte ich mein Zimmer betreten, als mir der Portier den Besuch eines gewissen Tung Ming meldete. Der Name sagte mir nichts. Ich würde herunterkommen und in der Halle mit ihm sprechen, erklärte ich. Vielleicht handelte es sich um eine Verwechslung.

Es kam mir vor, als hätte ich den Mann, der aufstand, als ich näher trat, schon einmal gesehen. Er begrüßte mich mit meinem Namen – Frau Liu –, kannte mich demnach also von früher. Ich bat ihn, Platz zu nehmen, und wartete.

»Sie haben heute vormittag in meinem Taxi gesessen«, begann er.

Jetzt fiel mir ein, daß er mich sehr aufmerksam gemustert hatte, was mich aber nicht weiter berührt hatte, denn seit meiner Rückkehr wurde ich überall angestarrt. So recht erklären konnte ich mir das nicht. Ich hatte mir die Haare hochgesteckt und kleidete mich chinesisch, aber es mußte wohl doch etwas Westliches an mir hängengeblieben sein, das vielleicht in meiner Haltung, meinen Bewegungen zum Ausdruck kam. Jedenfalls fiel ich überall auf. Das Interesse des Taxifahrers war deshalb für mich nichts Außergewöhnliches. Aber er fuhr fort: »Haben Sie den kleinen Jungen vergessen, der 1950 vor Ihrem Haus um Essen gebettelt hat?«

Ich sah ihn mir genauer an. Ganz schwach und undeutlich tauchte das Bild eines ausgemergelten kleinen Jungen aus den Nebeln der Vergangenheit auf. Meine Schwiegereltern hatten zu meiner Hochzeit ein großes Fest gegeben. Vierzehn Tage hatte man Hühner und Enten geschlachtet, in der Küche herrschte stets Hochbetrieb, und damit Luft hereinkam, ließ man die Tür offenstehen und legte nur Stangen vor.

Als ich meinen Besucher betrachtete, wurde die Erinnerung an diese weit zurückliegende Szene, die ich ganz vergessen hatte, wieder lebendig. Ich war frisch verheiratet und betrat aus irgendeinem Grunde, der mir entfallen ist, die Küche, wo ein Junge von sieben oder acht Jahren sich an die Stangen geklammert hatte, während der Koch versuchte, ihn wegzuscheuchen. Der Lümmel belästige ihn schon seit Tagen, erklärte er, jetzt sei Schluß, er wolle ihn nicht mehr sehen. Zögernd ging der Kleine weg. Ich lief ihm nach und fragte ihn, was er wolle. Er weinte, er zitterte, er hatte Angst vor mir, und erst nach langem Zureden, als er begriffen hatte, daß ich ihm nichts zuleide tun wollte, gestand er mir, die guten Gerüche aus der Küche hätten ihn angelockt. Er habe Hunger. Der Anblick dieses unglücklichen Kindes stimmte mich sehr traurig.

Ich ging mit ihm zurück in die Küche und befahl dem Koch, ihm eine Schale Reis zu geben. Der Junge aß sehr schnell, ließ aber die Hälfte übrig und fragte, ob er den Reis seiner Großmutter bringen dürfe, bei der er aufwachse und die krank sei. Seine Eltern waren schon gestorben. Gerührt von seiner Fürsorglichkeit sagte ich, er solle ruhig die Schüssel leermachen, und bat den Koch, eine zweite Schüssel für die Großmutter zu füllen. Der Junge solle nur ruhig jeden Tag wiederkommen, solange seine Großmutter und er Hilfe brauchten.

Tatsächlich kam er zwei oder drei Wochen lang täglich, dann blieb er weg, und ich dachte nicht mehr an ihn.

War es möglich, daß aus diesem Kind der gutaussehende, intelligente junge Mann geworden war, der jetzt vor mir stand?

»Ich habe es nie vergessen«, sagte er. »Dank Ihrer Güte haben wir überlebt, als meine Großmutter so krank war. Sie ist zu Kräften gekommen und konnte wieder arbeiten. Wir haben beide oft an Sie gedacht.«

Ich erfuhr, daß er sich in all den Jahren bemüht hatte zu erfahren, was aus mir geworden war. Er hatte mit den Nachbarn gesprochen und aus der Ferne über meine Eltern gewacht. Gerührt hörte ich, daß an dem Tag, als mein Vater vor den Rotgardisten in den Schnee gestürzt war, dieser junge Mann meiner Mutter geholfen hatte, ihn aufzuheben und heimzubringen.

Dabei schuldet er mir doch gar nichts, dachte ich. Ich verdiene seine Dankbarkeit nicht. Was waren für ein so reiches Haus wie das unsere schon zwei Schalen Reis mit ein paar Brocken Fleisch?

Und dennoch war er davon überzeugt, daß ich ihm und seiner Großmutter das Leben gerettet hatte.

Gewiß, manchmal braucht es gar nicht viel, um ein Leben zu retten, wenn nur der Hilfsbedürftige und der Helfer im richtigen Augenblick aufeinandertreffen.

Mein Besucher verriet mir jetzt den eigentlichen Grund seines Besuches. Als ich am Vormittag sein Taxi genommen hatte, war ihm mein Gesicht bekannt vorgekommen, aber er war seiner Sache nicht sicher gewesen. Erst als ich ihm meine alte Adresse nannte, hatte er keinen Zweifel mehr und erzählte später seiner Großmutter von der Begegnung. Die alte Dame war glückselig darüber, daß ich wieder in Shanghai war, und wollte mich unbedingt zum Essen einladen.

Natürlich sagte ich gern zu, und wir verabredeten uns für den kommenden Tag. Tung Ming erzählte mir noch, daß sich für ihn die neuen Bestimmungen des allgemein kostenlosen Schulbesuchs segensreich ausgewirkt hatten. Er war Ingenieur geworden und hatte eine gute Stellung in einer Fabrik gefunden. Ich beglückwünschte ihn dazu. Insgeheim fragte ich mich natürlich, weshalb ich ihm dann am Steuer eines Taxis begegnet war. Zur Kanton-Messe, erklärte er, besuchten viele Ausländer auch die anderen chinesischen Städte, und von der Regierung wurden Männer mit gutem Ruf aushilfsweise zum Fahren von Taxis verpflichtet. Er war deshalb nicht zur Umerziehung aufs Land geschickt worden, sondern konnte in der Stadt bleiben, wo er vorübergehend als Taxifahrer arbeitete.

Am nächsten Tag holte mich Tung Ming vom Hotel ab und brachte mich zu seiner Großmutter. Das Viertel, in dem sie wohnte, war früher bitter arm gewesen. Ich selbst war nie dorthin gekommen, kannte es nur vom Hörensagen. Nach der Befreiung war das Gebiet saniert worden, ich sah nur moderne Häuser.

Der junge Mann öffnete mir höflich die Wagentür und brachte mich ins erste Stockwerk eines dreigeschossigen Gebäudes, in dem er mit seiner Großmutter eine helle, saubere kleine Wohnung hatte. Sie wirkte lange nicht so karg wie die Behausung meiner Eltern, jeder hatte sein Zimmer, alles machte einen freundlichen, wohnlichen Eindruck.

Tung Mings Großmutter hatte Süßigkeiten und Obst bereitgestellt. Sie trug einen einfachen, sauberen chinesischen Anzug aus blauer Baumwolle, war heiter und offenbar bei guter Gesundheit. Ihre Begrüßung war so herzlich, daß mir ganz warm ums Herz wurde. Sie beeilte sich, den Tee zu bereiten, und wiederholte, was schon der Enkel gesagt hatte, daß sie damals nur durch meine Hilfe überlebt habe. Ich hätte in einer der schwierigsten Phasen ihres Lebens eine entscheidende Rolle gespielt, erklärte sie. Sie habe es nie gewagt, sich persönlich bei mir zu bedanken, dazu seien die Klassenunterschiede zu groß gewesen, aber jetzt, da ihr Enkel Ingenieur sei (worauf sie offenbar nicht wenig stolz war), habe sie sich gedacht, sie könne mich ruhig einmal einladen.

Während sie das Essen auftrug, das in der Küche bereitstand und mit dem sie sicher schon seit dem frühen Morgen zu tun gehabt hatte, erzählte sie mir ihre Lebensgeschichte.

Sie war 1896 in einem kleinen Dorf bei Shan-Tung zur Welt gekommen, das der Inbegriff der Armut gewesen war. Der Boden war nackt, unfruchtbar und wie ausgewaschen. Nur Banditen hatten eine Möglichkeit gefunden, aus diesem unglücklichen Land noch Nutzen zu ziehen. Da es dort sonst beim besten Willen nichts zu stehlen gab, stahlen sie Frauen.

Die kleinen Mädchen begannen schon frühmorgens zu zittern, weil sie wußten, daß sie immer damit rechnen mußten, entführt zu werden. Die Gangster suchten sich ihre Beute aus, ergriffen die Mädchen und Frauen, die ihnen in die Hände fielen, steckten sie in Hanfsäcke, die sie mit einer festen Schnur zubanden, und schleppten sie weg, um sie anderswo zu verkaufen. Denn das Heiraten war damals teuer, und es gab genug arme junge Leute, die gern geheiratet hätten, das Geld für eine reguläre Hochzeit mit den üblichen Zeremonien, der Einschaltung eines Heiratsvermittlers, Geschenken, Einladungen, Feiern und dergleichen jedoch nicht aufbringen konnten. Da sie aber eine Frau im Haus brauchten, griffen sie auf die Dienste der Gangster zurück, die ihnen die Ehefrau in einem Hanfsack anlieferten. Der Sack durfte erst geöffnet werden, wenn die »Ware« bezahlt war, Reklamationen waren zwecklos. Schön oder häßlich, jung oder alt, gut oder böse – man mußte sich mit der Frau abfinden, die man bekommen hatte, wie auch sie sich an den Mann gewöhnen mußte, der sie gekauft hatte.

Tung Mings Großmutter, die in diesem unglücklichen Dorf zur Welt kam, war schön wie eine Blume, deshalb nannten ihre Eltern sie Ah-hua (Blume). Als sie sechzehn Jahre alt war, schlugen die Gangster in ihrem Viertel zu. Schreien, Schluchzen, Bitten erfüllten die Luft. Alt und jung rannte davon und versuchte, sich zu verstecken. Ah-hua wurde gefaßt und in einen Sack gesteckt. Man warf die Säcke auf Pferdewagen und fuhr sie weit weg, damit die Frauen später nicht zu ihren Familien zurückkehren konnten.

Und so fand sich Ah-hua, die gefangene Blume, in Shanton wieder, einem Dorf, das fast so arm war wie das ihrer Eltern. Die Gangster legten die Säcke auf den Boden und schlugen den Gong. Die Käufer liefen zusammen, zahlten, zögerten, beteten vor den Säcken. Welchen sollte man nehmen? Man hörte das Schluchzen und die Gebete der Frauen. Ein Mann ergriff den Sack, in dem Ah-hua steckte, warf ihn sich auf den Rücken und trug ihn in sein Haus.

Wie ein Kind, das sich nicht sofort entschließen kann, ein Päckchen mit einem lang ersehnten Geschenk zu öffnen, wartete der Mann noch eine Weile mit dem Aufschnüren des Sackes, den er aufs Bett gelegt hatte. Ah-hua war ganz still, ihr Herz schlug zum Zerspringen. Der Mann redete wirr vor sich hin. »Da ist sie, meine geliebte kleine Frau. Endlich! Was für ein Glück! Hoffentlich ist sie lieb und hübsch. Wie habe ich gespart, um sie kaufen zu können. Und jetzt ist sie wirklich da, in meinem Haus. Was werde ich in diesem Sack finden? Wird sie schön sein? Und jung? Hei, das kann ein Leben werden ...«

Als Ah-hua diesen Monolog hörte, wurde ihr klar, daß der Mann betrunken war, und ihre Angst steigerte sich noch. Auch er hatte Angst, als er die Schnur durchschnitt. »Wie mag sie wohl sein?« murmelte er vor sich hin. »Wie mag sie wohl sein?«

Und dann wurde endlich der Sack geöffnet.

Der Mann wollte seinen Augen nicht trauen. »Aber das ist ja ein ganz junges Mädchen. Eine Blume. Und noch Jungfrau.«

Er fing an zu lachen wie ein Wahnsinniger. Ah-hua trug den Zopf der Unverheirateten, mußte deshalb noch Jungfrau sein. Während er sich ausschütten wollte vor Lachen, war ihr ganz und gar nicht fröhlich zumute, denn der Betrunkene war ein zahnloser, übelriechender Greis. Sie fing bitterlich an zu weinen.

Ihn kümmerte das nicht. »Wein her«, sagte er. »Das muß gefeiert werden. Ich hole welchen. Mach dich bereit, meine Schöne, mit deinem Ehemann zu speisen.«

Damit verließ er das Haus. Beim Weinhändler traf er ein paar Freunde. Jedem erzählte er von dem guten Griff, den er getan hatte, und leerte viele Gläser, um sein Glück zu feiern, während Ah-hua allein blieb und weinte.

Nun hatte der alte Säufer einen Nachbarn, der ihm ganz und gar nicht ähnlich war, denn Tung Yen war jung und schön. Auch er war noch unverheiratet. Er hatte drei Jahre zuvor seine Eltern verloren, und da er kein Geld hatte, um auf normalem Wege zu heiraten, hatte auch er gespart, um sich bei den Gangstern eine Frau zu kaufen. Wie sein Nachbar hatte er vor den Säcken gezaudert, aus denen Klagen und Schluchzen drang. Wie sein Nachbar hatte er seine Frau ungesehen ausgewählt und sie auf dem Rücken heimgetragen.

Aber o Schreck – als er den Sack öffnete, kam eine verrunzelte Großmutter von über sechzig Jahren heraus, die so wenig Haare auf dem Kopf hatte, daß sie nur einen winzigen Knoten daraus zwirbeln konnte. Sie verzog den zahnlosen Mund zu einem herzlichen Lachen. »Ganz verbogen haben sie meinen alten Körper in diesem dummen Sack«, meinte sie, »und alles tut mir weh. Aber sieh einer an, was für ein netter junger Mann! Er muß ungefähr so alt sein wie meine Enkel, von denen man mich so grausam getrennt hat.«

Die Alte beklagte sich bitter, daß man sie ihrer Familie entrissen hatte, mußte aber trotzdem über die Enttäuschung des jungen, schönen Tung Yen lachen, der fassungslos die Ehefrau betrachtete, die das Schicksal ihm geschenkt hatte.

Tung Yen war so angewidert von der Alten, so verbittert, daß er für sein in drei Jahren mühsam erspartes Geld dieses grinsende alte Wrack bekommen hatte, daß er das Haus verließ, um sich auf dem Hof auszuweinen.

Auch Ah-hua weinte auf dem Hof. Die Alte versuchte, ihren »Ehemann« zu trösten: »Hör mal, dies Geheule ist aber nicht sehr schmeichelhaft für mich. Trockne deine Tränen.« Dann vernahm sie Ah-huas Schluchzen. »Da weint ja noch jemand«, sagte sie. »Was ist denn los?« Unerschrocken ging sie zu dem jungen Mädchen hinüber, das ihr alles erzählte.

Die Alte hatte ein gutes Herz. »Rette dich«, sagte sie zu Ah-hua. »Ich werde deinen Platz einnehmen und mich hierher legen. Wenn dein Mann zurückkommt, ist es schon dunkel, er wird den Tausch nicht gleich bemerken. Ich werde die Kerze löschen und mein Gesicht zur Wand drehen. Mach schon, schnell.«

Ehe Ah-hua noch ganz begriffen hatte, was los war, hatte die Alte ihren Knoten gelöst, sich einen Zopf geflochten wie Ah-hua, ihre Kleidung mit Ah-hua getauscht und sie in den Nachbarhof geschoben. »Jetzt geh«, sagte sie gebieterisch. »Morgen bist du schon weit.«

Ah-hua und Tung Yen standen sich gegenüber. Sie fanden sofort Gefallen aneinander. Hand in Hand machten sie sich gen Norden auf den Weg, beide völlig mittellos, aber nur zu glücklich, einer zahnlosen Greisin und einem alten Säufer entkommen zu sein. Nach langer Wanderschaft kamen sie schließlich in eine Gegend, wo sie Arbeit fanden und sich niederließen. Ah-hua wurde mehrmals schwanger, ehe sie ein Kind austragen konnte. Wahrscheinlich war sie durch den langen Marsch und ihre Ängste zu geschwächt. Mit zwanzig Jahren brachte sie einen Sohn zur Welt. Da sie unter ihrer Armut litt, wünschte sie ihm, er möge einmal reich werden, und gab ihm den Vornamen Fu (der vom Glück Begünstigte). Tung Fu wurde der Vater Tung Mings, des Ingenieurs und Taxifahrers, der mich im Hotel aufgesucht hatte.

Tung Yen und Ah-hua mußten hart arbeiten, um sich und ihren Sohn ernähren zu können. Ihr Herr, ein Grundbesitzer nach der alten Art, beutete sie schamlos aus. 1929 nahm Tung Yen Kontakt mit der Roten Armee Mao Tse-tungs auf. Bei seinen neuen Freunden wurde ihm manches klar, und schließlich trat er in die geheime Armee ein.

Zwei Jahre später kam Tung Yens Herr ihm auf die Schliche. Tung Yen mußte der Armee folgen, seine Frau und sein Kind konnte er nicht zurücklassen, man hätte sie womöglich als Geiseln genommen. Ah-hua trennte sich weinend von ihrem Mann und ergriff mit ihrem fünfzehnjährigen Sohn die Flucht.

Auf ihrem langen Weg kamen sie durch Gegenden, in denen die Zustände so schrecklich waren, daß man nicht mehr wußte, ob die Menschen an Hunger oder an Epidemien starben. Zusätzlich forderten große Überschwemmungen unzählige Opfer. Mutter und Sohn kamen schließlich nach Shanghai, zur Ya-Brücke, einem Sumpfgebiet mit übermannshohem Unkraut, in dem der Schlamm alles verschlang. Etwa dreitausend heimatlose Familien versuchten dort zu überleben. Sie hatten sich baufällige Hütten errichtet, und es gab viele Tote in diesem Schilfgürtel, in dem zur Sommerszeit die Hitze unerträglich wurde. Die Männer gingen nach Shanghai, um dort die niedrigsten Dienste zu tun.

So zog Tung Fu einen der hölzernen Wagen, in denen die Exkrementetonnen transportiert wurden. Morgens ging er in Shanghai von Haus zu Haus und rief: »Bringt die Tonnen heraus.« Die Frauen leerten ihre kleinen in die große Tonne, dann reinigten sie ihre Behälter mit einer Bambusbürste und Muschelschalen, was einen fröhlichen Lärm gab.

War Tung Fu damit fertig, ging er aufs Feld. Die Leute von der Ya-Brücke versuchten, das Land urbar zu machen, rissen das hohe Unkraut aus, das immer wieder nachwuchs, und bauten Kürbisse an, denn der Riesenkürbis reift schnell und ist eßbar. Man nannte dieses Viertel deshalb die Kürbisgasse.

1941 heiratete Tung Fu die sechzehnjährige Hua-yan. Sie war reizend, aber sie hatte eine schwere Krankheit hinter sich und war von zarter Gesundheit. Sie sollte nicht alt werden. Wie so viele Menschen im alten China war sie das Opfer jener sozialen Ungerechtigkeit, die den durch ihre Geburt Benachteiligten keine Lebenschance gab. Durch das Elend und die schlechte Ernährung ihrer Eltern war Hua-yan schon vor ihrer Geburt geschädigt, und dieses Handikap hat sie nie überwunden.

1942 war ein besonders gutes Kürbisjahr. Die segensreiche Frucht wuchs so schnell und so reichlich, daß die Mafia darauf aufmerksam wurde. Die Gangster quetschten die Armen aus wie Zitronen, selbst aus dem Kürbis schlugen sie noch Profit.

Einer der Bandenchefs reiste mit ein paar Männern an,

um die Pflanzungen zu inspizieren. Die dicken Kürbisse, befand er, sähen aus wie chinesische Drachen, Teufel hätten sich in ihnen eingenistet. Es müsse daher in aller Eile ein Kürbistempel errichtet werden, um die Geister zu vertreiben, und alle müßten für den Bau des Tempels spenden.

Die Bewohner des Elendsviertels ließen sich von diesem Vorwand, ihnen ihr weniges Geld aus der Tasche zu ziehen, natürlich nicht einen Augenblick lang täuschen, aber sie konnten sich nicht wehren. Wer nicht zahlte, wurde erbarmungslos erschlagen. So griffen sie alle schweren Herzens in die Tasche und zahlten den Tribut.

Tung Fu kam dazu, als die Banditen ein altes Ehepaar mißhandelten, und wollte dazwischengehen. Da fielen die Gangster über den Unglücklichen her, bearbeiteten ihn mit Faustschlägen und Fußtritten und ließen ihn halbtot liegen. Tung Fus letzte Sorge galt seiner Mutter und seiner jungen Frau, die ein Kind erwartete. Wer würde sich jetzt um sie kümmern? Mit diesem Gedanken starb er.

Hua-yan, die schwach und mutlos war, trug das Kind aus, aber die schwere Entbindung war zuviel für sie. Sie starb bei der Geburt des Jungen, jenes Tung Ming, der jetzt vor mir saß.

An dieser Stelle mußte Tung Mings Großmutter so sehr weinen, daß sie nicht weitersprechen konnte. Sie erlebte noch einmal den Tod ihres Sohnes, ihrer Schwiegertochter, spürte noch einmal die drückende Last des Elends. Kummer, Zorn, Ohnmacht drohten sie zu ersticken.

Sie tat mir furchtbar leid. Ihr Enkel küßte sie und sprach ihr gut zu, und endlich hatte sie sich soweit wieder gefaßt, daß sie ihre Geschichte fortsetzen konnte.

Nach dem Tod ihrer Schwiegertochter nahm Ah-hua den Neugeborenen, der nun weder Vater noch Mutter hatte, zu sich. Und da ihr die Kürbisgasse, die für sie nur traurige Erinnerungen barg, verleidet war, zog sie mit dem Baby fort. Sie mietete eine Baracke in dem Viertel, in dem auch unser Haus stand, und wurde Wäscherin.

Sie hatte viele Kunden und arbeitete von morgens bis abends. Der Enkel wuchs heran, aber Ah-hua, deren Arme ständig im kalten Wasser steckten, alterte zusehends, und jeden Winter wurde sie stärker vom Rheuma geplagt.

Ende 1949 wurden die Schmerzen so schlimm, daß sie sich hinlegen mußte. Diesmal konnte sie sich überhaupt nicht mehr bewegen. Ihre größte Angst war, daß sie eines Tages ihren Enkel nicht mehr ernähren und ihre Miete nicht mehr zahlen konnte. Was sollte aus ihnen werden, wenn sie auf der Straße saßen, sie nicht mehr und der Kleine noch nicht arbeitsfähig? Ah-hua quälte sich sehr.

Sie rappelte sich wieder auf, aber sie war zu früh aufgestanden und erlitt einen Rückfall.

Während dieses Rückfalls stiegen Tung Ming die Düfte meiner Hochzeitsfeier in die Nase. Mein Koch scheuchte ihn immer wieder fort, aber dann sah ich das Kind, und die Großmutter brauchte nicht mehr zu fürchten, daß ihr Enkel Hungers sterben würde. Auch sie selbst hatte nun wieder genug zu essen, erholte sich und konnte ihre Arbeit wiederaufnehmen.

Damit hatte Ah-hua das Schlimmste überstanden. Im befreiten China kam ihr Enkel in den Genuß der kostenlosen Schulbildung, und da er intelligent und fleißig war, nutzte er die ihm gebotenen Möglichkeiten aufs beste. Die ungesunde Baracke, in der sie gehaust hatten, wurde abgerissen, und Ah-hua wurde in die frühere Kürbisgasse umgesiedelt, in der sie Freunde und Bekannte wiedertraf, die inzwischen in Neubauten wohnten. Stolz zeigte Ah-hua mir ihre Schätze – ihr Radio, die Nähmaschine, Dinge, von denen sie früher nicht einmal zu träumen gewagt hätte. Sie bestand darauf, mich in dem früheren Elendsviertel herumzuführen, zeigte mir die Fabrik, die Kinderkrippe, die Apotheke. Nirgends herrschte Luxus, aber alles war sauber, hell und praktisch.

Ah-hua mit ihren sechsundsiebzig Jahren wirkte wie eine Fünfzigjährige, und ich beglückwünschte sie zu ihrem Aussehen. Sie habe sich nie besser gefühlt, sagte sie. Täglich turnte sie nach Radiomusik, betrieb außerdem das Schattenboxen, wie meine Mutter, und fühlte sich ausgezeichnet dabei.

Dann führte sie mich zur Schule, wo mich eine Überraschung erwartete. Die Kinder, die mich »die Tante aus der Fremde« nannten, umringten mich und überschütteten mich mit Fragen. Sie sangen auf Veranlassung ihrer Lehrerin eigens für mich ein Lied. Ergriffen sah ich, wie vergnügt, wie frisch, wie sichtlich gesund sie aussahen in ihren sauberen, ordentlichen Sachen – in einem Viertel, in dem einst Krankheit und Tod an der Tagesordnung gewesen waren. Früher wären all diese Kinder zum Elend verdammt gewesen, sie wären Bettler geworden oder Diebe. Jetzt hatte jedes die Chance, das eigene Leben je nach Ausdauer und Fähigkeiten zu gestalten. Ich freute mich von Herzen an ihren lieben, vertrauensvollen Gesichtern.

Gibt es auf dieser Welt einen schöneren, tröstlicheren Anblick als eine Gruppe fröhlicher Kinder, die ohne Angst in die Zukunft sehen können?

Mit diesem Kinderlied endete mein Besuch. Herzlich verabschiedete ich mich von Ah-hua, deren Leben so abenteuerlich und wechselvoll verlaufen war. Ihr Enkel brachte mich mit dem Taxi in mein Hotel zurück. Es kam mir vor, als trennte ich mich von einem Neffen oder einem Vetter, denn ohne daß ich es wußte, waren all die Jahre hindurch unser beider Lebenslinien geheimnisvoll miteinander verbunden gewesen.

Und dann mußte endgültig geschieden sein. Viel zu schnell vergingen die letzten Stunden. Meine Eltern fürchteten wie ich den Augenblick des Abschieds.

Ich bestieg den Zug. Es gab letzte zärtliche Worte, Tränen, der Zug fuhr schon an – da kam Sun Lian, mein Neffe und Adoptivsohn, auf den Bahnsteig gerannt und warf mir durch das heruntergekurbelte Fenster einen Brief ins Abteil.

Draußen zog die chinesische Landschaft vorüber, während ich seinen Brief las. Er schrieb mir, wie lieb er mich habe, daß ich ihm eine zweite Mutter geworden sei, er bedauerte, daß er mich so wenig gesehen habe, und versicherte mir, daß er, was auch geschehen möge, immer an mich denken werde. Und ich vermutete, daß er beim Schreiben geweint hatte, denn die Schrift war an manchen Stellen verwischt wie von Wassertropfen.

Niemand sah mich, und so weinte auch ich bitterlich. Denn ich, die ich in seinen Augen wie eine zweite Mutter für ihn war, hatte diesem Kind nie Liebe geschenkt, er hatte meinetwegen nur gelitten. Ich hatte ihm nie geschrieben, er war in der Schule meinetwegen beleidigt worden. Meine ganze Liebe hatte ich Paul und Juliette gegeben, für ihn war nichts geblieben.

Das Kinderlied aus der Kürbisgasse und dieser liebevolle Brief eines Sohnes – das waren die letzten Eindrücke, die China mir mitgab.

Ich hatte viel Zeit zum Grübeln während des langen Fluges. Je näher ich Paris kam, desto mehr Sorgen bereiteten mir meine persönlichen Probleme, die ich in den letzten Wochen über den Problemen meiner Angehörigen und Freunde ein wenig aus den Augen verloren hatte.

Wie war es in meiner Abwesenheit meinen Lieben in Paris ergangen? Um Paul und Juliette brauchte ich mir keine Sorgen zu machen. Aber was war mit Herrn Tsing? Würde der Krieg zwischen uns weitergehen? Ich hatte Angst davor, und gleichzeitig erschien mir unser Streit langweilig, ja, lachhaft. Und Alain? Hatte er sich endlich entschieden – für oder gegen mich?

Die Maschine setzte in London zur Landung an. Alain hatte von meinen Kindern Datum und Zeitpunkt meiner Rückkehr erfahren. Er wartete auf mich, seine Augen leuchteten voller Liebe und Ungeduld.

Und schon war ich wieder seinem Charme verfallen und dachte an das bittersüße Glück, das er mir geschenkt hatte.

13. Kapitel

Paul wird Bankier / Alains Wankelmut / Herr Tsing bezieht Prügel / Juliettes Verzweiflung / Alle Buddhas des Himmels greifen ein / Triumphales Konzert / Legendärer Ursprung des japanischen Volkes / Geburt eines Bestsellers.

Als ich nach Paris zurückkam, war es Mai. Das Universitätsjahr ging zu Ende, und Paul wollte die großen Ferien bei uns verbringen. Er hatte sein Studium in Cambridge erfolgreich beendet, und ich durfte stolz auf ihn sein, auf seine Intelligenz und den Mut, mit dem er all die Schwierigkeiten überwunden hatte, die ein Studium fern der Heimat und der Familie in einer fremden Sprache mit sich bringt.

Kurz nach seiner Rückkehr führten wir ein ernstes Gespräch über seine Zukunft. Ich fragte, ob er die Absicht habe, auf seinem Gebiet – der Bautechnik – noch ein Aufbaustudium zu machen, oder ob er gleich als Ingenieur ins Berufsleben eintreten wolle.

Zu meiner Überraschung eröffnete er mir, daß er weder das eine noch das andere tun werde. Er wolle ganz weg von der Bautechnik, er wolle Bankier werden wie sein Großvater.

Meine Überraschung wuchs. Daß er seinen Großvater verehre, sei ja sehr löblich, meinte ich schließlich, aber deshalb brauche er ja noch nicht den gleichen Beruf zu ergreifen wie dieser. Außerdem sei nicht einzusehen, weshalb er in Cambridge Bautechnik studiert habe, wenn er von Anfang an nicht die Absicht gehabt habe, auf diesem Gebiet Karriere zu machen. Ich war ganz ratlos, denn Paul war nie wankelmütig gewesen, er hatte immer klare Ziele gehabt, im Gegensatz zu so vielen jungen Leuten, die alles anfangen und nichts zu Ende bringen.

Paul, der wohl merkte, wie betroffen ich war, versuchte mir vorsichtig klarzumachen, daß er diesen Studiengang nicht aus eigener Neigung gewählt hatte, sondern um mir eine Freude zu machen.

In China stehen Ingenieure – wie Ärzte – in hohem Ansehen. Paul wußte seit langem, daß ich hoffte, er würde Ingenieur werden, und wollte mir diese Genugtuung gönnen. Er kannte die Schwierigkeiten, mit denen ich seit dem Tod meines Mannes zu kämpfen hatte, und wußte, daß mein größter Wunsch für meine Kinder ein ehrenvoller Beruf war, der ihnen einen angemessenen Lebensstil ermöglichte. Das Ingenieurstudium war gleichsam sein Geschenk an mich. Seinen eigenen Interessen entsprach dieser Beruf nicht, ihn lockte das Business, das Bankwesen.

Nun waren die Zeiten nicht mehr so, daß die Eltern über den Beruf ihrer Kinder zu entscheiden hatten. Das wußte ich nur zu gut, und ich machte auch gar nicht erst den Versuch, Paul meinen Willen aufzuzwingen. Dazu achtete ich seine Persönlichkeit viel zu sehr, und ich wußte, es wäre ohnehin vergeblich gewesen, ihn mit meinen Argumenten überzeugen zu wollen. Aber ich dachte an meine Schwiegermutter, die ein solcher Richtungswechsel gewiß sehr betrübt hätte.

Noch in Shanghai hatte sie mir oft gestanden, daß ihr der Beruf ihres Mannes mißfiel.

»Bankiers sind unmenschlich«, sagte sie. »Wenn ein Kunde viel Geld hat, behandelt man ihn voller Hochachtung und Zuvorkommenheit. Aber was geschieht, wenn er in Schwierigkeiten gerät? Dann ist das alles vergessen. Dem Unglück gegenüber verhärtet der Bankier sein Herz. Tatenlos sieht er zu, wenn es zum Konkurs kommt, und manchmal sind die Ruinierten so verzweifelt, daß sie Selbstmord begehen.«

Um das Leid zu mildern, das ihr Mann durch seinen Beruf verursachte, gab sie viel Geld an die Armen, unterstützte Krankenhäuser und auch Beerdigungsinstitute, damit die Unglücklichen wenigstens anständig begraben werden konnten. Mehr als einmal sagte sie zu mir, sie hoffe, keiner ihrer Nachkommen werde je ins Bankfach gehen, auch wenn damit viel Geld zu verdienen sei.

Paul ging als Praktikant zur Banque National de Paris. Auch das war eine Enttäuschung für mich, denn das war ein ganz und gar untergeordneter Posten, auf dem er weniger verdiente als meine Angestellte. Erst später verstand ich seine Entscheidung. Die Praktikantenzeit war eine der Vorbedingungen zur Aufnahme in die Harvard School of Business. Das erfuhr ich aber erst, als er die Aufnahmeprüfung bestanden hatte. Stolz wie er war, hätte es ihm widerstrebt, mir einen Mißerfolg einzugestehen, und deshalb hatte er nichts von seinen Plänen verraten. So ist mein Sohn, nicht immer verstehe ich ihn. Was er sich in den Kopf gesetzt hat, führt er in den meisten Fällen auch aus, denn er ist eigensinnig und diplomatisch zugleich. Aber er zieht nie jemanden ins Vertrauen. Hindernisse nimmt er nie frontal, er versteht es, sie geschickt zu umgehen. Selbst mir, die ich ihn doch eigentlich kennen müßte, ist er manchmal ein Rätsel. Wie oft habe ich es erlebt, daß er mit uns lacht und herumalbert und äußerlich völlig unbeschwert ist, während er in Wirklichkeit an irgendeinem wichtigen Plan arbeitet, der schon lange unbemerkt in ihm keimte.

Ich verzichtete also darauf, seine Entscheidung mit ihm zu diskutieren, aber ein bißchen traurig war ich doch.

Allerdings war es nicht nur Pauls Berufswechsel, der mir Kummer machte. Mein Abenteuer mit Alain brachte mir nichts als Leid und Schmerzen. Immer wieder versuchte ich, mich von ihm zu lösen, ihn zu vergessen, aber immer wieder fing er mich mit seinen schönen Redensarten, mit seiner Zärtlichkeit, mit seinem liebevollen Blick ein, dem ich einfach nicht widerstehen konnte. Unzählige Male hat er mich versetzt, ungezählte Stunden habe ich vergeblich auf ihn gewartet, mich in Ungeduld verzehrt – gar nicht zu reden von den Dingen, die er mir unter dem Siegel der Verschwiegenheit anvertraute und mit denen er mich unsagbar demütigte.

Dennoch wäre ich bereit gewesen, für ihn mein Leben von Grund auf zu ändern, einen Mann zu verlassen, der hart, unzugänglich sein mochte, mit dem ich aber immerhin acht Jahre lang gelebt, der mir geholfen, mich gelenkt und geleitet hatte.

Alain drängte auf Scheidung, aber ich konnte mich nicht so ohne weiteres dazu entschließen. Erst mußte ich wissen, ob es ihm wirklich ernst mit mir war.

Eines Tages holte ich ihn kurz entschlossen mit dem Wagen vom Büro ab. Ich wollte ihm Gelegenheit zu einer Aussprache geben. Die Situation war für mich nachgerade unerträglich geworden. Nachdem er mich erst immer enger an sich gebunden hatte, schien er jetzt zu schwanken und immer unentschlossener zu werden.

Zuerst druckste er ein bißchen herum, dann meinte er, einmal müßte ich es ja wohl doch erfahren.

Und dann erzählte er mir eine lange Geschichte, in der auch seine Tante Celine eine Rolle spielte. Sie hatte ihn mit einer Frau bekannt gemacht, die während meiner Chinareise seine Geliebte geworden war.

Das war zuviel. Schmerz und Ekel schlugen über mir zusammen. Alains Tante kannte unsere Situation, sie wußte, daß ich wegen meiner Liaison mit Alain große Schwierigkeiten mit meinem Mann hatte, daß eine Scheidung unvermeidlich geworden war.

Alain sprach weiter, ohne meine Bestürzung zu bemerken, so als sei er noch stolz auf seine Eroberung. Unbekümmert erzählte er, wie er seine Zeit verbracht hatte, wenn er nicht zu einer unserer Verabredungen gekommen war. An einem Tag hatte er den Sohn seiner neuen Freundin gehütet, an einem anderen Tag hatte er ihr irgendeinen anderen Dienst erwiesen, während ich dumme Gans auf ihn gewartet hatte.

Am liebsten hätte ich mich übergeben, hätte all das Bittere ausgespien, das aus meinem Magen hochstieg. Alains schöne Redensarten, seine große Liebe versanken in einem schwarzen Loch. Mir wurde schwindlig, ich war wie betäubt.

Natürlich fuhr ich in diesem Zustand ganz unmöglich, viel zu schnell, ich merkte es selbst, der Wagen geriet ins Schleudern. Alain konnte gerade noch rechtzeitig auf die Bremse treten, sonst hätte es bestimmt ein Unglück gegeben. Ich kam wieder zu mir, ließ ihn aussteigen, und dann schrie ich ihm meinen Zorn ins Gesicht. Ich schwor, daß ich ihn nie wiedersehen, daß ich ihm in Zukunft bei seinen Frauenbekanntschaften nicht mehr im Wege stehen würde.

Ich war wütend auf mich, ich war wütend auf Alain, und ich war gleichzeitig todtraurig. Zu Hause erwartete mich Herr Tsing, der seinerseits wütend war, weil ich so spät kam, und mir eine gräßliche Szene machte. Einige Stunden später bekam ich heftige Unterleibsschmerzen und eine starke Blutung.

Paul und Juliette waren schon schlafen gegangen. Ich schleppte mich bis an Herrn Tsings Bett, der sich schlafend stellte und nicht sehen wollte, daß es mir wirklich schlecht ging. Ich wand mich vor Schmerzen und verlor noch immer Blut.

Gegen vier Uhr morgens war ich fest davon überzeugt, daß ich sterben mußte. Mein Körper war eiskalt, vor meinen Augen wurde es dunkel, ich hatte keine Kraft mehr. Ich taumelte ins Wohnzimmer, um den ärztlichen Notdienst anzurufen, dann sank ich von Krämpfen geschüttelt zu Boden.

Der herbeigerufene Arzt gab mir eine Spritze, die mir eine Atempause verschaffte. Die Blutung hörte auf, und auch die Schmerzen ließen nach.

Herr Tsing verließ morgens zur gewohnten Stunde das Haus, ohne auch nur ein Wort an mich zu verschwenden. Zwischen uns – das begriff ich in diesem Augenblick – war alles endgültig aus und vorbei. Wenn ein Mann seine schwerkranke Frau so behandelt, ist von ihm kein Sinneswandel mehr zu erwarten.

Paul und Juliette erschraken sehr, als sie aufstanden und sahen, in welchem Zustand ich mich befand. Weinend brachten sie mich zu meinem Hausarzt, der mir noch eine Spritze gab – die Schmerzen hatten sich wieder verstärkt – und mich sofort ins Krankenhaus einwies, denn er selbst hatte keine genaue Diagnose stellen können.

Nun lag ich also zum ersten Mal in meinem Leben im Krankenhaus und wurde von Spezialisten untersucht, die alle möglichen Tests und Analysen durchführen ließen, denn mein Fall war und blieb rätselhaft. Nach der zweiten Woche wußte man noch immer nicht, was mit mir los war.

Paul und Juliette machten sich große Sorgen um mich. Solange man die Ursache meiner Beschwerden nicht kannte, war nicht auszuschließen, daß ein ernstes Leiden – Krebs etwa – dahintersteckte. Besonders Juliette, die mir immer besonders nahe stand, litt sehr.

Herr Tsing dagegen trat zum festgesetzten Zeitpunkt seinen Urlaub an, ohne das Ergebnis der Untersuchungen abzuwarten. Ich durfte wieder nach Hause, sollte vierzehn Tage lang bestimmte Medikamente nehmen und dann noch einmal zur Untersuchung ins Krankenhaus kommen.

Auch diesmal konnte man nichts Konkretes feststellen. Jetzt wollte der Arzt Näheres über mein Leben wissen. Ich verbarg ihm nichts, weder meine tristen Liebesgeschichten noch das gespannte Verhältnis zu Herrn Tsing oder die ständigen Wutanfälle, die das Haus und meine Nerven in Aufruhr versetzten. Er riet mir zur Scheidung. Seiner Meinung nach brauchte ich vor allem Ruhe. Meine Beschwerden, meinte er, seien psychisch und nervlich bedingt. Wenn ich erst allein lebte und meine Ruhe hätte, würden sie sich von selbst geben.

Die Tranquilizer stellten mich sofort ruhig. Sie versetzten mich in einen seltsamen, ein wenig traumhaften Zustand. Ich erfaßte nur mit Mühe, was man zu mir sagte, und es fiel mir schwer, Antworten zu formulieren, ich war wie erstarrt, hatte keine Kraft, keinen eigenen Willen. Nichts tat mehr weh, ich hatte das Gefühl, als trennten dicke Wattepolster mich von der Umwelt.

So verging der Sommer. Auch nach seinem Urlaub war Herr Tsing ganz der alte, wieder gab es Szenen, Zank, Geschrei. Und dann kam es zu einem Drama, das niemand aus meiner Umgebung erwartet hätte, auch ich nicht. Bei einem seiner Ausfälle stürzte ich mich, aus einer mehrwöchigen Tranquilizer-Erstarrung jäh erwachend, auf Herrn Tsing, riß ihm die Kleider vom Leib und begann, mit unglaublichem Haß, mit unglaublicher Brutalität auf ihn einzuschlagen, als wollte ich mich für alle Vorwürfe, alle Demütigungen, allen Schmerz, alle Bitterkeit der vergangenen acht Jahre rächen. Seine häßlichen, boshaften Worte waren mir unerträglich geworden, und weil ich keine andere Möglichkeit fand, ihn zum Schweigen zu bringen, tat ich es jetzt mit Schlägen und Schreien.

Zum Glück legte sich Paul ins Mittel. Er nahm mich in seine starken Arme und bat Herrn Tsing, er möge die Wohnung verlassen. Juliette weinte. Auch sie flehte ihn an, ihre arme Mutter in Ruhe zu lassen, er sähe ja wohl, wie krank ich sei. Tatsächlich mußte mit mir, wenn ich mich trotz der vielen Beruhigungsmittel zu so einer Tat hatte hinreißen lassen, etwas ernstlich in Unordnung sein.

Das hatte wohl auch Herr Tsing begriffen, der fassungslos vor mir zurückgewichen war und sich sofort bereit erklärte, aus der gemeinsamen Wohnung auszuziehen. Am 15. September war er samt seinen Sachen aus meiner unmittelbaren Umgebung verschwunden.

Ein paar Tage nach seinem Auszug – es war ein Montag – machte ich mich, da montags das Geschäft für Kunden geschlossen blieb, später als sonst auf den Weg. Meine Tochter, die zur Schule mußte, verabschiedete sich von mir. »Pfleg dich gut, Mama«, sagte sie, »achte auf deine Gesundheit, denk auch ein bißchen an dich.« Sie küßte mich zärtlich. Ich sah meine hübsche kleine Tochter an und hatte plötzlich heftige Gewissensbisse. Um meinetwillen, wegen meiner Labilität, hatte sie schon Ängste durchlebt, für die sie eigentlich noch viel zu jung war, hatte viel Leid und

Unruhe erfahren. Auch ich gab ihr einen zärtlichen Kuß und sagte, sie müsse sich beeilen, wenn sie nicht zu spät kommen wolle.

Im Geschäft mußte ich ständig an Juliette denken. Ich wollte zu Hause anrufen, um festzustellen, ob sie auch wirklich zur Schule gegangen war, aber meine Leitung war tot. Ich ging zur Post und meldete die Störung. Zwei Stunden später war die Störung behoben: Das Telefon läutete.

Am Apparat war Denise, Juliettes Klassenkameradin. Was sie mir sagte, erschien mir so unfaßbar, daß ich sie bitten mußte, es zu wiederholen: Meine Tochter lag im Krankenhaus. Denise erzählte mir alles, was sie wußte.

Seit Wochen quälte sich Juliette wegen meiner Zänkereien mit Herrn Tsing und wegen meiner angegriffenen Gesundheit. Weil sie mir hatte helfen wollen, hatte sie Herrn Tsing gebeten, aus der Wohnung auszuziehen, aber es war ihr sehr schwer gefallen. Zu ihr war er immer lieb gewesen und hatte sich ehrliche Mühe gegeben, ihr den Vater zu ersetzen. Jetzt hatte sie das Gefühl, zum zweiten Mal den Vater zu verlieren. Paul würde demnächst zum Studium nach Harvard gehen, und der Gedanke, daß sie dann mit ihrer kranken Mutter allein bleiben würde, hatte Juliette in Panik versetzt.

Denise, der Juliettes Kummer zunehmend Sorgen machte, hatte sich große Mühe gegeben, ihr Trost zuzusprechen, aber meine Tochter wiederholte immer wieder, nur ihr Vater habe mich wirklich geliebt, nur er habe mich beschützen können, und sie habe furchtbare Angst, jetzt auch noch ihre Mutter zu verlieren.

Als dann die Freundin am Montagmorgen nicht zur Schule gekommen war, hatte Denise sie von einer Telefonzelle aus angerufen. Juliettes Stimme klang seltsam verändert, sie hatte Artikulationsschwierigkeiten und schien sehr matt. Es stellte sich heraus, daß sie zu meinen Beruhigungsmitteln gegriffen, aber eine zu starke Dosis genommen hatte. Denise hatte sofort versucht, mich im Geschäft zu erreichen, was ihr wegen der gestörten Leitung nicht gelungen war. Kurz entschlossen war sie daraufhin zu unserer Wohnung gefahren und hatte, als niemand öffnete, die Tür aufbrechen lassen. Juliette lag bewußtlos am Boden.

Sie war sofort ins Krankenhaus gebracht worden, und jetzt endlich, nach mehreren vergeblichen Versuchen, war Denise zu mir durchgedrungen.

Ich war wie vor den Kopf geschlagen, ich traute buchstäblich meinen Ohren nicht, spürte es wie einen Riß durch meinen Körper gehen. Zunächst war ich wie abgestumpft, ich wußte nicht, was ich tun sollte. »Ist das auch wahr?« wiederholte ich immer wieder. »Ist das wirklich wahr?« Denise mußte noch einmal von vorn anfangen, ehe ich die Wirklichkeit akzeptierte.

Von meiner Schwiegermutter hatte ich zu Beginn meiner Ehe gelernt, daß man sich in sehr ernsten Fällen, wenn ein wirklich großes Unglück droht, an den Buddha Kuan Yin wenden und ihm geloben kann, das große Gebet »Miao Fa Li Huo Chin« zu sprechen. Dieses Gebet hat so viel Gewicht, daß alle Buddhas im Himmel es hören und sich für den Bittenden einsetzen. Wenn die Gefahr groß ist und unmittelbar bevorsteht, kann man auch geloben, dieses lange, schwierige Gebet, das größte Konzentration erfordert, mehrmals zu sprechen. Nie darf dieses Gelöbnis leichtfertig, bei einer alltäglichen Gefahr, geleistet werden, denn umsonst darf man die Buddhas des Himmels nicht stören, und vor allem muß man sein Versprechen halten, ja, man sollte möglichst noch etwas über die Zahl der zugesagten Gebete hinausgehen. Wenn man aus irgendeinem schwerwiegenden Grund dieses Versprechen nicht halten kann, muß man die Priester beauftragen, die Gebete zu sprechen, und muß sie dafür bezahlen.

Meine Schwiegermutter hatte mir erzählt, daß sie sich ein einziges Mal – als ein Feuer ihr Haus bedrohte – mit dem Gelöbnis an den Buddha Kuan Yin gewandt habe. Sofort habe der Buddha den Wind gedreht, der die Flammen auf ihr Haus zugetrieben hatte. Man muß allein sein, wenn man mit dem Buddha spricht, niemand darf davon erfahren.

Ich warf mich hinter der Tür des Hinterzimmers, wo niemand mich überraschen konnte, auf die Knie und gelobte, fünfmal das große Gebet zu sprechen.

Dann eilte ich ins Krankenhaus. Ich war fest entschlossen, meinem Leben ein Ende zu setzen, wenn Juliette nicht gerettet werden konnte.

Die Krankenschwester, die mich in Empfang nahm, beruhigte mich. Juliette war außer Gefahr. Nach einer Magenspülung ruhte sie jetzt in ihrem Zimmer aus. Denise war gerade noch zur rechten Zeit gekommen.

Ich trat an das Bett meiner Tochter. Sie lag im Halbschlaf und wirkte sehr blaß, sehr schwach. Mühsam öffnete sie die Augen, in denen Tränen standen. »Verzeih, Mama, daß ich dir einen Schrecken eingejagt habe«, sagte sie bedrückt. »Seit Papas Tod hast du es sehr schwer gehabt, und jetzt ist auch Herr Tsing nicht mehr da. Ich allein kann meine arme Mama nicht pflegen, dazu ist sie zu krank.«

Dann erzählte sie mir, daß sie vormittags Alain angerufen und ihn gebeten hatte, er möge mir keinen Kummer mehr machen.

»Wenn sie Kummer hat, dann ist das deine Schuld«, hatte er schroff gesagt und aufgelegt. Juliette war von dieser Behauptung wie zerschmettert gewesen.

»Und dann habe ich mir gedacht, daß er vielleicht recht hat, Mama. Du hast immer nur an Paul und mich gedacht und daran, daß es uns an nichts fehlt. Mir war so elend, daß ich von deinen Tabletten genommen habe, um mich zu beruhigen. Verzeih, daß ich dir soviel Sorgen mache.«

Ihre Stimme wurde immer leiser, ihre Augen schlossen sich, der Atem wurde tief und gleichmäßig. Sie war eingeschlafen.

Ein siebzehnjähriges Mädchen ist wie eine kleine Blume, die sich dem Leben öffnet – im Glanz des Glücks blüht sie auf, aber sie ist zart und empfindlich, und mein Kummer, den sie nicht mehr hatte ertragen können, war für Juliette wie ein rauher Wind, der sie beinahe geknickt hätte.

Der Schock rüttelte mich nachhaltig auf. Ich hatte mit meinen Sorgen Juliette zutiefst verunsichert, mein unordentliches Liebesleben war schuld daran, daß sie sich quälte. Ich kam mir schlecht und nichtswürdig vor. Und dann beschloß ich, meine Beruhigungsmittel auf den Müll zu werfen, und mir war, als hätte ich damit auch meine beiden Männer ausrangiert, als hätte ich mich von all diesen kleinen, erbärmlichen Leidenschaften befreit, die im Grunde genommen so belanglos sind. Ich schwor, nur noch danach zu streben, dieses Mädchen, dessen Leben ich beinahe zerstört hätte, glücklich zu machen.

Mein Betrieb weitete sich immer mehr aus. Im Herbst 1973 war der Geschäftsumfang größer denn je, was nicht nur geschäftliche, sondern auch gewaltige körperliche Anstrengungen mit sich brachte. Aufgrund der zahlreichen Aufträge, die ich auszuführen hatte, rissen die Warenlieferungen nicht ab, und viele Stunden war ich mit der Lagerhaltung und Auslieferung beschäftigt, denn ich wollte, um Kosten zu sparen, alles selbst machen. Ich habe in dieser Zeit wirklich schwer gearbeitet.

Zudem rückte der Termin für mein Konzert näher. Nur noch zwei, drei Monate blieben mir zur Vorbereitung. Sobald ich im Geschäft ein paar freie Minuten hatte, setzte ich mich ans Klavier und begann wie besessen zu üben. Die Töne, die aus dem Hinterzimmer drangen, machten die Kunden neugierig. Ich ließ Plakate für mein Konzert drukken und brachte eins in meinem Geschäft an.

Es dauerte nicht lange, bis ich auf dieses Plakat hin angesprochen wurde. Meine Kunden staunten, daß ich es fertigbrachte, gleichzeitig Geschäftsfrau und Pianistin zu sein. Ich stand bereitwillig Rede und Antwort, und die Welle der Sympathie, die mir entgegenschlug, tat mir wohl.

Unter den Wißbegierigen war auch ein Journalist, der meinen Fall so interessant fand, daß er mir vorschlug, an einer Fernsehsendung mitzuwirken. In der bekannten Sendung »Italiques« werden den Zuschauern regelmäßig Bücherneuerscheinungen über ein bestimmtes Thema vorgestellt. Er meinte, ich sollte ein oder zwei Bücher lesen, die sich mit China beschäftigten, und dann darüber sprechen. Er war recht verblüfft, als ich diesen Vorschlag rundheraus ablehnte. Zum Lesen, sagte ich, hätte ich keine Zeit. Dann müsse ich wenigstens in seiner Sendung Klavier spielen, sagte er, und er werde mein Konzert erwähnen, das sei gut für die Publicity. Damit war ich einverstanden. Ich nahm Juliette mit, und alles verlief programmgemäß.

Durch diese Sendung machte ich eine Reihe interessanter Bekanntschaften, die mir die Möglichkeit gaben, auch in anderen Sendungen aufzutreten, in denen mein Konzert ebenfalls angekündigt wurde. Einer meiner neuen Bekannten war Georges Walter, mit dem ich später eng zusammenarbeiten sollte. Da er mir viele Fragen zu meiner Lebensgeschichte stellte, gestand ich ihm, daß ich sie – allerdings auf chinesisch – niedergeschrieben hatte. Er erbot sich, mir dabei zu helfen, ein französisches Buch daraus zu machen, denn er war überzeugt davon, daß viele Leser gern erfahren würden, was ich während meiner Kindheit und in meiner ersten Ehe in einem noch ganz von den alten Traditionen beherrschten China erlebt hatte.

So entstand der Plan zu dem Buch, das später unter dem Titel »Sänfte der Tränen« bekannt werden sollte. Aber jetzt hatte erst einmal mein Konzert absoluten Vorrang.

Ende November hatte ich eine Orchesterprobe, die mich sehr beglückte. Die Musik versetzte mich in eine andere Welt, in der meine Sorgen keinen Platz hatten, eine glückliche, leuchtende Welt, in der ich mich zu Hause fühlte. Es läßt sich nicht beschreiben, wie schwer es mir wurde, nach dieser verwunschenen Stunde wieder zu meinen Kisten zurückzukehren und Waren aus der Holzwolle zu wühlen.

Diese rein mechanische Arbeit, diese nüchterne, irdische Tätigkeit kam mir unsäglich deprimierend vor.

Zwei Tage vor dem Konzert startete ich mit Hilfe von Juliette und zwei hilfsbereiten Freunden eine Plakatklebeaktion. Bewaffnet mit Pinsel und Leimtopf brachten wir überall gut sichtbar unser Konzertplakat an. Wir verbrachten zwei kalte Nächte im Freien, und ich begann die Tage im Geschäft todmüde und durchgefroren.

Am 1. Dezember kam ich so erschöpft ins Théâtre des Champs-Elysées, daß ich kaum wußte, wie ich spielen sollte. Aber ich nahm all meine Kraft zusammen und ließ durch die Musik mein Herz sprechen. Wenn das Konzert ein Erfolg wurde, wenn das Publikum begeistert Beifall spendete, so nicht deshalb, weil ich eine überragende Technik besessen hätte, sondern weil ich in mein Spiel all das an Liebe und Haß einfließen ließ, was in mir war und wofür das Klavierkonzert stand.

Im Publikum saßen auch etwa ein Dutzend Angehörige der Chinesischen Botschaft, was mich sehr ermutigte. Da das Konzert »Der Gelbe Fluß« zum ersten Mal in Europa gespielt wurde, war mein Auftritt gewissermaßen ein historisches Ereignis. Die Meldung erschien in der chinesischen Presse, und wenigstens einen der Artikel möchte ich hier wiedergeben:

»Konzert ›Der Gelbe Fluß‹ in Paris aufgeführt.

Am 1. Dezember fand vor über tausend Zuhörern im Théâtre des Champs-Elysées in Paris eine Aufführung des Konzerts ›Der Gelbe Fluß‹ statt. Das Klaviersolo spielte unsere Landsmännin Chow Ching Lie. Nach Beendigung des Konzerts erhob sich begeisterter Beifall. Auf Verlangen der Zuhörer spielten Orchester und Solistin als Zugabe noch einmal das Thema der Verteidigung des Gelben Flusses. Danach beglückwünschten zahlreiche Zuhörer Chow Ching Lie zum Erfolg des Konzerts.«

Daß solche Artikel in meiner Heimat erschienen, beglückte mich sehr. Endlich erkannte mich China als sein

Kind an. Ich war auch stolz darauf, daß ich zur Verbreitung des Konzerts beigetragen hatte, eines während der Kulturrevolution von einer Pekinger Orchestergruppe geschaffenen großen nationalen Werkes. Der Komponist, Shi Hsinhai, hatte im Chinesisch-Japanischen Krieg mitgekämpft, dessen Greuel ihn tief erschüttert hatten. Chinesen waren verbrannt wie Insekten oder waren von grausamen Japanern lebendig begraben worden. Die Leiden und Hoffnungen unseres Volkes hatten ihn zu dieser kraftvollen Musik angeregt, mit der er den Kampf um die Freiheit besingt. Der Chinesisch-Japanische Krieg war um so furchtbarer, als Chinesen und Japaner zur gleichen Rasse gehören und denselben Ursprung haben. Leider haben sie vergessen, daß sie einst Brüder waren.

Kaiser Ch'in Shih Huang-ti – der Name bedeutet »Erster Erhabener Herrscher« – soll ein grausamer Tyrann gewesen sein. Unter seiner Herrschaft wurde das zerrissene China erstmals geeint. Er war es, der den Bau der Großen Mauer in Angriff nahm, bei dem so viele Menschen den Tod fanden. Um seine Macht zu sichern, schreckte er vor nichts zurück. Er schickte die einen in die Verbannung, die anderen zur Zwangsarbeit und ahndete jeden Widerstand erbarmungslos. Das Land blühte unter seiner Herrschaft auf, die Landwirtschaft verbesserte sich unter seiner eisernen Faust. Aber wie viele Familien wurden auf immer getrennt, wieviel menschliches Leben wurde geopfert! Als der Kaiser alt geworden war, konnte er den Gedanken nicht ertragen, daß sein Werk unvollendet bleiben, daß ein anderer einst seinen Platz einnehmen sollte. Er wollte nicht sterben. Sein engster Vertrauter war ein Gelehrter namens Chi Fu, dem befahl er, ein Mittel zu erfinden, das den Kaiser unsterblich machen sollte.

Drücken konnte Chi Fu sich vor diesem Auftrag nicht. Er kannte seinen Herrn und Meister zur Genüge. Falls er ihm gestand, daß er in dieser Sache nichts vermochte, würde der Kaiser ihn zum Tode verurteilen und unverzüglich hinrichten lassen. Deshalb tat er selbstbewußt kund, er wüßte, wo die Pflanzen zu finden seien, die dem Kaiser Unsterblichkeit schenken würden. Er sprach von dem »Berg der drei Götter« jenseits des Meeres, auf dem, wie er sagte, wundertätige Pflanzen wuchsen. Der Kaiser, bat er, möge ihm erlauben, eine Expedition mit reichen Geschenken für die Götter zusammenzustellen. Er brauche dazu viel Gold und Juwelen, viele junge Burschen und Mädchen, reichliche Lebensmittelvorräte und Schiffe.

Kaiser Ch'in Shih Huang-ti war derart besessen von dem Gedanken an die Macht, eine Macht, die er nie würde aus der Hand zu geben brauchen, daß er keine Bedenken hatte, Chi Fu alles zur Verfügung zu stellen, was er verlangte. Dreihundert junge Burschen und Mädchen wurden von ihren Familien getrennt, die besten verfügbaren Schiffe wurden mit Lebensmittelvorräten und Schätzen beladen, und Chi Fu fuhr mit seiner Eskorte übers Meer, den Unsterblichen Inseln entgegen.

Er kehrte nie zurück. Mit den jungen Leuten ließ er sich auf dem »Berg der drei Götter« nieder, den Emigranten wurden viele Kinder geboren, und sie gründeten eine neue Nation: Japan. Der Krieg zwischen Chinesen und Japanern war also im Grunde genommen Brudermord. Genau das will das Konzert »Der Gelbe Fluß«, das die Vaterlandsliebe besingt, zum Ausdruck bringen.

Mit diesem für mich unvergeßlichen Abend hatte ich eins der Ziele erreicht, die ich mir gesetzt hatte. Man wußte jetzt in meiner Heimat, weshalb ich nach Frankreich gegangen war. Ich hatte bewiesen, daß ich eine Künstlerin geworden war – eine Chinesin in der Fremde, die ihrem Land Ehre machte und ihm nach wie vor diente.

Doch auf diesen Lorbeeren durfte ich mich nicht ausruhen, es galt, einen weiteren großen Plan zu verwirklichen: das Buch über die Geschichte meiner Kindheit und Jugend. Gleich nach dem Konzert machte ich mich zusammen mit Georges Walter an die Arbeit.

Wir brauchten ein ganzes Jahr dafür. Mein Geschäft nahm mich so stark in Anspruch, daß ich eigentlich nie genug Zeit hatte, auf Georges Walters Fragen so ausführlich zu antworten, wie er es sich wünschte. Er interessierte sich für alles, zeigte sich fasziniert noch von den geringfügigsten Einzelheiten unseres täglichen Lebens im alten Shanghai.

Unsere Traditionen, unsere Sitten, unsere Lebens- und Denkweise, diese ganze Welt, in der ich mich von Geburt an bewegt hatte, war ihm, dem französischen Schriftsteller, fremd, und er fragte mich immer wieder nach Dingen, die in meinen Augen höchst alltäglich und unkompliziert waren. »Gewohnheit ist unsere zweite Natur«, sagt Pascal. Deshalb neigte ich dazu, jene Sitten und Gebräuche für »natürlich« zu halten, die ich seit meiner Kindheit gewöhnt war, während mein Gesprächspartner, der sie mit westlichen Augen sah, sie seltsam, exotisch, ausgefallen und deshalb anziehend fand.

Ich vergoß viele Tränen, während ich mich der glücklichen und unglücklichen Tage meiner Vergangenheit erinnerte. Mit zärtlicher Rührung dachte ich an das verwöhnte Kind, das ich einst gewesen war. Ich sah mich auf den Spaziergängen mit meinem Vater, bei den Spielen mit meinem Bruder und meiner Schwester, sah, wie Liebe und Geborgenheit mich in den ersten Jahren umgeben hatten.

Die Geschichte meiner erzwungenen Ehe, der Kummer über die Trennung von meiner Familie, meine mit großem Pomp nach alter Tradition gefeierte Hochzeit, mein neues Leben in der reichen Familie Liu – ich war noch so ahnungslos, daß ich glaubte, ich hätte ein Ungeheuer geheiratet, als ich an jenem ersten Abend zum ersten Mal mit meinem Mann im ehelichen Schlafzimmer allein war, dabei war er der liebste, zärtlichste Ehemann, den man sich vorstellen kann –, all das erlebte ich, während ich es erzählte, gleichsam zum zweiten Mal.

So schritt ich noch einmal den ganzen Weg meiner jungen Jahre ab. Dinge, die ich längst vergessen hatte, fielen mir wieder ein. Es war, als leuchte ein Scheinwerfer die Vergangenheit bis in die hintersten Winkel aus.

So manches Mal ermüdeten und verärgerten mich die unersättlichen Fragen meines Gesprächspartners. Und auch er ärgerte sich, wenn ich ihn unvermittelt verlassen mußte, weil mein Geschäft mich rief. Aber wir kamen beide immer wieder zu unserem gemeinsamen Werk zurück, das uns verband und an dem wir beide aus verschiedenen Gründen Freude hatten.

Obgleich mich die Erinnerung an die Freuden und Leiden meiner Kindheit jeden Tag aufs neue zutiefst aufwühlte, hat die Arbeit dieses Jahres mir gutgetan. Ich überblickte jetzt mein Leben klarer, als es mir sonst möglich gewesen wäre, und gewann, während das Buch allmählich Gestalt annahm, einen heilsamen Abstand zu meinen persönlichen Sorgen. Die Enttäuschung, die Alain mir bereitet hatte, betrübte mich nicht mehr. Die Scheidung verlief ohne Skandal. In mein Leben kehrte wieder Ordnung ein.

Als die »Sänfte der Tränen« in den Buchhandlungen erschien, brachte sie mir neue Freuden. Viele unbekannte Freunde meldeten sich bei mir, Leser aus Frankreich und aus anderen Ländern schrieben mir, bekundeten mir ihre Sympathie, ermutigten mich.

Auch die Leiden und Freuden, mit denen beliebte Schriftsteller es zu tun haben, lernte ich nun kennen. Radio und Fernsehen luden mich ein, etwas zu meinem Buch zu sagen. All das, so anstrengend es auch war, interessierte mich sehr. Ich lernte die literarische Welt kennen. Wer hätte das von der kleinen Chinesin gedacht, die erst vor wenigen Jahren in Orly gelandet war, ohne ein Wort Französisch zu sprechen?

Und wieder erlangte die Zahl Dreizehn eine besondere Bedeutung in meinem Leben. Ich war neununddreißig Jahre alt, als das Buch erschien, dreizehn Jahre waren vergangen, seit ich nach dreizehnjähriger Ehe Witwe geworden war, und mit dreizehn hatte ich geheiratet.

Epilog

In den ersten Apriltagen des Jahres 1979 stieg ich in Shanghai aus dem Flugzeug, um meine Eltern mit meinem Besuch zu überraschen. Als ich kam, saßen sie vor dem Fernseher, über dessen Bildschirm eine Übertragung von »Hamlet« flimmerte.

Nichts hätte mir Chinas Öffnung für den Westen anschaulicher verdeutlichen können als diese so einfache, so alltägliche Szene. Noch vor kurzer Zeit durften die Chinesen Shakespeare nicht kennen und lebten in einem streng bewachten kulturellen Getto.

Ich hatte meine Eltern kurz vor dem Essen überrascht und stellte erfreut fest, daß gute Dinge auf dem Tisch standen. Die Bauern, die für den Staat arbeiten, dürfen heute etwas Land privat nutzen und die Erzeugnisse auf eigene Kosten verkaufen. Die Zeiten, als man in Shanghai außer den kärglichen Lebensmittelrationen nicht einmal ein Ei bekam, sind vorbei. Man kann jetzt den Speisezettel mit frei verkäuflichen Lebensmitteln ergänzen, was das tägliche Leben wesentlich erleichtert hat.

Der Duft, der aus den vielen Schüsseln stieg, ließ mir das Wasser im Munde zusammenlaufen. Es gab Schweinskoteletts, dampfende Hühnerbrühe mit Pilzen, Blumenkohl, Eier – ein wahres Festmahl. Ich setzte mich und griff mit großem Appetit zu. Da war ja auch das vorzügliche chinesische Brot, das ich so gern esse!

Mein Besuch begann vielversprechend, und ich sollte noch mehr Überraschungen erleben.

Während der Kulturrevolution war ich in China immer sehr schlecht behandelt worden, denn Auslandschinesen waren nicht gut angesehen und galten als Verräter an ihrem

Land. Wo ich auch war, auf dem Flughafen, im Hotel, in den Geschäften, auf der Straße, auch wenn ich mir die Haare hochsteckte und mir Sachen von meinen Schwestern borgte, witterte man – es muß wohl an meinem Verhalten gelegen haben – etwas Westliches an mir. Und da man sieht, daß ich Chinesin bin, kam mir weder die Ausländern gegenüber traditionell geübte Höflichkeit noch die unter Chinesen übliche Solidarität zugute.

Außerdem hatte ich einen französischen Paß. Als ich einmal mit meinen Eltern in einen der nur Ausländern vorbehaltenen Freundschaftsläden gehen wollte, ließ man mich nach Prüfung meiner Papiere hinein, scheuchte aber meine Eltern fort wie Hunde – und bei diesem Vergleich denke ich nicht an gehätschelte, verwöhnte Vierbeiner, wie man sie in Frankreich sieht, sondern an ganz gewöhnliche, dreckige Straßenköter. Daß man meine Eltern so behandelte, war mir unerträglich, und ich habe mich oft darüber geärgert.

Es überraschte mich deshalb, wie völlig anders sich jetzt meine Landsleute mir gegenüber verhielten. Ich hatte in dem Hotel, in dem ich sonst immer in Shanghai abgestiegen war, kein Zimmer reserviert und mußte mir zunächst sagen lassen, es sei nichts frei. Da nahm mein Vater all seinen Mut zusammen und erläuterte meinen Fall der Geschäftsführung. O Wunder, ich bekam eine Suite mit Wohnzimmer, Schlafzimmer und Bad.

Viele Chinesen, die sich entschlossen haben, im Ausland zu leben, oder durch die Umstände dazu gezwungen wurden, kehren jetzt zurück und erlangen Wiedergutmachung für die während der Kulturrevolution erlittenen Verluste. Teng Hsiao-p'ing hat sich verpflichtet, ihnen eine Entschädigung zu zahlen.

Ich selbst habe bei meinem letzten Besuch eine Delegation der Fabrik empfangen, die meinem Schwiegervater gehörte. Die Roten Garden, die sämtliche Wertgegenstände aus meinem Haus geschleppt hatten, hatten eine genaue Liste der gestohlenen Sachen – Pelzmäntel, wertvoller

Schmuck, Möbel und Kunstgegenstände – aufgestellt. Ich bekam einen Scheck, dessen Höhe tatsächlich dem Wert der aufgeführten Gegenstände entsprach.

Doch habe ich noch lange nicht all das, was zu meinem Erbe gehört – Mietshäuser, Grund und Boden, Fabriken –, zurückbekommen. Man bat mich, noch etwas zu warten, und ich warte. Es dauert seine Zeit, bis nach den Wirren wieder Ordnung einkehrt.

Auslandschinesen, die wie ich eine Entschädigung erhalten haben, dürfen dieses Geld nicht ins Ausland mitnehmen und überlassen es deshalb ihren Angehörigen, die damit Einkäufe machen. In den Geschäften herrscht immer reger Betrieb. Der Ansturm der Auslandschinesen ist ein Grund dafür, daß es schwierig ist, Hotelzimmer zu bekommen. Der zweite Grund liegt in der Öffnung Chinas für Ausländer.

Ich war sehr froh über meine komfortable Suite, denn meine Eltern wohnen sehr beengt und haben kein Badezimmer. Meine Mutter und meine Schwester übernachteten bei mir, und alle konnten sie bei mir baden. Auch früher schon waren meine Eltern zum Baden zu mir ins Hotel gekommen, aber dazu waren immer erst langwierige Verhandlungen nötig gewesen, oder sie hatten es heimlich tun müssen und waren vom Personal mißtrauisch beobachtet worden. Davon war diesmal nichts zu merken.

Bisher hatte sich vor dem Hotel immer eine große Menschenmenge herumgedrückt, von der alle Ausländer angegafft wurden; diesmal hatten sich keine Neugierigen eingefunden. Ich brauchte mir die Haare nicht hochzustecken, brauchte mir keine Sachen von meinen Schwestern zu borgen, um so zu sein wie die anderen. Alle Chinesinnen, ob jung, ob alt, haben heute Dauerwellen.

Allen Ausländern fällt auf, wie sehr sich die Chinesin rein äußerlich verändert und in Frisur und Mode westlichen Vorbildern angepaßt hat. Weniger bekannt ist wohl, daß es für diese so plötzlich und massiv aufgetretene Nachfrage noch nicht genug Friseure gibt. Einen Termin beim Friseur muß man ein oder zwei Monate im voraus festlegen. Die meisten Chinesinnen sind sehr erfinderisch, wenn es darum geht, sich die Haare im Do-it-yourself-Verfahren zu legen und sich das erforderliche Zubehör zu beschaffen. Manchmal dienen in der Mitte durchgeschnittene Eßstäbchen als Lockenwicklerersatz, Dauerwellflüssigkeit und ähnliches beschafft man sich im Kaufhaus, und das Ergebnis sind dann sehr »individuelle« Frisuren.

In den westlichen Zeitschriften kann man das neu erwachte Interesse Chinas an der Mode verfolgen. Nach einer langen Zeit der Uniformierung ist es eine Freude, individuellen Geschmack beweisen zu können und sich mit viel Phantasie vorteilhaft zur Geltung zu bringen. Eine Modenschau mit Pierre-Cardin-Modellen traf auf lebhaftes Interesse.

Überrascht war ich auch von der Fülle traditioneller chinesischer Gewänder, die man in den Schaufenstern sieht, jener hochgeschlossenen, seitlich weit geschlitzten Kleider aus teilweise sehr kostbaren Stoffen, die eine Zeitlang völlig verschwunden waren. Als ich über Ostern in Shanghai war, sah ich dort Schokoladeneier und Osterhasen wie in Paris. Bewundernd stand ich vor den Schaufenstern mit Kinderkleidung und habe viele hübsche Sachen, insbesondere bezaubernde Stickereien, für meinen Enkel gekauft.

Alles, was im Westen große Mode ist, steht hoch im Kurs. So findet man auf den Straßen und in den Parks viele Chinesen, die sich dem Jogging verschrieben haben, das dort genauso beliebt ist wie bei uns.

Man sieht auch – und das ist weniger erfreulich – hier und da Nichtstuer, die ziellos in der Stadt herumstreifen, frühere Rotgardisten, die zu einem ernsthaften Problem für die Regierung geworden sind. Sie haben kein Handwerk gelernt, sind das Arbeiten nicht gewöhnt und haben auch keine Lust dazu. Beigebracht hat man ihnen seinerzeit nur, unermüdlich das kleine Rote Buch zu kommentieren und endlose politische Diskussionen zu führen. Die Arbeitgeber vermeiden es nach Möglichkeit, sie einzustellen, denn reden, so heißt es, sei alles, was sie könnten. Oft handelt es sich um Kinder von Intellektuellen, die durchaus über eine gewisse Bildung verfügen, sich aber nicht in die Gesellschaft einordnen können. Manche haben versucht, ihr Studium wiederaufzunehmen, haben sich den wieder eingeführten Prüfungen unterzogen und dadurch verlorene Zeit aufholen können, aber leider haben die wenigsten soviel Energie aufgebracht.

Chinesen sind von Natur ernsthaft und arbeitsam, das sieht man an all jenen, die vor 1965 ausgebildet wurden. Leider ist die eben erwähnte Generation ganz anders. Die Regierung unterstützt alle Maßnahmen, die eine Eingliederung dieser jungen Leute in den Arbeitsprozeß begünstigen. Wenn zum Beispiel eine Mutter ihren Arbeitsplatz dem Sohn überlassen will, kann sie schon mit 50 Jahren in den Ruhestand gehen, der Vater kann mit 60 Jahren aus dem Arbeitsprozeß ausscheiden. Rentner bekommen 75 % ihres Lohns als Altersruhegeld. Der Haken ist nur, daß die Söhne häufig gar keine Neigung verspüren, den Arbeitsplatz ihrer Eltern zu übernehmen.

Nicht selten stellt ein Ausländer plötzlich fest, daß ihm die Brieftasche fehlt oder daß jemand seinen Koffer gefilzt hat. Auch mir ist das schon passiert. Diebstähle dieser Art werden nicht sehr streng bestraft, und es gibt Leute, die das ausnutzen.

Auch arbeitslose junge Mädchen sieht man, die sich an den Hoteleingängen herumdrücken, wenn im Hotel ein Ball oder ein Fest stattfindet. Das sind nicht unbedingt immer Prostituierte, sondern naive junge Dinger, die sich einbilden, ein Ausländer werde sie vom Fleck weg heiraten und mitnehmen. In einem Restaurant hörte ich, wie ein Ausländer unter schallendem Gelächter erzählte, Chinesinnen seien die billigsten Frauen der Welt, man könne sie für eine Flasche Coca-Cola haben. Das hat mich sehr getroffen. Im allgemeinen spreche ich Unbekannte nicht an, aber in diesem Fall drängte es mich doch, den Irrtum aufzuklären. Es handelt sich oft um Mädchen von wirklich kindlicher Naivität, die sich in der Hoffnung auf eine bessere Zukunft an irgendeinen beliebigen Mann hängen. Freunde Chinas sollten nicht so reden und sich über diese armen Dinger nicht lustig machen. Manche waren auch bei den Roten Garden. Was sollen sie jetzt machen, da sich alles geändert hat?

Die Regierung hat fast alle Bälle – außer während der Kanton-Messe – verboten. Im Augenblick versucht man, nach einer übertriebenen Lockerung und Freizügigkeit die Zügel wieder anzuziehen. Man war von einem Extrem ins andere gefallen. Nun gilt es, einen goldenen Mittelweg zu finden, damit die Freiheit nicht ausartet.

Ich besuchte mehrere Tempel, die während der Kulturrevolution beschädigt worden waren, und konnte feststellen, daß sie inzwischen restauriert wurden. Noch sind nicht alle wieder der Öffentlichkeit zugänglich, aber in einem fand ich Spuren eines noch nicht lange zurückliegenden Gottesdienstes. In dem berühmten Tempel des Jade-Buddha – er enthält eine mit Brillanten besetzte Buddha-Statue aus weißer Jade – ist der Schatz unversehrt.

Ich bin davon überzeugt, daß sich in China eine massive Rückwendung zum Buddhismus anbahnt und daß dies zur Wiederherstellung einer Moral beitragen wird, die ohne Religion keine Grundlage hätte. So wurde den Buddhisten erlaubt, im Tempel des Jade-Buddha einen feierlichen Gedenkgottesdienst für einen Mönch abzuhalten, der von den Roten Garden gemartert worden war. Sie hatten dem frommen Mann vorgeworfen, er habe sich an einem Knaben vergangen. Nichts ist einem Chinesen mehr verhaßt als ein solches Verbrechen. Der Mönch, der fast hundert Jahre alt war, wurde mit beispielloser Grausamkeit geschlagen. Es heißt, er habe unter den Schlägen seiner Peiniger nicht einen Laut von sich gegeben, und man habe seinem Gesicht weder Leid noch Kummer, weder Wut noch Angst angesehen. Er hatte seine Seele vom Körper gelöst. Eine große Menge hatte diese schändliche Tat mit angesehen. Inzwischen ist der Mönch im Alter von über hundert Jahren gestorben und wird verehrt wie ein Buddha.

In allen Städten veranstalten die Gläubigen Sammlungen, um weitere Tempel restaurieren zu können. Ich selbst habe um Spenden geworben. Es ist dies eine Bewegung, die aus der Tiefe Chinas kommt und sich immer weiter ausbreiten wird.

Bedeutende Entwicklungen vollziehen sich nicht von einem Tag zum anderen. So begegnet man noch vielen Spuren des Aufstands der Frauen und der »Bronchitis« jener Männer, die sich – um nicht den Zorn ihrer Frauen auf sich zu ziehen – noch immer damit begnügen, in ihrer Gegenwart zu hüsteln, statt sich mit den meist ungerechtfertigten Vorwürfen auseinanderzusetzen. In meiner eigenen Familie habe ich das bewußte Husten von meinem Bruder gehört. Man zeigt dem Volk viele Filme und Bilder mit Darstellungen der früheren Leiden der chinesischen Frau. Damit sollen die Frauen von heute besänftigt werden. Man will ihnen klarmachen, daß sie vergleichsweise glücklich dran sind und es ihre unter einem strengen Ehemann und einer harten, tyrannischen Schwiegermutter leidenden Großmütter waren, die wirklich ein schweres Los zu tragen hatten. Hoffen wir, daß die Frauen, ohne in die frühere Knechtschaft zurückzufallen, zu größerer Sanftmut und Mäßigung finden. Auch daß die systematische Auflehnung der Kinder gegen ihre Lehrer nicht wiederkommt, wäre zu hoffen.

Diese von der Kulturrevolution aktiv geförderte Revolte hat dazu geführt, daß niemand mehr Lehrer werden wollte. Als nachahmenswerte Beispiele feierte man die Taten zweier Jungen, die zu Volkshelden wurden. Tatsächlich fanden sich genug junge Leute, die ihnen nacheiferten.

Der sogenannte »Held des weißen Papiers« hatte bei einer Prüfung (damals gab es noch Prüfungen, aber es waren die letzten) ein weißes Blatt abgegeben. Als Protest gegen das System schrieb der Junge einen Brief, in dem er erklärte, er könne nicht gleichzeitig auf dem Feld arbeiten und für die Schule lernen. Die Felder seien wichtiger als die Schule, und er sei stolz darauf, ein leeres Blatt abgegeben zu haben. Aufgrund dieses Protests wurden die Prüfungen dann ganz abgeschafft. Danach brauchte man eine Empfehlung hoher Parteifunktionäre, um studieren zu können. Kinder von Intellektuellen und Bürgerlichen waren von vornherein ausgeschlossen.

Der zweite junge »Star« hieß Wang Shan. Er war erst sechs Jahre alt und war von seiner Lehrerin bestraft worden. Mit Hilfe seines Vaters fertigte er eine Wandzeitung an, in der er sich über die angebliche Ungerechtigkeit seiner Lehrerin beklagte. Die Lehrerin wurde dazu verurteilt, sich demütig bei dem Kind zu entschuldigen, und der Kleine wurde, wie sein älterer Kamerad, eine Art Held.

Heute ist so etwas nicht mehr möglich. Die derzeitige Regierung ist sich sehr wohl der Gefahren bewußt, die in einer Geringschätzung alles Geistigen liegen, denn das Land braucht Intellektuelle, die in einem qualitativ hohen Bildungssystem herangezogen werden müssen. Deshalb sind auch alle Prüfungen wieder eingeführt worden, und es wird verlangt, daß die Schüler und Studenten ihren Lehrern mit der gebührenden Achtung begegnen.

Mein jüngster Bruder, dem zur Strafe dafür, daß er einer bürgerlich-intellektuellen Familie angehörte, eine Ausbildung versagt worden war, hatte sich während der ihm verordneten Landarbeit allein weitergebildet. Aufgrund dieser Vorkenntnisse konnte er sich jetzt nach der Prüfung auf das Fach Chemie spezialisieren und arbeitet heute in einem Krebsforschungsinstitut.

Mein Adoptivsohn, der meinetwegen so vielen Schikanen ausgesetzt war, wird Elektronikingenieur. Heute gilt nur die persönliche Leistung, Klassenunterschiede werden nicht mehr gemacht.

Ich sehnte mich sehr danach, meinen geliebten älteren Bruder Ching Son wiederzusehen, der mit seiner Frau und seinem Sohn Toutou in Peking wohnte.

In der Maschine, die mich von Shanghai nach Peking brachte, hatte ich kaum meinen Sitz zurechtgerückt, als mein Nachbar, ein Chinese, lächelnd mein unverkennbar französisches Handgepäck betrachtete und mich auf französisch ansprach.

Seit seiner Studienzeit hatte er diese Sprache nicht mehr benutzt und war hoch erfreut, in mir eine Gesprächspartnerin gefunden zu haben. Er hieß Woo, wie einer meiner Onkel, war Arzt von Beruf und erzählte mir bereitwillig seine Lebensgeschichte.

Dr. Woo arbeitete schon seit vielen Jahren am Krankenhaus in Shanghai, als ihm eines Tages eine junge Frau ihre kranke Tochter brachte, die er zur Beobachtung auf seine Station legte. Die junge Frau schien eine sehr zärtliche und fürsorgliche Mutter zu sein. Aber nach einigen Tagen hörten die Besuche bei ihrem Kind auf. Die Kleine – sie war erst sieben Jahre alt – weinte, wurde unruhig, rief mit jämmerlichem Stimmchen nach ihrer Mutter. Die Familie wohnte weit außerhalb von Shanghai, die Mutter war eigens in die Stadt gekommen, weil das Krankenhaus einen besonders guten Ruf hatte. Dr. Woo war sehr besorgt, als ihm alle Untersuchungsergebnisse vorlagen: Das Kind litt an einer Mißbildung des Herzens und mußte sofort operiert werden. Nun ist aber eine Operation ohne schriftliche Einwilligung eines Angehörigen nicht möglich. Er beriet sich mit seiner Frau, und nach reiflicher Überlegung beschlossen sie, die Einwilligung selbst zu unterschreiben. Es ging um das Leben des Kindes. Sollte die Mutter nicht wieder zurückkommen, hatten sie sich vorgenommen, die Kleine zu sich zu nehmen.

Leider aber kam es anders. Das Kind starb, noch immer nach der Mutter rufend. Es stellte sich hinterher heraus, daß die Mutter nach Shan-Tung gefahren war, wo man ihren Mann als Rechtsabweichler verurteilt hatte. Obgleich sie alles versuchte, um ihn zu retten, wurde er hingerichtet, und die Frau, halb von Sinnen vor Schmerz, in eine Heilanstalt eingeliefert.

Dr. Woo hatte mit seiner Unterschrift einen Formfehler begangen, und obgleich er aus humanitären Erwägungen gehandelt hatte, wurde er angeklagt und dazu verurteilt, im Krankenhaus die niedrigsten Arbeiten zu verrichten, während ein fachlich nicht qualifizierter, aber politisch linientreuer Kollege seinen Platz einnahm.

Von 1967 bis 1977 hatte der arme Woo Kübel und Spucknäpfe leeren müssen. Das war für Ärzte in jener Zeit, wie er mir erklärte, nichts Ungewöhnliches. Die barfüßigen Ärzte, die auf dem Land mit ein paar Grundkenntnissen der Akupunktur und einfachen Regeln zur Gesundheitspflege, die sie an die Bauern weitergaben, viel Gutes taten, hatten leider manchmal einen übertriebenen Ehrgeiz. »Wozu großartige Diplome?« sagten sie sich. »Auch wir machen ja die Leute gesund.« Sie glaubten, sich von einem Tag auf den anderen zu Spezialisten der einen oder anderen Fachrichtung erklären zu können, und es fiel ihnen nicht schwer, in der Stadt hervorragende Ärzte zu verdrängen, denn ihre eigenen Dienstherren setzten sich für sie ein, und das Volk bewunderte sie.

Diejenigen ausgebildeten Ärzte, die ihre Stellung behalten hatten, bekamen die Auflage, abends an politischen Schulungskursen teilzunehmen, so daß ihnen keine Zeit zur Weiterbildung blieb. Da aber die Entwicklung auf dem Gebiet der Medizin weltweit ständig in Bewegung ist, hatten sie bald einen beträchtlichen Wissensrückstand. 1977 wurde Dr. Woo wieder in seine frühere Stellung eingesetzt. Jetzt werden für die chinesischen Ärzte laufend Fachbücher und -zeitschriften aus dem Ausland beschafft, damit sie sich mit dem neuesten Stand der Forschung vertraut machen können. Diese Fachlektüre ist ihrem Beruf entschieden zuträglicher als der Besuch politischer Versammlungen, die nach einem langen Arbeitstag noch viele Stunden dauerten.

In Peking sah ich meinen älteren Bruder, Ching Son, wieder, der jetzt Professor an der juristischen Fakultät ist. Als ich nach Peking kam, war er gerade als »Hilfsrichter« tätig und nahm mich zu einem von ihm geleiteten Ehescheidungsprozeß mit. Über zwanzig Jahre habe ich unter der demütigenden Situation meines Bruders gelitten, der sich als Rechtsabweichler ständig ducken mußte. Jetzt kann er den Kopf wieder hoch tragen, und er ist es, der über andere urteilt. Ich war froh und glücklich darüber.

Prozeß und Urteil schienen mir sehr typisch für die Veränderungen, die sich in der chinesischen Familie vollzogen haben. Es ging um eine junge Frau, die in einem Wutanfall die Wohnungseinrichtung demoliert hatte. Weil sie durch die Entbindung sehr geschwächt war, hatte ihr die Schwiegermutter vier Eier geschenkt, was vor fünf oder sechs Jahren ein durchaus großzügiges Geschenk war. Die Wöchnerin hatte drei Eier gegessen, das vierte wollte sie für ihren Mann aufheben. Die Schwiegermutter aber hatte es wieder mitgenommen und ihrer Tochter geschenkt. Das hatte die junge Frau in derartige Wut versetzt, daß sie alles im Haus kurz und klein geschlagen und erklärt hatte, sie wolle sich scheiden lassen, denn sie habe genug von ihrer Schwiegermutter. Der Mann hatte nichts dazu gesagt; die beiden Frauen sollten ihren Streit untereinander ausmachen.

Mein Bruder Ching Son machte den Eheleuten klar, daß der Anlaß des Streits lächerlich war, und sprach die Scheidung nicht aus. Langsam werden die Frauen in China jetzt wieder vernünftiger. Ching Son kann das bestätigen. Seine eigene Frau, die ihn mitleidlos gequält und denunziert hat, wirkt jetzt sehr viel sanfter und nachgiebiger.

Günstig auf das chinesische Familienleben wirkt sich auch aus, daß die Ehepaare nicht mehr, wie es häufig während der Kulturrevolution der Fall war, getrennt leben müssen. So kann meine Schwester, die in einer Chemiefabrik in Shanghai arbeitet, endlich wieder mit ihrem Mann zusammenleben, der Geologe ist; er hat sich auf Petroleumforschung spezialisiert, und sie haben einen Sohn.

Meinen Neffen Toutou hätte ich sicher nicht wiedererkannt. Als ich ihn verließ, war er ein kleiner Junge, jetzt war er zu einem großen, gutaussehenden jungen Mann herangewachsen. Nachdem Ching Son als Rechtsabweichler verurteilt und zur Umerziehung geschickt worden war, blieben Toutou alle höheren Schulen verschlossen. Er lernte allein für sich weiter, hatte aber einiges nachzuholen. Jetzt konnte er seine Ausbildung wiederaufnehmen und studiert Medizin.

Schweren Herzens trennte ich mich von Peking, von meinem Bruder und seiner Familie und fuhr zur Messe nach Kanton. Noch nie hatte ich so viele Europäer auf der Messe gesehen. Visa waren offenbar großzügig erteilt worden. Der Ansturm war so groß, daß es Schwierigkeiten mit der Unterbringung gab. Es ist höchste Zeit, daß China in seinen Großstädten Hotels baut, um dem Besucherstrom gerecht zu werden. Ich habe selbst gesehen, wie auf allen Gängen, in allen Sälen meines Hotels die Besucher dicht gedrängt – die Männer auf der einen, die Frauen auf der anderen Seite – auf dem Boden schliefen. Zu allem Überfluß war es auch noch sehr heiß. Man kann sich vorstellen, daß die Stimmung unter den Gästen alles andere als rosig war. Es gab einen Proteststurm, auf den das Personal mit tausend Entschuldigungen und von Herzen kommender Höflichkeit reagierte. Manche Besucher konnten zum Übernachten in andere Städte ausgeflogen werden und wurden am nächsten Morgen wieder nach Kanton gebracht, aber viele blieben in der Stadt und behalfen sich, so gut sie konnten.

Wer einmal in China war, wird immer wieder zurückkommen. Sicher werden auch die Ausländer, die bei ihrem ersten Besuch soviel Pech mit der Unterkunft hatten, wiederkommen, denn sie sind ja sonst gut aufgenommen worden und haben gewiß eingesehen, daß man alles getan hat, damit sie nicht allzu sehr unter unserer vorübergehenden

Zimmerknappheit zu leiden hatten. »Der blaue Himmel« wird ihnen einen neuerlichen Besuch sicher schmackhaft machen. »Blauer Himmel« – so nennt man in China den Staatsmann Teng Hsiao-p'ing, dem das Glück des Volkes am Herzen liegt. Mir zeigte sich Chinas Himmel in strahlendem Blau.

»Der blaue Himmel« hat von uns, die wir mit gebeugtem Kopf leben mußten, den Makel genommen. Der ehrenrührige Titel »Rechtsabweichler«, der während der Kulturrevolution meinem Vater und meinem Bruder angehängt wurde und der das Leben einer ganzen Familie beeinträchtigte, ist aufgehoben und hat keinerlei schädliche Spuren hinterlassen. Ich gelte nicht mehr als »dreckige Kapitalistin«. Im Gegenteil, man ist stolz auf meinen Erfolg, den ich allein meiner Arbeit verdanke.

Was ich in der »Sänfte der Tränen« nicht schreiben durfte, um meiner Familie nicht zu schaden, habe ich in diesem meinem zweiten Buch ohne Angst aussprechen können.

Ich habe bewiesen, wer ich wirklich bin. Nachdem ich im Théâtre des Champs-Elysées das Konzert »Der Gelbe Fluß« spielen durfte, nachdem 1975 die »Sänfte der Tränen«, die Geschichte meiner Kindheit und Jugend, erschien, kann mich niemand in China mehr für eine Spionin halten, und die Verfolgung, unter der meine Familie gelitten hat, ist nur noch eine ferne Erinnerung. Ich brauche wohl kaum zu betonen, wie froh ich bin, daß diese schlimme Zeit vorbei ist. Meine Eltern führen ein glückliches, zufriedenes Leben. Da ich ihnen jeden Monat eine kleine finanzielle Unterstützung zukommen lasse, haben sie keine materiellen Sorgen. Sie brauchen auch nicht mehr in einem einzigen Zimmer zu hausen, man hat ihnen das von den Roten Garden beschlagnahmte Erdgeschoß ganz zurückgegeben. Das Badezimmer im Zwischengeschoß und die Wohnung im Obergeschoß ist ihnen zwar noch versperrt, aber vielleicht ändert sich auch das einmal. Ich wäre sehr glücklich, wenn ich bei meinem nächsten Besuch in Shanghai unter meinem eigenen Dach schlafen könnte, statt wie eine Touristin ins Hotel gehen zu müssen.

Die treue Amme A Ch'ing wohnt noch immer in meiner früheren »Reiskammer«, baut sich aber zur Zeit ein Häuschen auf dem Lande. Ihr Mann hat im Alter seine Zuneigung zu der Frau entdeckt, die ein so schweres Leben hatte. Wie gern würde ich A Ch'ing zum Dank für ihre treuen Dienste an unserer Familie einmal nach Paris mitnehmen. Dort würde sie meinen Enkel Alexandre kennenlernen, den Sohn meines Sohnes, dessen Charme und dessen Lächeln alle beglückt.

Denn in unserem Pariser Appartement wohnen jetzt drei Generationen der Familie Liu: mein Sohn Paul und seine schöne Frau Liliane, eine reinrassige Chinesin, die zärtliche Juliette und dieses bezaubernde Kind, auf dem all unsere Hoffnungen ruhen.

Meine tapfere Schwester Ching Lin stattet uns zur Zeit einen leider viel zu kurzen Besuch ab. Sie geht wie ich damals – allerdings unter anderen Voraussetzungen – zu den Kursen der Alliance Française und übt fleißig, um ihr Klavierspiel zu vervollkommnen. Auch sie ist von Paris begeistert. Von unseren Fenstern aus sieht man eine der schönsten Straßen der Welt.

Denn der geschäftliche Erfolg ist mir treu geblieben.

Ist es wirklich erst ein paar Jahre her, daß ich mich mutterseelenallein mit meinen Perücken, meinen gestickten Westen und Holzschnitzereien in einem Keller der Rue de Richelieu einrichtete? Heute haben wir unter dem Namen »Shanghai« Einzelhandelsgeschäfte in Paris und in den Außenbezirken, außerdem führen wir unter dem Namen »Orient-Expreß« ein bedeutendes Großhandelsunternehmen. Die ganze Familie arbeitet aktiv in diesen Unternehmen mit, die uns wenig freie Zeit lassen.

Mein Spezialgebiet ist der Import von Kunstgegenständen und Porzellan aus einem Dutzend Ländern, so daß ich viele und auch lange Reisen machen muß. In Bombay kenne ich mich inzwischen fast so gut aus wie in Kanton. Auch dem Export haben wir uns jetzt zugewandt.

Juliette ist verantwortlich für alles, was mit Mode zu tun hat, und ist auch oft unterwegs. Sie sorgt für die richtige Mischung aus Pariser Chic und fernöstlicher Exotik. Ihre Phantasie, ihr Einfallsreichtum kennen keine Grenzen.

Paul kümmert sich um die Verwaltung und die Finanzen – Gebiete, die mir nicht so recht liegen und auf denen er unübertroffen ist. Ohne ihn, der alles überblickt, hätten wir das schnelle Wachstum unseres Unternehmens nicht so gut verkraftet.

Neben dieser Arbeit, die ich, die wir alle lieben, ist es meine größte Freude, mich nach mehrjähriger Pause wieder ans Klavier zu setzen. Zuweilen träume ich davon, wieder ein Konzert zu geben. Warum nicht? Die Musik war meine erste Liebe, und ganz habe ich es nie verwunden, daß ich sie im Stich gelassen habe. Jetzt, da ich Hilfe habe, möchte ich in meinen ursprünglichen Beruf zurückkehren.

Ich bin eine sehr junge Großmutter. Zwar glaube ich nicht mehr, wie als Kind, daß eines Regenabends der heiß ersehnte edle Held durchs Fenster steigt, aber ich stecke nach wie vor voller Pläne. Nie habe ich vergessen, was die Wahrsagerin mir voraussagte, als ich siebzehn Jahre alt war: Daß ich Erfolg in all meinen Unternehmungen haben, daß ich eines Tages in der ganzen Welt bekannt sein würde, allerdings um den Preis größter Anstrengungen. Der bisherige Verlauf meines Lebens scheint ihr recht zu geben, und – lassen Sie mich das zum Schluß noch sagen – alle Widrigkeiten und Schicksalsschläge haben es nicht vermocht, mich in die Knie zu zwingen, so daß ich voller Vertrauen dem entgegensehe, was die Zukunft mir bringen mag.